目前我国城乡居民养老保险制度主要是针对无固定收入的城镇居民和农村居民而建立的，施行"政府主导，自愿参加"原则。随着老龄化高峰的到来，需构建多层次养老体系以满足更高层次养老需求。

城乡居民养老保险
财政保障机制研究

CHENGXIANG JUMIN YANGLAO BAOXIAN CAIZHENG
BAOZHANG JIZHI YANJIU

本书基于财政保障机制视角，对我国城乡居民基本养老保险制度的构建进行了系统的分析。从理论上厘清了财政保障机制的内涵，并试图构建合理科学的财政保障机制完整框架；从实践层面出发，探索财政补贴效应、财政保障能力、财政负担的可持续力，回答了公共财政在养老保险制度中应该保什么、如何保及保障程度等诸多问题。

王晓洁 等◎著

人民出版社

总　　序

时光荏苒，岁月如梭，河北经贸大学已历经 60 年岁月的洗礼。回首她的发展历程，深深感受到经贸学人秉承"严谨为师、诚信为人、勤奋为学"的校训，孜孜不倦地致力于书山学海的勤奋作风，而"河北经贸大学学术文库"的出版正是经贸师生对她的历史底蕴和学术精神的总结、传承与发展。为其作序，我感到十分骄傲和欣慰。

60 年来特别是改革开放以来的三十多年，河北经贸人抓住发展机遇，拼搏进取，一步一个脚印，学校整体办学水平和社会声誉不断提升，1995 年学校成为河北省重点建设的 10 所骨干大学之一，1998 年获得硕士学位授予权，2004 年在教育部本科教学工作水平评估中获得优秀，已成为一所以经济学、管理学、法学为主，兼有文学、理学和工学的多学科性财经类大学。

进入新世纪以来，我国社会经济的快速发展，社会各届对高等教育提出了更高的要求，高等教育进入了提升教育质量、注重内涵发展的新时期，不论是从国内还是从国际看，高校间的竞争日趋激烈。面对机遇和挑战，河北经贸人提出了以学科建设为龙头，走内涵发展、特色发展之路，不断提高人才培养质量，不断提升服务社会经济发展的能力和知识创新的能力，把我校建设成高水平大学的奋斗目标和工作思路。

高水平的科研成果是学科建设水平的体现。出版"河北经贸大学学术文库"的主要目的是进一步凝练学科方向、推进学科建设。近年来,我校产业经济学、会计学、经济法学、理论经济学、企业管理、财政学、金融学、行政管理、马克思主义中国化研究等重点学科在各自的学科领域不断进取,积累了丰富的研究成果。收入文库的著作有的是教授们长期研究的结晶,有的则是刚刚完成不久的博士学位论文,其作者有的是在本学科具有较大影响力的知名专家,更多的则是年富力强、立志为学的年轻学者,文库的出版对学科梯队的培养、学科特色的加强将起到非常积极的作用。

感谢人民出版社为"河北经贸大学学术文库"的出版所付出的辛勤劳动,人民出版社在出版界的影响力及其严谨务实的工作作风,与河北经贸大学积极推进学科建设的决心相结合,成就了这样一个平台。我相信,借此平台我们的研究将有更多的机会得到来自社会各界特别是研究同行们的关注和指教,这将成为我们学术生涯中的宝贵财富;我也希望我们河北经贸学人能够抓住机会,保持锲而不舍的钻研精神、追求真理的科学精神、勇于探索的创新精神和忧国忧民的人文精神,在河北经贸大学这块学术土壤中勤于耕耘、善于耕耘,不断结出丰硕的果实。

河北经贸大学校长　纪良纲

·目　录·

前　言

　　提供一个好的社会保障制度,提高人们的福利是社会科学的重要任务,也是社会保障发展改革的目标所在。中国社会养老保障制度改革有其特殊性,一方面中国处于发展中国家,人口众多,城乡差距与地区发展差距较大,要解决 13 亿人口的社会保障问题,没有先进经验可以借鉴,加之中国正处于市场经济转轨阶段,深刻地社会转型背景决定了中国社会保障改革所处的环境和其他国家有着显著的差异性;另一方面,中国社会养老保障制度从建立之初就形成了城乡分割、身份分割的"碎片化"的制度体系,形成了城镇职工养老保险制度、行政事业单位养老保险制度、农村养老保险制度等多制度并存、保险福利差异较大的保障体系。而我国城乡居民养老保险制度的改革正是根植于这样的制度背景下进行的。

　　我国城乡居民养老保险制度主要是针对无固定收入的城镇居民和农村居民而建立的,其前身分别是 2009 年实施的新型农村养老保险制度和 2011 年实施的城镇居民社会养老保险制度。由于两种制度的模式构建、筹资原则、政府责任基本一致,2014 年两种制度合并为城乡居民基本养老保险制度,至此我国建成了世界上最大的、覆盖人群最多的养老保险制度。我国城乡居民养老保险制度从无到有,其改革进程伴随着中国经济体制改革与结构转型演变,近十年来,我国社会保险制度改革的大幕重启,新型农村养

1

老保险制度、城镇职工养老保险制度和城镇居民养老保险制度三大养老保险制度的逐步并轨,标志着我国社会养老保险制度的改革步入了快车道。构建统一的城乡社会保障制度是我们的宏伟愿景,而如今社保体系中的城乡居民养老保险制度已经涵盖了中国61%的人口,实际参保率也已达到90%以上。

纵观我国城乡居民养老保险制度的演进历程,1986年我国开始探索以"个人缴纳为主,集体补助为辅,国家予以政策扶持"为原则的农村养老保险制度(旧农保)。旧农保制度实质上成了农民自我养老为主的制度模式,国家财政游离于制度之外,与经济社会发展和农民养老的迫切需求不相适应,其实质是一种政策引导下的农民个人自愿性储蓄,起不到社会互济的作用。由于制度缺乏对农民的吸引力,参保率低,覆盖面窄,且保障水平极其低下,从一开始就注定了失败的命运,1998年陷入停滞阶段。

随着老龄化和城镇化进程的加快,原有以家庭养老为主的农村养老保障难以为继,必须在旧农保的基础上探索新的模式。从2003年开始,各地方政府开始自下而上探索建立新型农村养老保险制度:许多地方通过加大政府引导和支持力度,明确政府财政保障标准,扩大覆盖范围,创新制度模式,在探索新的农村养老保险模式方面取得了一定的突破和进展。在地方政府"先行先试"的基础上,中央对推进农村社会养老保险制度建设的关注程度明显提高。十七届三中全会《决定》对建立新型农村社会养老保险制度问题高度重视,在提出健全农村社会保障体系应坚持和贯彻的原则的同时,首先对如何建立新型农村社会养老保险制度进行了部署,并提出了明确的要求和推进措施。2009年国务院印发了《关于开展新型农村社会养老保险试点的指导意见》(下文简称《指导意见》)。《指导意见》指出:"探索建立个人缴费、集体补助、政府补贴相结合的新农保制度,实行社会统筹与个人账户相结合,与家庭养老、土地保障、社会救助等其他社会保障政策措施相配套,保障农村居民老年基本生活。2009 年试点覆盖面为全国10%的县(市、区、旗),以后逐步扩大试点,在全国普遍实施,2020年之前基本实现对农村适龄居民的全覆盖。"这标志着农村新型养老保险制度建设进入了一个模式转变和加速推进的新阶段。

2011 年国务院颁布了《关于开展城镇居民社会养老保险试点的指导意见》,建立了城镇居民社会养老保险制度,主要是针对城镇无固定职业和收入的居民建立的养老保险制度。由于城镇居民养老保险的制度模式和筹资方式等和新型农村养老保险制度十分类似,2014 年,国务院颁布了《关于建立统一的城乡居民基本养老保险制度的意见》,明确将二者合并为城乡居民基本养老保险制度。至此,新型农村养老保险制度演化为城乡居民基本养老保险制度。

勘查农村养老保险制度的发展史,学者们达成共识:政府责任和必要的财政补贴在农村基本养老保险制度中是不可或缺的,公共财政应全过程参与农村社会养老保障建设。离开政府的财政支持只能重蹈旧农保的覆辙,而城乡居民养老保险制度和旧农保最大的区别就是从制度伊始就明晰了政府财政的补贴标准、补贴方式、补贴范畴,这也奠定了我国城乡居民养老保险制度成功实施的制度前提。

但是我们在强调福利的同时还要保持警醒,汲取西方发达国家在保障福利上的教训,避免误入西方国家的高福利的陷阱,导致财政破产。基于"国内社会保障体系尚不健全"这样一个历史背景,大多数研究偏重于"福利"的方向。这些研究对于纠正农民及流动人口等群体长期低福利的偏差具有积极意义。某种程度上正是在这些研究的推动下,进入 21 世纪以来,中国政府针对弱势群体社会保障不足的现象采取了一系列强有力的措施,社会保障和公共服务有了显著改善。但我们有必要明确政府保障的"度",2015 年全国社会保险基金预算显示,剔除财政补贴后,2015 年养老保险亏空 3000 亿。这再一次给我们敲响了警钟,虽然养老保险的待遇水平尚有很大的提升空间,但是养老保险和财政的天然联系表明,明确政府责任,避免养老保险"绑架"财政,在政府财政和保险之间构建一道"防火墙"非常必要。

正因为如此,本书基于财政保障机制视角对我国城乡居民基本养老保险制度的构建进行了系统的分析,从理论上理清财政保障机制的内涵,构建合理科学的财政保障机制的完整框架;从实践层面出发,探索财政补贴效应,尤其是对农民缴费能力提高的激励效应;在新常态下,财政负担的可持续力是否能满足城乡居民的养老保险需求。

本书的主要特色主要体现在:

1. 提供了一个城乡居民养老保险财政保障的全面清晰的脉络图。对城乡居民养老保险的财政政策进行了区域比较分析,从横向视角对比地方政府对不同缴费档次的财政补贴政策、基础养老金的补贴政策、政府间财政责任分担、特殊群体补贴等几个方面的差别,呈现一幅全国城乡基本养老保险财政保障的脉络图。

2. 借鉴演化经济学、新制度经济学、行为经济学的分析方法,以政府财政在城乡养老保险中承担的责任为视角去探求城乡居民养老保险制度的演进脉络,剖析演进机制,并力求揭示农村养老保险的演化规律,管中窥豹,探寻演进方向。

3. 对中央政府和地方政府的财政保障能力进行量化分析的同时,引入财政分权这一衡量中央政府和地方政府责任划分的指标,构建了省级动态面板数据模型,实证分析了财政分权、新型城镇化对城乡居民养老保险全覆盖的影响程度,这在目前的研究中尚属首次。

4. 选取河北省作为典型样本进行分析。由于城乡居民养老保险制度实施县级管理,所以在顶层设计基本制度的基础上,一些弹性制度的设计体现地方特色。作者以河北省作为分析样本,选取省内不同经济区域的地区作为分析对象,具有一定的典型特征。

5. 提出了一些有建设性的观点。如从中国的福利语境分析,由于长期以来城乡二元经济导致社会保障的"二元"化,中国农村的福利水平低于城镇,大多数研究偏重于"福利"方向。但本书提出了"从宏观上把握好财政保障的'度',避免'不足'与'过度'补贴"的指导思想,避免走入西方国家社会保障"高福利"的歧途。

最后还有两点需要说明,一是城乡居民基本养老保险制度是2014年由新型农村养老保险和城镇居民养老保险合并而来,但本书的分析基础主要集中于新型农村养老保险制度(城镇居民养老保险2011年才开始实施),为了习惯上的统一,书中很多地方依然采用"新型农村养老保险"的称谓,特此说明。二是,本书除第二章由王丽博士完成、第五章由张志超老师完成、第八章由杨鹏展硕士完成之外,其余章节由本人完成。

尽管本书的研究取得了诸多收获,但由于研究条件、研究手段和笔者的学识、能力所限,仍存若干缺憾和不足。如对农民工的养老保险研究缺乏深入,约有2亿农民工游离在社会养老保险制度之外,也成为我国社会养老保险制度实现全覆盖的关键制约因素;城乡居民养老保险的财政补贴标准究竟多少才适度,动态增长机制是什么? 这些都是下一步要继续深化研究的重点和笔者继续努力和前进的方向。

本书是笔者在 2009 年主持的教育部课题并结合目前正在主持的国家课题,以及河北省教育厅的第二批百名优秀创新人才支持项目的思考基础上成稿的,虽有几篇论文已公开发表,但结集之后从学理和实证层面展示出的一幅完整的财政保障的清晰面貌,希望合观静思仍能启人心智,也就不枉本书的出版了。

王晓洁

2015 年 5 月 25 日

第一章 绪 论

第一节 研究背景及意义

一、研究背景

关注民生,构建和谐社会,推进社会主义新农村建设,是十七大报告提出的今后这一阶段的重要任务。我国是人口大国,并且80%人口在农村,因此,农民问题的解决便成了完成这一任务的关键。目前,我国60岁以上的人口数目达1.534亿,按60%老人居住在农村的比例计算,农村老人的人数至少9200万,而绝对数量应该在1亿左右(2008),所以农村的养老问题便成了重中之重。

经过30多年来的改革与探索,中国社会保障制度发展的目标定位已经明确,即建立一个覆盖全民的健全的社会保障体系,确保人人享有社会保障。随着当前社会矛盾的凸现,政府财政汲取能力的增强,以及中国公共政策议程设置模式的改变,政府毫无疑问的承担起了在社会保障,尤其是农村社会养老保障领域的主导责任。

建立完善的农村社会养老保险制度,使占总人口三分之二以上的农村居民老有所养,是改善民生,推进社会主义新农村建设的重中之重。迄今为止,我国在建立农村社会养老保险制度方面的探索已近30年。1986年我国开始探索以"个人缴纳为主,集体补助为辅,国家予以政策扶持"为原则的农村养老保险制度(旧农保)。旧农保制度实质上成了农民自我养老为主的制度模式,国家财政游离于制度之外,与经济社会发展和农民养老的迫切需求不相适应,其实质是一种政策引导下的农民个人自愿性储蓄,起不到社会互济的作用。由于制度缺乏对农民的吸引力,参保率低,覆盖面窄,且保障水平低,从一开始就注定了失败的命运,1998年陷入停滞阶段。

随着老龄化和城镇化进程的加快,原有的以家庭养老为主的农村养老保障难以为继,必须在旧农保的基础上探索新的模式。从2003年开始,各地方政府开始自下而上探索建立新型农村养老保险制度;许多地方通过加大政府引导和支持力度,明确政府财政保障标准,扩大覆盖范围,创新制度模式,在探索新的农村养老保险模式方面取得了一定的突破和进展①。在地方政府"先行先试"的基础上,中央对推进农村社会养老保险制度建设的关注程度明显提高。十七届三中全会《决定》对建立新型农村社会养老保险制度问题高度重视,在提出健全农村社会保障体系应坚持和贯彻的原则的同时,首先对如何建立新型农村社会养老保险制度进行了部署,并提出了明确的要求和推进措施。2009年国务院印发了《关于开展新型农村社会养老保险试点的指导意见》(下文简称《指导意见》)。《指导意见》指出:"探索建立个人缴费、集体补助、政府补贴相结合的新农保制度,实行社会统筹与个人账户相结合,与家庭养老、土地保障、社会救助等其他社会保障政策措施相配套,保障农村居民老年基本生活。2009年试点覆盖面为全国10%的县(市、区、旗),以后逐步扩大试点,在全国普遍实施,2020年之前基本实现对农村适龄居民的全覆盖。"这标志着农村新型养老保险制度建设进入了一个模式转变和加速推进的新阶段。

---

① 当时典型代表主要有北京模式、广东模式、苏州模式。

2011年国务院颁布了《关于开展城镇居民社会养老保险试点的指导意见》，建立了城镇居民社会养老保险制度，主要是针对城镇无固定职业和收入的居民建立的养老保险制度。由于城镇居民养老保险的制度模式、筹资方式等和新型农村养老保险制度十分类似，2014年，国务院颁布了《关于建立统一的城乡居民基本养老保险制度的意见》，明确将二者合并为城乡居民养老基本养老保险制度。至此，新型农村养老保险制度（新农保）演化为城乡居民养老基本养老保险制度（城居保）。①

勘查农村养老保险制度的发展史，学者们取得共识：政府责任和必要的财政补贴在农村基本养老保险制度中是不可或缺的，公共财政应全过程参与农村社会养老保障建设。离开政府的财政支持只能重蹈旧农保的覆辙，而城乡居民养老保险制度和旧农保最大的区别就是从制度伊始就明晰了政府财政的补贴标准、补贴方式、补贴范畴，这也奠定了城居保实施成功的制度前提。

总体而言，城乡居民养老保险制度已发展至一个新的阶段，尤其是中央政府提出新农保"全覆盖"的既定目标从预期的2020年提前至2012年实现，而地方政府财力的可持续性、城乡居民的参保意愿、城镇化的目标、农村人口结构老龄化等则成为影响城居保实现"全覆盖"的诸多未知因素。尤其是中国经济处于发展的新常态，城居保的宏微观外部环境（城镇化、老龄化、刘易斯拐点等）发生深刻变革，地方政府财政增收处于前所未有的困难时期，尝试采用先进的经济学分析方法探寻城乡居民养老保险制度的内在演化规律就成为必需和十分迫切的一个研究命题。

---

① 城乡居民养老保险制度是由新型农村养老保险制度演化而来，2011年以前只有新农保的数据，所以为了便于人们理解，在后面的文章分析中两者不做区分。

二、研究意义

城乡居民养老保险制度从 2009 年试点到如今的"全覆盖"，经历了约 7 年的时间，这项制度成功与否关系到中国整个社会保障体系的建设。虽然现在国内很多学者已达成共识，即对农村社会养老保险财力支持的责任政府必须承担，但是，到底财政应该提供多大比例的资金支持、地方政府是否有能力可持续提供这一支持、财政补贴是否提高了农民的缴费能力、政府财政的补贴效应体现在哪里、中央政府和地方政府的责任如何划分等一系列财政保障问题还需要进一步研究和深入。具体而言：

（一）财政支持城乡居民养老保险是人口老龄化的必然要求

根据联合国人口基金会的调查显示，目前，中国 65 岁以上的老年人口已接近 1.3 亿人，到 2050 年，这个数字将会达到 3.32 亿，超过总人口的 23%。目前，全国 31 个省（市、自治区）已经有 26 个进入老龄化状态。而第六次人口普数据显示，中国 60 岁及以上人口占比达到了 13.26%，其中 65 岁及以上人口占比 8.87%。这意味着世界第一人口大国正加速迈向深度老龄化社会。

而农村的人口老龄化问题又明显快于城镇。日益加剧的人口老龄化现象，使得农村养老保险问题加倍凸显。在人口老龄化这一现象中，农村人口老龄化的速度比城镇明显更快。2000 年中国农村（包括农民工在内）的总人口为 8.33 亿人，其中 65 岁及以上的老年人占 7.36%，而城镇的同一指标才达到 6.29%，据预测，到 2030 年时，6.64 亿农村人口中的 65 岁及以上的老年人口比重将达到 17.39%，而城镇的同一指标为 13.1%。根据 2000 年全国人口普查得到的数据，我国农村 60 岁以上的老年人超过农村总人口数量的 10.92%，比城市高出 1.24%，成为了典型的老年型社会。根据国家统计局有关数据，2006 年，中国农村年龄超过 60 岁的老年人已经高于农村总人口数量的 14.60%,比城市高出 7.92%,并且伴随着城市化进程速度的加快和农村劳动力的大量输出,农村人口年龄结构呈现出"两头大,中间小"的局面,农村养老问题日趋严重。因此构建农村养老保险制度作为解决农村养老的最佳保障方式,已经迫在眉睫。

我国的养老保障制度城乡之间存在严重的分割,作为农村社会保障中最薄弱的环节的农村社会养老保险,其发展状况严重落后于城市。当前,在城市基本建立了包括社会养老保险、老年救助、老年福利等项目的社会养老保障体系,其中养老保险为主要内容。并且在养老保险这一项目上,政府正通过政策手段和财政支持的方式帮助其逐步走向完善。可是农村养老保障的发展却严重落后,保障体系非常不健全,保障的项目很少,主要是农村养老救助,只有少数地方实行了覆盖面很小的农村养老保险的试点。截止到 2006 年年底,参加我国农村养老保险的总人数为 5374 万人,仅占农村人口总数的 7.28%。覆盖率如此之低,使得巨大的社会需求不能得到满足。因而,发展和完善新型农村养老保险制度成为了社会保障体系建设中的重中之重。

(二)新常态下研究财政保障城乡居民养老保险制度的发展意义非凡

中国经济发展迈向了新常态发展阶段,地方财政面临前所未有的增长压力。过去呈两位数增长的局面难以为继,2014 年全国财政收入增速为 8.6%左右,自 2003 年以来首次回落至个位数增长,为 23 年来收入增速新低[①]。而这种财政收入增长格局将成为

---

① 《2014 年财政收入有望超 14 万亿预测增速为 8.6%》,《21 世纪经济报道》2015 年 1 月 21 日。

今后包括"十三五"期间的常态模式,财政要为维持相对稳定的社会制度和社会福利水平提供基本支撑,这就要求财政在履行公共性职能时要以合理的水平可持续地提供公共产品和服务:一是必须让人民群众分享改革发展成果,通过社会保障制度的发展与完善,不断提高社会福利水平;二是要有可持续财力作为保障;三是坚持"广覆盖"和"可持续"相结合。在这种宏观背景下,主要依靠财政补贴的城乡居民养老保险制度能否维系?

在财政新常态下,财政的可持续发展能力直接决定着城乡居民养老保险制度的可持续运行能力。尤其是地方政府持续、稳定的财力支持是城乡居民养老保险制度可持续发展的保证。由此,研究新常态下财政如何保障城乡居民养老保险可持续发展就显得十分必要。

(三)财政保障城乡居民养老保险是缩小收入分配差距的理论和现实需要

当前我国收入分配差距拉大已是不争的事实。基尼系数是国际上用来综合考察居民收入分配差异状况的一个重要指标,根据经验数据,人们通常认为 0.4 是基尼系数的警戒线,一旦超过0.4,表明收入分配急剧拉大。我国基尼系数达到 0.49,已经超过了国际警戒线。这也是人们担心我国掉入"中等收入陷阱"的原因。而如何缩小收入分配差距呢?理论认为,税收、转移支付、社会保障制度等是调整收入分配差距的重要手段。通过税收把高收入群体的收入转移一部分到政府手中,然后再通过转移支付把一部分收入转移给低收入者,从而在一定程度上缩小收入差距。养老保障作为二次分配范畴,其保障水平的提高会使社会的边际消费能力扩大,以增加人们即期消费意愿。因此,通过财政补贴的方式来提高农民养老保障水平,对提高居民整体消费,扩大内需,破解经济增长制约瓶颈会有较好的经济效果。

我国城乡居民养老保险的参保对象是农村居民和城市中无固定收入群体,其收入水平处于社会的底层,正是需要政府转移支付的弱势群体。而这类群体的养老保障水平也远远低于城镇职工和行政事业单位群体,我国不仅在经济上呈现二元结构,社会保障也呈现明显的二元结构特征。因此,需要通过政府提供部分财政补贴引导城乡居民参保。①

(四)划分清地方政府间的财政责任是城乡居民养老保险制度稳定发展的必要条件

城乡居民养老保险制度中,中央政府负责顶层设计,从基本原则、制度模式、参保对象、资金筹集、养老金待遇、资格条件、基金管理等七方面制定城乡居民养老保险制度的统一实施框架;地方政府在中央顶层设计的基础上可以有弹性、灵活地进行政策微调。

在政府财政支持方面,中央政府负担"出口"补贴,即对于满60周岁的老年人补助每月55元的养老金,属于"普惠型"的基础养老金②;地方政府担负"入口"补贴,即对于参保居民每年补助30元,有的地方政府实行多缴多补。在此基础上,规定"地方政府可以根据实际情况提高基础养老金标准,对于长期缴费的农村居民,可适当加发基础养老金,提高和加发部分的资金由地方政府支出"。对农村重度残疾人等缴费困难群体,地方政府为其代缴部

---

① 通常意义上讲,剪刀差就是价格差距,在我国有特殊的形成背景。我国在建国初期发展经济时,低价收购农产品,用于工业生产,而工业产成品却高价出售,这样就形成了剪刀差。之所以叫剪刀差,是因为二者的价格趋势线形状类似张开的剪刀。

② 中央政府对中西部地区全额补助基础养老金,对于东部地区补助50%的基础养老金。

分或全部最低标准的养老保险费。

从目前的财政补贴情况看,中央政府承担的补贴数额高于地方政府,尤其是对中西部地区而言,这是由我国现行财政分权体制带来的必然结果。1994年分税制以后,"财权上收,事权下放"的格局一直没有改观,中央和地方政府财政能力的差异造成了地方政府要完成支出责任必须依靠中央大量的转移支付,城乡居民养老保险也充分体现了这一特性。

从规范意义分析,中央政府应该承担哪些责任,地方政府应该承担哪些责任,哪些责任应由双方共担?财政分权程度对城乡居民养老保险的"覆盖率"有何影响?中央政府是否要承担兜底责任?中央政府和地方政府财政补贴比例如何科学划分?调整补贴标准有没有一定之规?这些都需要科学规范的分析,也是城乡居民养老保险可持续发展的必要条件。

第二节　国内外研究综述

一、国外研究综述

国外多数国家的社会养老保险主要是向政府雇员及企业职工提供,而不包括农民。直到20世纪50年代,一些发达国家才相继为农民建立起了社会养老保险计划。国外对养老保险制度的研究主要集中在养老保险制度中政府干预理论、社会保障与财政支出的关系。

(一)养老保险制度中政府干预理论可以分为两个流派:新古典经济学派和政治经济学派

1.新古典经济学派。新古典经济学派是在新古典主义的理论框架内,运用严格的新古典主义的方法,对各种养老金制度安排的经济绩效进行研究,它不研究养老金制度的变迁,而是把重点放到不同的养老金制度对于其他经济变量的影响上。政治经济学派强调研究社会养老保险制度的变迁,强调非经济的因素,尤其是政治因素在变迁过程中的作用,在方法上以经验描述为主。

对养老保险制度的起源及政府对养老保险制度的介入,新古典经济学主要从政府与市场的关系的角度来探讨,并提出了多种解释,主要有市场失灵论、个人短视与父爱主义论、再分配论和公共选择论等。

市场失灵论认为,(1)养老保险的基金不能完全通过市场机制筹集,必须由政府进行财力支持。(2)大数法则是保险运行的基本要求,威胁大多数人的最基本生活的风险,除了个人面对的生老病死之外,主要是大的社会风险和自然灾害。在很多情况下,商业保险无法提供或无法充分提供保障,而必须由政府建立一个制度为社会成员提供保障。(3)逆向选择会引起市场失灵,我国新型农村合作医疗规定以家庭为单位参保,就是从制度上避免陷入逆向选择的保障措施。

个人短视与父爱主义论认为,个人不是充分理性的,国家拥有完备信息、有远见且是充分理性的。个人有可能由于信息不充分而预见不到自己未来的境况,或者即使预见到了,因为侥幸心理或不愿牺牲目前的消费来为以后做出事先安排,还有就是个人可能因为信息不完备而对自己未来的情况无法做出精确的估计,导致储蓄和消费之间的不均衡。这就需要国家像父亲有义务照顾自己的孩子那样,帮助居民安排好其生命期内的经济生活。

再分配论认为,市场对社会财富初次分配之后,保险机制不能发挥系统性的再分配功能,政府须建立一种再次分配制度,以保障贫穷公民的生存权利。

公共选择论认为公共养老保险制度的建立是一个公共选择过程,从而在一定程度上解释了为什么公共养老保险制度没有解决好公平问题。因为中产阶级是社会的绝大多数,其意志表现为公共选择时,这种公共选择对他们这个阶级一定是有利的。

2. 政治经济学派。政治经济学对政府介入养老保险制度的解释主要有社会民主论、工业制度理论、新马克思主义、新多元主义论、国家中心和反商品化论等观点。社会民主论认为,政府在公共养老金计划和其他社会福利计划上的支出是阶级斗争的结果,社会养老保险政策反映了分别代表资本和劳动的组织与政党之间斗争的结果。工业制度理论认为,社会公共支出(包括养老金支出)的增加,是由于伴随着经济发展,社会对服务以及提供这些服务的劳动需求增加。对公共养老金和其他社会福利项目的需求随着经济资源的增加而增加,而这些经济资源将有可能为上述项目提供资助。简言之,公共养老金和其他社会福利计划是技术进步的必然结果,公共养老金支出和其他社会保险计划最本质的起因是社会发展。新马克思主义理论继承了马克思主义和社会民主理论强调的阶级结构、阶级冲突和阶级决定社会福利政策的观点,但认为,国家在公共养老金和其他社会保险计划上的支出是控制劳工的一种机制而不是劳工获得的胜利,并认为公共养老金和其他社会保险计划上的支出对不平等没有什么影响。新多元分析法认为,社会政策(包括养老保险政策)是各个利益集团竞争的结果,公民通过和其他人共同组成一个利益集团来影响政府政策。国家中心论分析法认为,国家的影响不可能完全解释社会组织的压力,并通过经验研究支持"民主水平对社会保障支出有积极影响"的命题。反商品化论是安德森提出来的,他认为社会经济在商品化的过程中也一直对应地存在着一种反商品化的努力,他区分了自由、保守和社会民主三种类型的社会保障制度是 3 种不同的政治倾向的反商品化作用的结果。①

(二)社会保障与财政支出的关系

社会保障与财政支出的关系的早期研究始于费尔德斯坦的社会保障会对储蓄产生"挤出效应"和传统赤字财政的关系(FeldsteinMartin S,2005)。他认为社会保障资金的不足会导致政府用负债的形式加以解决,从而形成财政赤字。从理论上分析,养老保险作为社会保障中一种有正外部效应的准公共产品,其可持续发展需要政府公共财政的支持(Casey B.Mulligan,1999)。因此,社会保障收支应不以扭曲政府预算财务体系为原则,应该放在联合预算管理中(PeterA.Diamond,2004)。

然而费尔德斯坦对美国的养老保险体系进行的实证研究发现,财富替代效应占据主要地位,导致国民储蓄减少大概 2/3,因此他又得出相反结论,认为社会保险并不是为了收入分配特定目的,不应纳入政府联合预算中(MartinFeldstein,1974)。也有学者从社会合作主义及社会福利政策方面认为社会保障需要国家和社会因素的重合,需要依赖政府的转移支出(Gosta Esping-Andersen,1990)。"福利经济学之父"庇古认为,国民收入大小和国民收入在社会成员中的分配情况是影响经济福利的最重要因素。国民收入增加会提高一国总福利,个人实际收入增加会增大个人效用。同样,降低国民收入分配不均程度同样会提高一国总福利。如果将富人的收入转移给穷人,总的福利水平会提高。因此,庇古主张通过国家税收政策把富人的钱以转移支付、举办养老院、发展福利

---

① 　这部分综述由河北经贸大学财税学院研究生张宁完成,特此感谢!

事业等方式转移给穷人,以增加社会福利。[1]

二、国内研究综述

(一)城乡居民养老保险制度建设中的政府责任

政府在农村养老保险中应该承担什么样的责任?国内外许多专家学者都对此进行了论证,共识在于政府在养老保障中应该承担责任,以及政府责任应该包含的内容也大致相当,分歧在于政府的有限责任和无限责任之争。

政府应当在养老保障中承担相应的责任。郑功成教授认为建设中国新型养老保险制度时,关键在于明确界定政府责任。政府负责的重点在于基本养老保险制度,其中普惠式的国民养老保险应当由政府承担全部责任,对于其他层次的养老保障,政府要通过创造公平的竞争环境和规范市场竞争行为来发挥市场主体的主动性和积极性。在这一点上,国内外学者取得共识。温克勒在总结欧洲国家农民养老金的财政状况时说:"没有一个社会保障机构能依靠所缴费用来承担农民养老金的支出,它们都需要依赖政府补助和其他方式来补贴。"例如,德国和奥地利政府对农村社会养老保险的补助占 70%。在加拿大 NISA 账户中,联邦政府和省政府每年向基金 2[2] 中存入相同数额的配套款项作为保险补贴(庹国柱等,2004)。日本政府对农村社会养老保险补贴份额在 43%

---

[1] 参见考燕鸣《中国农民社会养老保险公共财政支出水平研究》,辽宁大学2011年博士学位论文。

[2] NISA 账户是指农场主社会养老计划,也叫收入稳定账户,每一个参加农场主年金计划的人都有一个个人 NISA 账户,该账户包括两部分,即基金 1 和基金 2,基金 1 是投保人自己存进去的款项及保险费,基金 2 是联邦政府和省政府匹配的款项即保险补贴。

以上,且有逐年增大趋势。波兰政府也负担农民老年金的 2/3。

政府责任所包含的内容。陆解芬(2004)认为政府在农村社会养老保险体系建构中应承担政策责任、财政责任和法律责任。其中,财力支持是最重要。钱亚仙(2006)认为,政府在推进农村社会保险制度建设中必须起主导作用。首先是组织责任,要求国家牵头,统一政令,加大推广,协调方方面面关系;二是制度设计责任,要积极构建农村社会保障的制度框架,提供有效的制度供给;三是立法责任,对农村社会保障进行立法,提供法律保障;四是加强财政支持力度,完善资金筹措机制;五是强调监管责任,健全管理体制,强化各级政府对农村社会保障的行政监督和管理,使之纳入规范化轨道并健康发展。苏保忠,张正河(2007)认为转型期农村基本养老保障制度建设中政府的责任主要应当包括立法责任、制度安排责任、组织管理责任、财力支持责任、监管责任。

有的学者更为强调政府的财政责任,如陈姣娥(2006)指出,必须重构政府在农村社会养老保险中的缴费责任。首先,国家应直接投入资金作为农村养老保险基金的补充;其次,国家在政策上应给予农村养老保险充分优惠;最后,在农村社会养老保险基金出现收不抵支的情况下,财政应该作为最后的承担者来保障投保者的利益。

有限责任和无限责任之分。部分学者认为政府应该承担无限财政责任。郑功成(2007)认为,政府应对农村社会养老保障承担的责任是没有止境的;刘海燕(2006)认为,国家不可能承担过多的财政责任,但这并不意味国家不承担任何财政责任,尤其是在农村养老保险发展初期,各级财政更应根据不同的对象给予不同程度的支持。财政在为参保农民提供资金扶持时,按照农民缴费的标准进行补助,有利于调动农民参保的积极性和自觉性。李永杰、游炳俊认为,政府在社会保障中承担的是有限责任而不是无限责任。张建伟认为,政府在社会保障中应承担主导责任,但社会保障要摆脱财政危机,就不能由国家或政府包办,而要强调个人责任,适度引入市场机制和民间力量,以减轻政府责任。

国家承担财政责任,对农村养老保险提供资金支持,这种做法向农民传递了一个积极的信号,极大地鼓励和刺激了农民参保的积极性,从而提高参保率,促使农村养老保险制度的良性发展。但是,政府责任要适度。政府一方面要认识到自己的责任并切实履行,另一方面又不能大包大揽,无限放大责任,国家补贴过多会给国家财政带来一定风险。社会各界也应理性看待政府在农村基本养老保障制度中的责任,不能将所有问题都归责于政府。政府只有"有所为,有所不为",才能充分发挥农村基本养老保障"安全网"的作用,农村居民晚年的基本生活才能得到保障。

(二)财政支持城乡居民养老保险的方式

在资金筹集上,政府应承担出资者的责任,这是由养老保障的性质决定的(周绍斌,2003)。国家财政需要为农村社会养老保险制度提供部分必要的资金,这是政府对农村社会养老保险制度建立的最大支持和激励,是保障该项制度得以顺利建立的关键。少数地区的成功实践经验如广东东莞市几年前就已经开始实施的、浙江省实施的农村社会养老保险制度也证明政府为参加养老保险的农民提供一部分费用,既可以在相当程度上解决缴费困难问题,又对鼓励农民参加养老保险是一个巨大的激励,可以刺激农民参加养老保险的积极性(尚长风,2004)。应根据财政的实际情况和农村社会养老保险的客观需求确定一个适度的出资比例,为农民养老提供稳定的资金来源。

陈姣娥(2006)认为,农民个人、集体、国家三方筹资的原则必须坚持,国家财政是农村社会养老保险的最后承担者。首先,国家应直接投入资金作为农村社会养老保险基金的补充。其次,国家在政策上应给予农民养老保险充分优惠最后,在农村社会养老保险基金出现收不抵支的情况下,国家应该作为最后的承担者保障投保者的利益。财政对农村低收入人口的差额补贴方式,一种是贫困人口的缴费差额由省级财政和中央财政共同支付,并由中央政府与省级政府根据补助人口的规模、收入水平等因素,协商分担比例,另一种则完全由政府代为缴纳。

考虑到国家财政收入的承受能力,石杰认为,可以通过发行国家认可的养老债券,由受补贴者持有,国家承诺在一定时间内分期偿还,这样可以缓解财政的压力也可以考虑调整各级财政支出的结构来解决这个问题。另外还可以出售部分国有资产,进行农村社会养老保险补贴,因为农业剪刀差流出的巨额收益曾主要用于城市工业的原始积累,现在出售部分国有资产来解决农村社会保障基金不足也理所应当。

(三)财政支持对城乡居民养老保险产生的影响

尚长风(2004)通过列举广东东莞及浙江省的农村养老保险制度实践,证明:政府为参加养老保险的农民提供一部分费用,既可以在相当程度上解决缴费困难问题,又对鼓励农民参加养老保险是一个巨大的激励,可以刺激农民参加养老保险的积极性。牟放(2005)认为,农村社会养老保险在没有稳定的资金支持的情况下,既不能吸引广大农民踊跃参保,也很难成为真正意义上的社会保险。颛慧琳(2006)指出,我国的实践证明,政府或集体没有给予补助的,农村社会养老保险发展不好,而发展好的大多有政府或集体给予的较多的补助。陈姣娥(2006)认为,政府在农保缴费责任的缺失,是制约我国农村社会养老保险发展的瓶颈。相关调查表明,"农民对养老保险的制度需求非常迫切"。但是由于实践中普遍个人缴费,政府无资金支持,且社区缴费仅惠及特殊群体,有损农民的积极性。王晓洁、王丽(2009)认为,财政补贴对新型农村养老保险制度会产生收入调节效应、乘数效应、激励效应、公平效应等。

(四)不同财政补贴方式的补贴激励效应研究

目前城居保的个人账户可以采用"一刀切"的补贴方式,也可以采用"差别化"的补贴方式①。从理论上分析,个人账户具有"多缴多得"的激励效果(李珍,2010),"差别化"的补贴方式相较于"一刀切"式的补贴方式,更有利于激励参保人选取较高缴费档次,从而解决"90%以上农民选择最低 100 元的缴费档次"的现实问题,进而解决个人账户替代率过低问题。许多学者也都认为,"一刀切"式的补贴方式是导致参保农民集中选择最低 100 元的缴费档次的主要原因,因此潘书兰、程昕(2011)等提出将"一刀切"的补贴方式转化为"多补多缴"的差别化的补贴方式。

从实证层面分析,学者们却得出了不同结论。金刚、柳清瑞(2013)对东北三省的调研数据发现,辽宁省实行"一刀切"的地区选择最低缴费档次的比例为 87.58%,吉林省和黑龙江省实行"差别化"补贴方式的地区选择最低缴费档次的比例为 87.12%。② 这说明"差别化"的激励补贴方式是无效的。进而引入世纪交叠模型,采用有序 Probit 模型,对个人账户"差别化"财政补贴在提高缴费档次的效应程度进行了实证研究,结果发现,在较高政策信任

---

① "一刀切"的补贴方式指对个人账户的所有缴费档次补贴都采用统一的补贴标准;"差别化"的补贴方式是指多缴多补的补贴方式,目的是激励农民选取较高缴费档次。

② 87.58%和 87.12%相比,差异可以忽略不计。

度或较高边际补贴水平下,"差别化"补贴方式才能够有效激励参保居民选择较高缴费档次。而如果农民对保险制度存在不完全认知情况下,"差别化"补贴方式是无效的。赵建国、海龙(2013)构建了项目投资收益模型,分析"一刀切"和"差异化"两类财政补贴激励机制对各缴费档次收益率的影响均产生了负向激励效应,认为这是"差异化"补贴方式无效的诱因,建议短期内变定额补贴为定率补贴,长期内应采强制参保原则。

(五)城乡居民养老保险的财政负担能力分析、预测

城乡居民养老保险制度能否顺畅运行,能否可持续发展,政府的财政负担能力是关键因素。米红、项洁雯(2008)运用人口数理学、保险精算学方法,对未来农村人口以及财政补贴能力做出预测,对我国有限财政责任条件下的农村养老保险制度进行政策仿真和预测分析;张为民、周莹、曹文献(2009)等利用保险精算模型,从农民个人参保缴费和国家财政支撑两个方面进行了测算;朱俊生(2009)根据测算认为,财政完全有能力在全国建立农村养老保险制度,但是对于贫困地区,需要重构中央政府和地方政府之间的财政关系,中央财政应该按照各地经济发展和社会发展的不同对养老保险的保费补贴予以分担;邓大松、薛惠元(2010)、杨翠迎(2011)、程杰(2011)在新农保"全覆盖"假设前提下,通过测算中央和地方财政负担能力得出加快推进新农保不会造成过高的财政负担的结论。

三、研究述评

相对于城镇职工养老保险制度而言,我国针对无固定收入的农民和城镇居民群体而言,养老保险制度开始得较晚,也相对不成熟,但是文献资料是相当丰富的,不同知识层面的学者从不同维度

对城乡居民的养老保险制度进行了研究,可谓汗牛充栋。从 20 世纪 90 年代"要不要建立农村养老保险制度、建立的条件是否充足"的讨论开始,农村居民的养老保险制度经历了旧农保制度的失败、新农保制度的实施、城居保的建立、新农保和城居保合并为城乡居民养老保险四个阶段。2009 年以前研究偏向定性研究,围绕农村养老保险建立的必要性、可行性展开探讨;2009 年实行新农保试点,中央政府制定了统一实施的制度框架,特别是明确了政府的补贴责任,新农保制度进入了制度转化和加速推进时期,学者的研究热情重点转向了政府保障研究,研究特色呈现出量化研究、细节研究、实践研究,而不仅仅是泛泛论述。整体上,学者的研究经历了从"偏宏观到重微观、偏定性到重定量、偏理论到重实践"的三个转变。

就目前的研究而言,城乡居民养老保险实现"制度全覆盖"后的发展演变方向,缺乏系统性、整体性考虑,现有成果多囿于区域研究和专题研究,多着眼于现状和对策分析,相对缺少理论凝练和前瞻性的趋势分析,先进的经济学理论与方法在城乡居民养老保险研究中仍显不足。

基于此,本书尝试采用行为经济学和演化经济学的分析方法,探索城乡居民养老保险的演化规律,未来发展趋势。从财政保障机制的视角出发,从理论上厘清财政保障机制的内涵,构建合理科学的财政保障机制的完整框架;从实践层面出发,探索财政补贴效应,尤其是对农民缴费能力提高的激励效应;在新常态下,财政负担的可持续力是否能满足城乡居民的养老保险需求;在对典型地区调查时,我们主要以经济处于中等水平地区的河北省为样本分析对象。

第三节　研究方法和研究内容

一、研究方法和研究数据

（一）研究方法

1.借鉴演化经济学的分析方法,探索城乡居民养老保险制度演化规律和未来的发展趋势。

2.综合运用实验分析法、实地调查法、比较法,辅之以人口经济学的分析方法,深入探究城乡居民养老保险财政补贴的行为反应机制,判断居民养老的行为偏好是否和政府的政策引导倾向相一致。

3.问卷调查法。本书的调查研究需要设计大量问卷调查,因为有些数据具有典型性特征,缺乏公开的同级数据,需要借助于问卷调查取得城乡居民的参保偏好。

4.案例分析法、深度访谈、专家研讨相结合的方法。

5.静态分析与动态预测相结合。在研究部分地区财政支持农村养老保险在当前的时间和空间内的供求平衡关系时运用了静态分析。在研究它们的未来发展趋势时进行了动态预测,在本文中注重静态分析与动态预测相结合。

（二）研究数据

1.公开的统计资料。本书主要使用《中国统计年鉴》《河北省经济发展年鉴》《中国财政年鉴》《河北财政年鉴》等。

2.内部资料。主要是在调研中取得的政府有关部门的统计数据。

3.调查数据。主要是通过设计问卷调查取得的典型数据,本书是2009年作者主持的教育部课题和正在研究中的国家课题。

从 2009 年开始,每年作者都利用暑期实践的机会带领学生深入农村开展新农保的调查问卷,取得了丰富的第一手资料。

二、研究内容和创新之处

(一)研究内容

本书主要从财政保障视角,在相关理论阐述的基础上,总结分析推行城乡居民社会养老保险制度的实施历程及其运行机制的缺陷,并择取一些典型地区进行不同模式的数量化实证研究,进而提出完善我国城乡居民养老保险制度财政保障机制的框架设计和基本思路,以期对构建能够有效满足城乡居民养老需求的养老保险制度,实现农村居民"老有所养"的社会目标有所助益。特别是通过基于一定保障水平的财政补贴能力的科学测算,为政府在推进城乡居民社会养老保险制度建设中进行财政保障模式的选择和突破城乡居民社会养老保险的财力关隘,提供具体的决策参考依据。主要内容安排如下:

第一章绪论。本章主要介绍城乡居民养老保险财政保障机制的研究背景和研究意义,国内外研究综述,研究方法和数据来源,本书的结构安排和主要研究内容等。

第二章财政支持城乡居民养老保险的一般理论分析。本章通过对城乡居养老保险、城乡居民养老保险财政保障机制的内涵进行分析,为后面的分析打下理论基础。同时,通过对公平理论与城乡居民养老保险的财政支持、公共财政论与城乡居民养老保险的财政支持、福利经济学理论与城乡居民养老保险的财政支持、制度变迁理论与城乡居民养老保险的财政支持等几个纬度分析来说明政府财政支持城乡居民养老保险的必要性。

第三章城乡居民养老保险中财政保障机制的演化分析。本章我们采用演化经济学的分析方法,以政府财政在城乡养老保险中承担的责任为视角去探求城乡居民养老保险制度的演进脉络,剖析演进机制,探寻演进方向。

第四章城乡居民养老保险制度财政保障政策区域比较分析。本章在参照传统东、中、西部区域划分基础上,结合特殊省份的分析,对东部、中部、西部区域的城乡居民养老保险财政保障政策进行分类比较,从横向视角对比各省地方政府对不同缴费档次的财政补贴政策、基础养老金的补贴政策、政府间财政责任分担、特殊群体补贴等几个方面的差别,以期呈现一幅全国城乡基本养老保险财政保障的脉络图。

第五章城乡居民养老保险中财政保障模式的国际经验借鉴。本章介绍了发达国家中的德国、美国、英国,与我国相近的日本、韩国、新加坡,以及发展过国家的典型巴西、智利等国家的农村养老保险制度,分析了这些国家财政支持在农村养老保险中的作用。通过比较得出了对中国农村养老保险制度的有益借鉴:1、要协调好政府和市场在城乡居民养老保险中的关系。2、政府应承担及承担起建设城乡居民养老保险制度的设计职能,促进城乡居民养老保险的制度化运作。3、政府应加强运营职能。4、政府履行监管职能,确保城乡养老保险持续健康发展。

第六章城乡居民养老保险制度需求研究——基于典型地区的调查。本章主要采用调查问卷的方式,以河北省50个县(市)、区为样本,在对在河北省50个县(市)、区的调查问卷所得资料基础上进行分析与讨论,对农民参保的影响因素进行了初步分析,为后面深入的量化分析打下了坚实的实践基础。

第七章城乡居民养老保险制度中财政补贴效应分析。本章从理论视角和实践视角两个维度对城乡居民养老保险中的财政补贴效应进行了分析。从理论视角得出了财政补贴在养老保险中发挥了收入调节效应、乘数效应、激励效应、公平效应；从实践视角得出了财政补贴提高了农民的有效缴费能力的研究结论。

第八章城乡居民养老保险政府财政支持能力分析。城乡居民养老保险的可持续发展取决于政府的财政支持能力、负担能力，因此本章主旨在于分析城乡居民养老保险中的财政支持能力。首先构建了城乡居民养老保险财政负担能力模型，从理论上研究影响财政负担能力的因素；其次结合静态分析和动态预测对城乡居民养老保险的财力缺口进行分析，研究测算了中央政府的整体财政负担水平；然后以河北省为例，测算地方财政支持能力，在合理假设前提下，得出城乡居民养老保险不会显著增加地方财力负担，地方政府有财政能力进一步提高补贴标准等主要研究结论。

第九章财政分权、新型城镇化对城乡居民养老保险覆盖率的影响分析。本章运用2009—2012年省级面板数据，考察了在财政分权体制下新型城镇化对城乡居民养老保险参保率的影响。结果表明，现有财政分权体制对城乡居民养老保险的参保具有间接的抑制性反向作用不利于全覆盖的实现，而城镇化水平对城乡居民养老保险的参保则有正向的促进作用，有助于全覆盖的实现。从而提出加快提升城镇化水平、充沛地方财力，加大政府就业支持、提倡企业和职业年金制度"硬性标配"等政策建议。

第十章城乡居民养老保险制度财政保障机制约束分析。建立在前面章节基础上，本章全面分析了约束我国城乡居民养老保险发展的主要因素，主要包括基础养老金标准与个人账户养老金待遇偏低、对农民选择较高缴费层次和长期缴费的补贴机制激励性不足、各级政府财政资源配置机制不科学、经费保障机制非制度化特征明显等问题。

第十一章完善我国城乡居民养老保险财政保障机制的基本思路。本章在提出了"政府主导、群众自愿参与;财政支持与经济发展水平相适应,要适度、有弹性;公平与效率相结合;财政支持责任的法定性"三大原则基础上,提出了完善我国城乡居民养老保险财政保障机制的基本思路:(1)坚持强制性制度变迁方式,加大政府对建立农村社会养老保险制度的推进力度(2)从宏观上把握好财政保障的"度",避免"不足"与"过度"补贴(3)提高统筹层次,可先由县统筹过渡至省统筹(4)健全基金管理体系,完善农村社会养老保险基金的管理和监督(5)其他配套措施等等。

(二)研究创新

本书的创新之处主要体现在:

1.财政保障是城乡居民养老保险制度可持续发展的基石。本书站在这样一个独特视角,全面系统分析了城乡居民养老保险财政保障机制的原则、内涵、具体研究内容,既具有较强的理论概括又兼具实践解释力。

2.对城乡居民养老保险的财政政策进行了区域比较分析,从横向视角对比各省地方政府对不同缴费档次的财政补贴政策、基础养老金的补贴政策、政府间财政责任分担、特殊群体补贴等几个方面的差别,呈现一幅全国城乡基本养老保险财政保障的脉络图。

3.借鉴演化经济学、新制度经济学、行为经济学的分析方法,以政府财政在城乡养老保险中承担的责任为视角去探求城乡居民养老保险制度的演进脉络,剖析演进机制,并力求揭示农村养老保险的演化规律,管中窥豹,探寻演进方向。

4.对中央政府和地方政府的财政保障能力进行量化分析的同时,引入财政分权这一衡量中央政府和地方政府责任划分的指标,构建了省级动态面板数据模型,实证分析了财政分权、新型城镇化对城乡居民养老保险全覆盖的影响程度,这在目前的研究中尚属首次。

5. 提出了一些有建设性的观点。如从中国的福利语境分析,由于长期以来城乡二元经济导致社会保障的"二元"化,中国农村的福利水平低于城镇,大多数研究偏重于"福利"方向。但本文提出了"从宏观上把握好财政保障的'度',避免'不足'与'过度'补贴"的指导思想,避免走入西方国家社会保障"高福利"的歧途。

第二章 财政支持城乡居民养老保险的一般理论分析

第一节 城乡居民养老保险的内涵分析

一、社会保障与社会保险

早在 20 世纪 30 年代,"社会保障"(Social Security)一词就出现在美国《社会保障法》中,后来随着国际劳动组织通过与实施的一系列社会保障公约,使得社会保障的涵义与内容更加清晰和全面。由此,社会保障被公认为是一定组织为了帮助其成员抵御各种社会风险而展开的一种保障制度。而国内的一些学者经过对社会保障系统而深入的研究,也认为社会保障首先是国家建立的,其次,社会保障具有国民收入分配与再分配的功能。最后,社会保障制度是一种防范社会风险的社会性安全安排(陈良瑾,1990),相对于公民而言具有较强的社会福利性(郑功成,2004)。根据现有资料,世界上各国的社会保障制度大概包括以下几个方面:社会保险、社会福利、社会救助以及优待和抚恤制度。

而社会保险(Social Insurance)是社会保障制度中最为核心的主体内容之一,指由国家依法建立的通过劳动者在职期间与单位以社会保险费(税)形式缴纳资金,用以保障劳动者因处于年老、疾病、残疾、伤亡、生育、失业等特殊情况而造成暂时或永久性劳动能力丧失之时,获取相应收入损失补偿,维持劳动者基本生活的一项社会保障制度(郑功成,2009)。社会保险作为工业化进程之中为了防范不可规避风险而建立的一种满足人们社会需求的社会机制,针对于劳动者面临的风险种类不同,一般可以将社会保险划分为社会养老保险、社会医疗保险、社会失业保险、社会工伤保险和社会生育保险等不同的险种(见图2.1)。

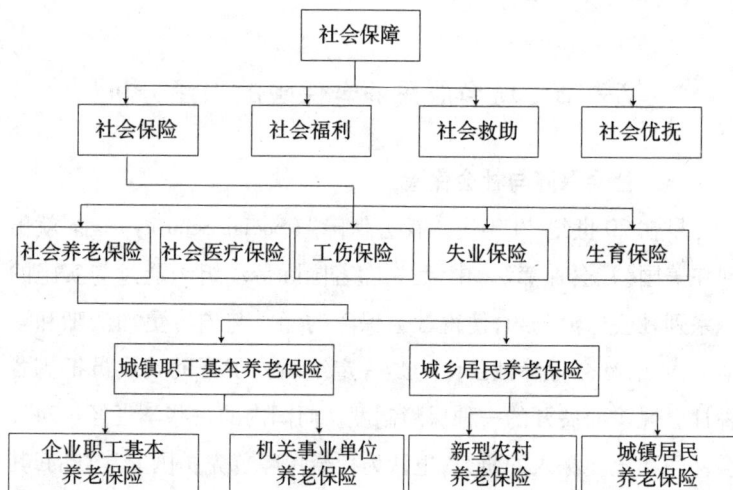

图 2.1　社会保障体系图

二、社会养老保险

社会养老保险(Social Endowment Insurance)是五大社会保险中最为基本的项目,是国家依据相关的规章制度,建立并实施的一项提供稳定生活来源的制度性养老安排,其目的是解决劳动者因达到法定退休年龄或丧失劳动能力而退出劳动领域后的基本生活需求,降低每个劳动者的老年风险。

现有社会养老保险资金的筹集一般可以概括为三种模式:现

收现付制、完全积累制以及部分积累制。现收现付(pay-as-you-go)是以当期参加社会养老保险参保人缴费或纳税金额支付当期已经退休的参保人养老金的形式,具有典型的代际收入分配特点;完全积累制(full funded)又称为个人账户制度,是在工作期间,参保人按照规定将薪酬的一定比例存入某种基金,待到符合领取养老金条件之时,依据规定按期支取其基金的本金和应计利息作为养老金的一种制度安排;而部分积累制的设计既能够保持现收现付制中青壮年与已退休人员之间的代际收入再分配功能,又能够保留完全积累制中"多缴多得"的个人激励性缴费特点,将养老保险缴费的一部分用于支付当期已退休人员的养老金,另一部分则存入其个人账户用于基金的积累,是现收现付制与完全积累制两种模式良好结合的制度产物。

我国当前的社会养老保险制度就是采用的个人账户与社会统筹账户相结合的部分积累制。个人账户担负养老缴费资金的基金积累作用,具有一定的完全积累制特征,而社会统筹账户则担负着养老缴费资金的当期收缴与当期支付作用,具有一定的现收现付制特征。由此综合而言,我国现行的社会养老保险制度具有普遍性、互济性和长期性三大特点。

一是普遍性。年老是人类遵从自然与社会发展的固有规律,所有社会成员无关贫富差距、性别差异以及地域区别最终均难以避免。2013年我国的人口规模数量已经达到13.6亿,而养老作为无法规避的社会自然现象,以及政府具有的先天责任,使得社会养老成为我国最为普遍的基本需求。此外,一方面由于我国社会经济的发展、国家政策的实施、生活理念的变化、人均寿命的延长等各种因素,家庭规模小型化趋势显著,家庭结构出现越来越多的"4-2-1"甚至"8-4-2-1"现象,传统的家庭养老功能随之也逐渐被越来越弱化;另一方面,我国现已步入人口老龄化社会,且随着老龄化进程的逐步加快,我国人口老龄化将会提前达到高峰,但由于我国经济仍不发达,造成"未富先老"的局面,代际养老压力增大,家庭养老的负担越来越重;再者我国的农村正在逐步城镇化,人们对于养老服务的需求越来越大,社会养老成为未来养老的发展趋势,任重而道远。

二是互济性。由于我国采取的是部分积累的社会养老保险资金筹措模式,要求当期还未到达退休年龄的参保人须根据规定缴纳相关养老费用,部分费用用以负担已退休人员社会养老保险金的发放,体现出了社会统筹账户的现收现付特点,具有代际收入再分配功能,并显示出显著的互济性功能。而为了有效保障养老保险制度的连续性和可持续性,财政在养老保险体系中也扮演了非常重要的优惠政策制定以及配套财政补贴的支持作用,以有效抵御通胀风险、系统性风险,保障已退休参保人的待遇水平,为社会养老保险保驾护航。

三是长期性。社会养老保险是社会保险制度中参保人身份最稳定、缴费时间最长的保险项目,缴费具有长期性。根据我国社会养老保险的相关规定,若想获得相应的社会养老保险待遇,到达退休年龄时按照规定领取相应的社会养老金,需要参保人缴纳至少15年的养老保险费用。而与此同时,领取养老金也具有长期性,随着我国居民平均预期寿命从新中国成立前的35岁提高到2010年的74.8岁①,依据法定养老保险金领取年龄60岁②算起,直到退休者死亡时养老金的领取才终止,其平均免费领取时间长达

---

① 马建堂:《六十五载奋进路,砥砺前行谱华章——庆祝中华人民共和国成立65周年》,《人民日报》2014年9月24日。

② 对于普通居民,法定退休年龄男60岁,女50岁,女干部为55岁。

14.8年,其整个保险项目的运行周期跨度时间较长,显著高于其他社会保险项目。

三、城乡居民养老保险

我国目前的社会养老保险制度主要包括城镇职工基本养老保险(以下简称"职保")和城乡居民养老保险(以下简称"城乡居保")(见图2-1)。以"职保"为主、"城乡居保"为辅的互补并行社会基本养老模式,其差距性的体系设计既可以保留劳动者就业积极性的机制激励,又可以保障低收入居民养老的基本权利,被视为是效率与公平的良好契合,符合我国当前的基本国情,短期内将难以变更(王丽,2015)。

(一)我国城乡居民养老保险的发展历程

在开展"城乡居保"之前,"职保"经过了长期的试点、调整和完善阶段。企业职工基本养老保险于1991年《关于企业职工养老保险制度改革的决定》颁布后试点实施,是一种集合了基本养老保险、企业补充养老保险和职工个人储蓄性养老保险为一体的现代养老保险模式,其改变了退休养老过去由国家、企业承担的方式,更加强调个人与单位在养老责任中的作用;后经过不断调整,国务院于1997年出台《关于建立统一的企业职工基本养老保险制度的决定》,面向企业职工全面推行企业职工基本养老保险,并设定了统一的养老保险缴费比例、账户资金划拨比例、基本养老金计算办法和基金管理办法,从而构建了养老保险费由国家、企业和个人共同负担的社会统筹与个人账户相结合的部分积累制养老保险基本模式;2005年《关于完善企业职工基本养老保险制度的决定》发布,将非公有制企业、城镇个体工商户和灵活就业人员纳入企业职工基本养老范围,从而进一步扩大了基本养老保险的覆盖范围;

2011 年 7 月 1 日,《社会保险法》正式施行,更加明确指出职工的基本养老保险费用由用人单位和职工共同承担,而个体工商户、灵活就业人员以及部分非全日制从业人员可以选择参加企业职工基本养老保险,但其养老保险费用由个人承担。由于自 1991 年以来的"职保"都未将机关事业单位的工作人员纳入范围,我国长期存在职工养老保险"双轨制"①模式,虽几次欲进行改革,但效果甚微,负面影响较大,直至 2015 年 1 月国务院颁布《关于机关事业单位工作人员养老保险制度改革的决定》,则标志着"双轨制"改革的正式破题,社会养老保险"双轨制"正逐步迈向历史,将促进我国城镇职工养老保险更加趋于完善和公平。

"城乡居保"是由以农村居民为主要参保对象的新型农村养老保险(简称"新农保")和以未参加城镇职工养老保险的城镇居民为主要参保对象的城镇居民养老保险(简称"城居保")两部分合并而成的。其中,1986 年我国就开始对农村养老保险进行了探索和研究,在 1991 年即与企业职工养老保险试点的同一时间,民政部在国务院的指派下也着手在山东等地开始推进农村社会养老保险的试点工作,并在试点经验的总结积累下制定了《农村社会养老保险基本方案》,探索建立了以农民个人缴费为主、集体缴费为辅、国家政策扶持的农村社会养老保险制度,俗称"老农保"。但由于"老农保"的集体经济补助并没有落实,政府扶持又没有明确的实质性内容,"老农保"最后成为农民自己给自己缴费养老的

① 养老保险"双轨制"是指城镇企业职工参与个人、单位共同缴费的城镇职工养老保险,待达到法定退休年龄后根据社会统筹与个人账户资金情况,按期领取退休养老金的制度;而机关事业单位人员养老制度则是无需个人缴费,待达到法定退休年龄后直接领取退休金的制度。且企业退休人员的养老金替代率明显低于机关事业单位退休人员的退休养老金。

个人账户形式,又由于当时社会保障资金的保值增值问题难以解决致使个人账户运营的低效甚至是无效,造成"老农保"几近流产,以至于全国各地的"老农保"长期处于停滞状态。后来,国务院于 2009 年 9 月颁布了《关于开展新型农村社会养老保险试点的指导意见》,面向农村居民的"新农保"开始试点推行。与"职保"相似,"新农保"也采用社会统筹与个人账户相结合的部分积累制资金筹措模式,并确定个人(家庭)缴费、集体补助、政府补贴为三大主要资金承担主体,充分体现出政府的资金职责;但与"职保"不同,"新农保"采取农民自愿参保、政府主导的组织形式,通过财政补贴来普遍性引导农村居民参加社会养老保险。

　　而"城乡居保"的另一主要部分——"城居保",则是 2011 年 6 月国务院颁布《关于开展城镇居民社会养老保险试点的指导意见》,同年 7 月 1 日试点工作正式启动,将城镇居民也纳入了社会基本养老保险体系之中,其资金筹措方式和保障水平与"新农保"相同。至此,我国城乡养老保险已将 16 岁以上(除在校学生外)全部居民都纳入到了保险范围,已然实现了制度的全覆盖。在此之后,又基于"新农保"与"城居保"几近相同的制度设计,以及我国不断推进的城镇化基本国情,2012 年 7 月至 2014 年 1 月已相继有 15 个省份实现了"新农保"和"城居保"的合并实施,国务院于 2014 年 2 月颁布《关于建立统一的城乡居民基本养老保险制度的意见》,明确指出合并实施"新农保"和"城居保",从而在全国范围内建立统一的"城乡居保"。紧接着在 2014 年 7 月正式推行了《城乡养老保险制度衔接暂行办法》,对"职保"与"城乡居保"间的制度转接进行了详尽的说明与规定,扫清了制度间的衔接障碍,更有利于推动养老保险体系的全面顺畅运行,从而提升社会养老保险实际全覆盖的实现速度。

（二）城乡居民养老保险的特性

"新农保"与"城居保"的合并不仅有助于推进我国社会养老保险的"城乡一体化"进程,还有利于各个地方间的资源和人员的自由流动,有效实现社会公平和优化资源配置。但合并后的"城乡居保",相对于社会养老保险的另一主要基本养老保险——"职保"而言,具有其自身的一些特点:

一是财政扶持性。"城乡居保"的资金筹集模式与"职保"主要由个人与单位承担缴费责任不同,其由个人、集体和政府三方共同承担资金筹措责任,但由于集体补助制度及条件还未完全成熟和具备,其个人承担的缴费和政府承诺的补贴成为当前"城乡居保"参保人最重要和最稳定的资金渠道。而政府给予参保人的财政补贴,不仅包括中央的财政补贴,还包括地方人民政府对参保人缴费给予的补贴,以及对于较高档次缴费者给予的奖励性补贴,其政府对于"城乡居保"的财政支持态度清晰明了。

二是自愿选择性。"职保"对于城镇企业职工的参保行为不仅具有强制性的参保要求,对于参保缴费的方式以及所占薪酬的比例也都有明确而固定的设计。而"城乡居保"则与"职保"不同,"城乡居保"的参保人不仅可以自愿选择是否参加"城乡居保",自愿选择参加"城乡居保"的时间以及参保的周期,还可以在 100 元到 2000 元的 12 个缴费级次中自由选择和调整其参保的缴费级次,具有更加宽泛的参与选择弹性。

三是更强普惠性。"城乡居保"养老金待遇的发放虽然与"职保"相同,也由社会统筹资金和个人账户养老金两部分构成。但"城乡居保"的个人账户资金全部来源于个人缴纳的全额养老费和财政的部分补贴,而负责发放基础养老金的社会统筹资金则完全来源于财政资金,由国家财政全额支付。此外,对于制度推行当期年龄已满 60 周岁的城乡居民则可以免除缴费义务,直接获得由财政发放的普惠性基础养老金,这充分体现了政府对公民养老权益的有效保障。但就现实情况而言,"城乡居保"虽然强调了政府对城乡居民"老有所养"的重要承担责任,但其缴费标准、养老金领取金额、养老金替代率等方面的总体保障水平仍相对较低。

第二节　财政支持城乡居民养老保险的理论依据

从世界各个国家的社会保障发展历程来看,其社会保障的推动都离不开政府运用公共政策和公共财政手段的引导和参与。养老问题并非仅仅是一个家庭问题更是一个社会问题,"尊老爱幼"自古以来就是我国优良传统之一,《礼记·王制》早有陈述:"凡养老,有虞氏以燕礼,夏后氏以乡食礼,殷人以食礼,周人修而兼用之。五十养于乡,六十养于国,七十养于学,达于诸侯",充分说明对于养老,家庭、家族、国家、社会都具有不可推卸的责任和义务。

一、公平理论与城乡居民养老保险的财政支持

亚里士多德指出,公平表现为一种行为的中庸,"一切争吵、抱怨的原因都是相同的人没有得到相同的分配份额或不同的人分到的份额相同"①;而"正义是社会制度的首要价值……某些法律和制度不管他们如何有效率和有条理,只要它们不正义,就必须改造或废除"②;卢梭在《社会契约论》中认为,"权力平等及其所产

---

① 亚里士多德:《政治学》,吴寿彭译,商务印书馆 1965 年版。
② 约翰·罗尔斯:《正义论》,谢延光译,译文出版社 1991 年版。

生的正义概念乃是出自每个人自己的偏私，因而也就是出自人的天性"①。而在拥有浩瀚历史的中国，早在《吕氏春秋》中就记载了"昔先圣王之治天下也，必先公，公则天下平。平得于公。"可见，公平是社会生活秩序的最高原则，而对于公平、正义的向往与追求则是每个人内心最为原初的冲动。

而社会性是人的本质属性，社会的稳固是人类得以发展的必要条件。一个社会的稳固与否取决于公众对现行制度与秩序的认可以及遵从程度，纵观人类的所有社会活动，一般可以分为旨在扩大人类享有产品的生产活动和旨在进行产品利益配置的分配活动（孙增武，2008）。在市场经济体制下，对生产活动与分配活动的判断都依据效率与公平两个基准评判标准，缺一不可，公平是社会稳固的基石，效率是社会发展的动力。而市场作为经济领域主要调节工具，效率最大化是其核心追逐目标，公平难以自动凭借市场而实现。由此，需要依靠政府进行适度调节，解决市场难以实现的公平问题，实现社会的稳定和发展。

社会养老保险是政府提供的一项社会保障制度，其设立的初衷就是为了有效解决全社会公众的养老问题，具有政府主导的分配调节作用，是维持社会稳定、促进社会发展的制度保障。"城乡居保"作为社会养老保险体系的一个主要组成部分，亦承担着相同的利益分配责任，以此保障全体公民的"生存公平"与"劳动公平"，促进社会的利益共享，实现社会的公平与和谐。

（一）生存公平

生存公平权利是人类最为基本的一项权利，是一种自然权利，随着人的出生而自然产生，也随着人的死亡而自然消失。依据马

---

① 卢梭：《社会契约论》，何兆武译，商务印书馆 1980 年版。

斯洛的需求层次理论①，生存需要不仅是人类最低层次的需求，更是人类最为基本的需求，作为一个国家或政府有责任也有义务满足其社会成员的基本生活需要，并为其提供相应的保障环境和保障条件。而在1919年德国颁布的《魏玛宪法》中就曾提出"经济生活之组织，应与公平之原则及人类生存维持之目的相适应，在此范围内，个人之经济自由，应予保障"，文中揭示出必要生活保障是生存公平的基本内涵，社会保险制度是维护国民生存权利的基本保障。在我国的《宪法》中，也对此有明确规定："我国公民在年老、疾病或者丧失劳动能力的情况下，有从国家和社会获得物质帮助的权利。国家发展为公民享受这些权利所需要的社会保险、社会救济和医疗卫生事业"，国家具有帮助公民抵御基本生活风险、为公民提供基本生活保障服务的职责。

由此，为城乡居民提供社会养老保险服务，解决城乡居民退休后的基本生活需要，是维护城乡居民基本生存权利的有力保障。而将"生存公平"这一理念进一步引至"城乡居保"之中，首先，为了有效保障城乡居民的权益，保障水平至少能够满足城乡退休居民的最低基本生活需要，财政给予"城乡居保"较大的财政补贴，体现了政府对于保障满足公众基本生存需要的职责；其次，由于养老保险的缴费周期和领取养老金的时间跨度都较大，基于时间价值的考虑，"城乡居保"的养老金待遇水平包括财政给予的补贴都设定了动态调节机制，防止通货膨胀等风险，以保障城乡参保居民的基本生活待遇水平；再次，将所有未参加"职保"、年龄在16周

---

① 马斯洛的需求层次理论是指可将人类需求自低至高地划分为生理、安全、社交、尊重和自我实现五个层次的需求，其中生理需求是最为基本的需求，这些需求像阶梯一样具有逐步递进的关系。

岁以上的居民全部纳入到可参保范围,兼顾到了社会养老保险的参与公平;最后,由于"城乡居保"的资金缴纳主要来自于个人缴费与财政补贴,政府所采取的自愿参保形式是对城乡居民个人财产处置权利自由的尊重,更是一种公平的由衷体现。

(二)劳动公平

马克思劳动价值理论认为,社会财富来自于物质资料和劳动两种要素的结合和创造,拥有劳动能力的劳动者应该积极参加社会劳动,创造社会财富。而社会的公平程度受到社会财富在劳动者间分配情况的影响,即并非是简单的物质利益的平均分配,还包括劳动者能够公平地参与社会活动,并实现劳动成果的公平分配。而劳动公平的实现需要从供应和需求两个层面实现,一个是劳动者的劳动公平需求,另一个则是政府的劳动公平供给。首先,劳动者作为自身劳动能力的所有者,可以在市场经济平等就业的竞争机制中获得岗位和职业,由此获得公平的相应劳动报酬。但是由于存在个体差异,个人的劳动能力所表现出来的对社会经济发展的贡献程度不同,劳动公平应尊重此种差异并接受由此所带来的报酬不同,并对其进行适度保护。其次,政府应为劳动者积极地参与劳动提供公平环境和条件,即国家可通过健全和完善各项规章制度,尽可能地为有劳动能力的公民创造参与劳动的机会、优化劳动的环境、提高参与劳动的报酬和福利,以有效帮助公民更加公平、更加积极地投身于劳动中。

我国"城乡居保"的主要对象包含了众多具有劳动能力却未参与"职保"的劳动者。按照劳动公平理论,从劳动公平的需求角度,我国每个公民都拥有参与社会劳动并获取相应劳动报酬的权利,作为政府的制度设计不能成为阻碍公民主动参与劳动的绊脚石,由此,我国"城乡居保"作为"职保"重要的补充性养老保险制度,无论是保障对象还是保障的待遇水平都应更加体现出养老保险体系的层次性设计,这符合我国目前的基本国情,为有劳动能力的劳动者创造了较为公平的制度环境和更有利的制度选择条件,有助于实现公众的劳动公平需求。而从劳动公平的供给角度,一方面"城乡居保"的保障水平低于"职保"的保障水平,既可以鼓励更多的参保人主动投入或转投待遇水平更高的"职保",缓解"城乡居保"给财政带来的支出压力,又可体现出政府对"多劳多得"、"按劳分配"的公平劳动理念的制度支持;另一方面"城乡居保"的缴费水平与待遇水平相挂钩,缴费越高,所获得的财政补贴额度越高,实现多缴多得、长缴多得的利益引导,也充分表示出政府对劳动公平的制度供给决心。总之,"城乡居保"的制度设计与现行的"职保"制度相辅相成,可有效解决我国公民"老有所养"的民生问题,财政为此而保驾护航,可助推"城乡居保"制度的有效实施,符合公平理论。

二、公共财政理论与城乡居民养老保险的财政支持

(一)公共产品属性

公共产品理论有效地将政府行为与市场经济活动融为了一体,从而充分体现出了国家干预经济的必要性(张馨等,2000)。众多学者,如休谟、斯密、穆勒、林达尔、萨缪尔森、蒂波特、马斯格雷夫、科斯等都为公共产品理论的发展做出了重大的贡献。其中,萨缪尔森在1954年发表的《公共支出的纯理论》中,相对于私人产品而相对地提出将"每个人对这种产品的消费都不会导致其他人对这种产品消费减少"的产品界定为公共产品。对于公共产品具有的非排他性和非竞争性这两大特点,当前学术界已基本上达成共识,其中,非排他性是指由于技术的限制或实施成本过高,当

任何人使用该公共产品的同时都无法或不能排除其他人也使用该种公共产品;而非竞争性是指任何人对公共产品的使用,都不会阻碍和降低其他人对该种公共产品的使用。一般认为,基于公共产品的两大特征,追逐利润的市场对于公共产品的自发提供将会难以满足市场对该类公共产品的需求,存在明显的市场失灵,而由政府负责该类产品的提供则可以有效解决"免费搭车"问题,更符合经济效率的原则。但由于在现实生活中同时具有非排他和非竞争性特征的纯公共产品较少,且排他性与非排他性、竞争性与非竞争性又难以划定清晰的界线,大部分公共产品均是介于纯公共产品与私人产品之间的准公共产品。

就"城乡居保"而言,是一种典型的准公共产品,具有明显的部分非排他性以及部分非竞争性。首先,依据相关规定,凡是年满16周岁(不含在校学生),不属于"职保"覆盖范围的城乡居民,均有在户籍地参加"城乡居保"的权利①,但"城乡居保"养老保险的待遇享受又是以参保人的个人缴费为前提的,对于60周岁以下符合参保条件的居民若没有履行缴费责任也不能享受"城乡居保"相应的待遇水平,由此,"城乡居保"具有一定的限制性非排他性。其次,"城乡居保"还具有部分非竞争的准公共产品特性,若只是新增一名符合条件领取"城乡居保"养老保险金的参保人员,不会造成其他领取"城乡居保"养老金参保人员的待遇水平下降,但由于"城乡居保"对于政府补贴的先天依赖性,当参保人员人数达到一定规模时,势必会给各级财政,尤其是地方财政带来财政支出负担增加的压力,一定程度上会影响本地区的经济发展水平以及财

---

① 《国务院关于建立统一的城乡居民基本养老保险制度的意见》,国发〔2014〕8号文件。

政能力,引发边际生产成本的递增,从而最终反映到"城乡居保"中财政补贴的增长程度和可持续性,进而影响养老保险的待遇水平,由此,"城乡居保"具有一定限制性的非竞争性(冯兰,2013),"城乡居保"是一种准公共产品。

（二）公共财政职能

作为财政学的创立者——亚当·斯密(齐守印,2002),其早在著名的《国富论》中就指出,公共工程"对于一个大社会当然是有很大利益的,但就其性质说,设由个人或少数人办理,那所得利润决不能偿其费用。所以这种事业不能期望个人或少数人出来创办或维持"[①]。1883年瓦格纳指出"国家活动的本性与范围,必须以履行各种目标为导向,而这些目标是为人民所认可和由人民的利益所决定的"。[②] 由此表明财政既不是以个人私利为目标,也不是为了追求政府自身利益的最大化,其具有显著的公共性。即使在市场经济体制下,由于信息不对称、收入分配不均等让市场调节失灵的存在,单纯依赖市场难以满足公众对公共产品的各种公共需求,须依靠政府的力量集中部分社会资源,提高公共产品与公共服务的社会提供和分配效率,以更高效地满足社会公共需要(张馨等,2000)。

资源配置、收入分配和经济稳定发展被公认为是公共财政的三大职能(陈共,2008)。政府作为政权的主体,具有获得税收收入和支配财政支出的权利,可以调节各个经济主体,通过收入和支出等公共财政手段对市场"难作为"或"不作为"的事务进行干预

---

① ［英］亚当·斯密:《国民财富的性质和原因的研究（下卷）》,商务印书馆1974年版。

② ［美］马斯格雷夫、皮科克选编:《公共财政经典理论》,伦敦1992年版,第30—31页。

和主导。"城乡居保"的准公共产品属性决定了政府对养老保险体系的建立具有主导性的责任。城乡居保所覆盖的人群相较于"职保"所覆盖群体,具有收入水平低、收入不稳定等特点,进一步加剧了保险市场中的逆向选择和道德风险发生的可能性,一般商业保险难以主动承揽此保险业务,造成市场供给的不足,甚至导致"城乡居保"的缺失。为了有效弥补市场失灵引发的保险体系供给问题,需要政府统筹兼顾地介入"城乡居保",为未参加"职保"的劳动者提供制度保障,以充分体现公共财政的三大职能。

首先是公共财政的资源配置职能在"城乡居保"上的体现。"城乡居保"待遇的高低取决于基础养老金和个人账户养老金水平的高低,其中基础养老金虽然由中央制定最低标准,但地方可根据本地区的经济和财力情况选择酌情提高基础养老金标准,而个人账户养老金主要受个人账户储存额的影响,是参保人参加保险期间个人所缴纳的参保费用和地方给予的财政补贴总和,这些都会受到当地经济水平、收入水平以及地方财政能力等相关因素的影响,经济较发达的地区和收入水平较高的地区可承担更高的财政补贴额度,会吸引更多劳动者的涌入;反之,经济较差的地区和收入水平较低的地区则可能会出现劳动力的流出,出现人口的迁移和流动,实现劳动资源的重新分配。

其次是公共财政的收入分配职能在"城乡居保"上的体现。基于财政支持的"城乡居保"是融合了现收现付和完全积累两个模式优点的部分积累模式,在一定程度上调节了城乡居民代际之间以及贫富人口之间的收入水平。此外,在基础养老金方面,一方面中央的财政支持具有区域差别化特点,如中央财政明确提出给予中西部地区全额的"城乡居保"补助,而仅给予东部地区50%补助;另一方面,地方财政肩负着更加沉重的支出责任,如地方财政对于本地区缴费困难的群体依据中央确定的最低标准给予代缴部分或全部参保费,而年满60周岁的保险范围内城乡居民不交保险费可直接领取基础养老金。这一系列的普惠性措施,更进一步缩小了城乡地区、城乡居民之间的收入差距,促进收入分配公平,实现收入分配职能。

最后是公共财政的经济发展职能在"城乡居保"上的体现。财政对"城乡居保"的支持,是与"老农保"的最显著区别,也是提高参保人养老保险待遇、打消城乡居民参保顾虑积极参保、高效提升城乡居民参保率、最终实现养老保险实际全覆盖的最重要手段之一。另外,在财政补贴的作用下,随着养老保险的进一步普及、养老保险实际全覆盖地逐步实现,不仅有助于提高整体老年人的收入水平,拉动老年消费、带动老年经济,还可以壮大整个保险基金的运营规模,实现规模经济,降低基金运营的平均成本,促进基金投资运营的规范化,既满足基金保值增值的基本目标,又起到调节经济的杠杆作用。

三、福利经济学理论与城乡居民养老保险的财政支持

自古至今,随着经济和社会的发展,不同地域、不同民族、不同流派对人类社会发展目标的界定和理解也在不断地发生着变化。功利主义哲学观、保守主义哲学观以及社群主义哲学观,从福利经济学的角度均探讨了人类社会发展目标的哲学思想。如以边沁为代表的功利主义哲学观,主张追求个人自身的最大效益和幸福,而社会的目标就是促进尽量多的社会成员获得尽可能较大的幸福,虽然考虑了社会机制的福利后果,却忽略了社会分配、权利以及自由(阿马蒂业·森,2002);以伯克和斯梅利为代表人物的保守主义哲学观,强调维护社会现状与传承历史传统,主张通过渐进的改

革提高社会整体福利,反对激进的社会变革,因此推崇自由市场经济,不提倡政府的过度干预(刘军宁,1998);以桑德尔为代表人物的社群主义哲学观强调自我的社会情境性,认为集体权利大于个人权利,当社群的利益达到最大化时,其整个社会福利也达到最大(杰弗里·托马斯,2006)。尽管不同的学派对于人类社会发展的目标表述和论证存在各种差别,但由于"人性"的共同属性特征,其相通之处都是要满足社会成员的各种需要,提升人们的福利水平和幸福感受(高启杰,2012)。而社会福利是个人福利的汇总,福利经济学则是人们理性考察现实经济状态下社会福利增减的理论和分析工具。现有的社会福利标准一般包括帕累托标准、庇古标准、卡尔多—希克斯标准、西托夫斯基标准和李特尔标准。综合考虑这5项社会福利的判断标准,我国"城乡居保"制度的推行将有利于整个社会福利的改进。

(一)帕累托最优标准

意大利经济学家帕累托在其1906年的《政治经济学教程》一书中提出了一种社会最大满足标准,即著名的"帕累托最优标准",进而提出了如何实现社会福利的提高(郭伟和,2001)。帕累托认为,如果社会经济状况发生了变化而使某些人的福利水平有所提高,却没有造成其他任何人的福利水平的恶化,就是一种整个社会福利状况的改进。而随着帕累托所说改进的不断进行,当社会所有成员都无法实现在不损害他人福利水平条件下改善其福利状况时,这时的社会福利状态则是帕累托最优。

依据帕累托的社会福利改进标准,"城乡居保"从无到有的制度安排,有助于提高原未参加"职保"人员到达法定退休年龄后的收入水平,从而一定程度上缓解了他们的养老问题,改善了他们的养老条件;与此同时,此项制度的开展,并没有造成制度对象以外其他人员显性的任何经济和福利损失，符合帕累托的社会福利改进观点，整个社会的福利水平有所提高。

（二）庇古社会福利标准

1920 年英国经济学家庇古出版了巨著《福利经济学》，开创了传统福利经济学的完整体系，并被推崇为"福利经济学之父"。庇古以是否可直接或间接通过货币来度量为标准，将福利划分为经济和非经济福利，但现实生活中由于难以存在经济和非经济满足的明确界限，经济福利和非经济福利难以完全割裂开来。此外，庇古运用基数效用判别出：富人的收入边际效用低于穷人的收入边际效用，如果"收入从较富裕者转移给具有类似气质的较贫困者，必定会使满足的总和增加，因为它以牺牲较弱的需求而满足了较强的需要"①。

根据庇古的社会福利标准，由于"城乡居保"的先天制度设计中，不仅开设了具有收入再分配作用的社会统筹部分，还将政府补贴作为了"城乡居保"基金的两大主要资金构成之一，并对缴费困难的参保者给予减免缴费政策，有利于政府资金的横向调节，易于实现社会财富从较富裕者向较贫困者的转移，从而增加整个社会的收入边际效用，提高整个社会的福利水平。

（三）卡尔多—希克斯补偿标准

1939 年英国经济学家卡尔多在《经济学福利命题与个人之见的效用比较》中提出一种检验社会福利的标准方式——"虚拟补偿原则"：在福利改变的过程中，若福利损失者得到福利受益者的福利损失补偿，并令损失者的福利状况得以改善，这也可以被视为是一种社会福利的改进。与此同时，英国学者希克斯还指出福利

---

① 黄有光：《福利经济学》，中国友谊出版公司 1991 年版。

受损者不能通过贿赂福利受益者的方式来反对社会福利状况变化并从中获取福利（黄有光，1991），这也是一种社会福利的改进。随后，希克斯进一步发挥了卡尔多的观点，提出了"长期自然补偿原则"，他认为若政府的某项政策能够提高全社会的生产效率，尽管在短期内使得某些人的福利受到损失，但经过较长时间之后，所有人的情况都会由于社会生产率的提高自然而然地获得补偿（余永定等，1997），这也是一种社会福利的改进。

由于养老保险具有典型的代际负担问题，虽然"城乡居保"的社会统筹账户起着现收现付的作用，即当期正在参加工作的"城乡居保"参保人担负着现已退休"城乡居保"参保人基础养老金的发放，但伴随我国人口老龄化问题的日益凸显，当前正在工作的参保人员的负担愈发沉重，从长期来看，在养老保险制度的连续循环下，跳脱出当际而考虑世代交叠作用，将会符合"长期自然补偿原则"，有利于整个社会福利的增加。

（四）西托夫斯基双重检验标准

1941 年美国学者西托夫斯基在《论经济学的福利命题》一文中，提出"双重检验标准"，认为卡尔多和希克斯的检验标准是一种单方向的顺检验，只考虑了原来的收入分配情况，而忽略了变化后的收入分配情况，难以做出社会福利是否改善的确切结论，需要将变化后的收入、价格以及分配情况都考虑进去，若两个标准同时满足，则可判断为是社会福利的改进。

我国当前"城乡居保"与"职保"的层次化设计，既符合原来收入分配的顺检验，也符合情况变化后收入分配的逆检验。虽然此项制度的推行确实增加了中央与地方财政的支出压力，但财政资金具有"取之于民，用之于民"的特点，且财政资金的收缴并不会因养老保险制度的推行而使针对性有所增加，所以财政资金是在财政支出系统内部的资金调动与协调,此种财政资金支出的内部分配给整个社会带来更大的福利。

(五)李特尔三重检验标准

1950年英国经济学家李特尔出版了《福利经济学》一书,在卡多尔、希克斯以及西托夫斯基有关社会福利标准的观点基础上提出了三重检验标准。李特尔认为社会福利的增进判断与否,不仅需要像卡多尔、希克斯以及西托夫斯基那样评判资源配置效率的变化,还需要考虑收入分配情况的变化,即只有兼具资源配置效率最优,且收入分配合理的改变才是社会福利的最大化,且资源配置效率的高低是判断社会福利是否为最优的必要条件,而收入分配的优劣则是判断社会福利是否最优的充分条件。

社会养老保险具有显著的收入分配调节作用,"城乡居保"有助于提高整体参保人退休后的收入水平。此外,我国新型城镇化的快速发展不仅成为我国经济持续发展的主要推动力,还成为促进我国"城乡一体化"的最佳途径,新型城镇化的建设将整体有助于我国"城乡居保"实际全覆盖的实现。反之,"城乡居保"制度的全面推行解决了参保人的养老后顾之忧,有助于各层次劳动者的无障碍流动,实现各生产要素的配置优化,促进我国新型城镇化的加速实现。

四、制度变迁理论与城乡居民养老保险的财政支持

制度是约束人与人关系的规则集合,在社会经济发展的过程中无处不在,其通过信息提供、规则制定等途径进而影响人们的行为和决策,以实现资源的更有效利用。但制度会随着时间、技术、环境等因素的变化而做出相应的改变,产生新的制度安排,达到新的博弈均衡,从而新的制度取代旧的制度,即出现制度的变迁。在制度变迁的理论研究过程中,旧制度经济学派的凡勃伦和罗杰斯、

新自由主义经济学派的奥古斯特和哈耶克、创新理论的熊彼特、新制度学派的加尔布雷斯、新制度经济学派的科斯和诺思，以及后来的霍奇逊、青木昌彦和斯密德等学者均丰富和发展了制度变迁理论，形成了一个统一和完整的制度变迁理论。其中哈耶克的二元社会秩序观以及诺思的强制性与自愿性变迁理论深刻剖析了制度变迁的诱因。

(一)哈耶克的制度变迁

制度变迁理论中，哈耶克的切入点是社会秩序规则二元观。1967 年哈耶克在《政治思想中的语言混淆》中，提出社会秩序可以划分为"生成"秩序和"建构"秩序。"生成"秩序多是人们运用所知的知识和经验，为实现一定的目标，心智自发抽象的一种秩序重构，是一种"自生自发的秩序"(spontaneous order)。而"建构"秩序则是由于生成秩序无法全部满足人们的需求和目的，人们通过观察和总结，以命令为基础、以组织或安排为形式，创造秩序来整体性达到一定的结果或状态的行为，一般相对较为简单，且易于把握，是一种"人造的秩序"。但秩序的形成和构建既需要具备统一的特定环境以激发人们获取相对一致的结果作为前提，又需要"规则"作为必要条件指导和约束个体在允许的界限中进行社会行动，形成惯例、习俗、信念甚至是信仰。由此，哈耶克认为"无论是对社会理论还是对社会政策都具有核心重要性的问题，便是这些规则必须拥有什么样的特性才能使个人的分立行动产生出一种整体秩序。"[①]根据特性，可将规则划分为内部规则和外部规则，内部规则与"生成"秩序相对应，是个人行动的表现；外部规则与"建

---

① 哈耶克：《经济、科学与政治——哈耶克思想精粹》，冯克利译，江苏人民出版社 2000 年版。

构"秩序相对应,是组织行为的表现。内部规则与外部规则之间以及个人行动与组织行为之间的冲突、协调、互动关系最终凝结成制度变迁的根本动力(王成城,2013)。

哈耶克的社会秩序规则二元观可以用来解释我国"城乡居保"的制度变迁历程。我国未将城镇居民与农村居民纳入到社会养老保险体系之前,这部分群体均是以家庭养老和土地养老作为"自主自发"的主要养老模式。但我国人口基数庞大,随着我国计划生育政策长达30多年的持续执行,我国人口结构发生了变化,老龄化现象极为严重,家庭养老的压力日益加剧;另一方面,随着经济的全球化以及农业技术的现代化,我国农业利润空间不断压缩,农民的收入水平停滞不前,单纯依靠土地已经难以解决农村居民的养老和贫困问题。因此,为了从根本上消除城镇居民以及农村居民的养老后顾之忧,在我国当前中央与地方财力允许的范围之内,通过建立以财政补贴为主的自愿性城乡居民社会养老保险制度,为城乡居民构建一种新的养老制度安排,是一种"人造"秩序,符合哈耶克提出的社会秩序规则二元观的互动关系。

(二)诺斯的制度变迁

诺斯早期的制度变迁理论是在外在获利机会的假定下,对当事人根据成本——收益方式进行最有利的制度安排的研究,但在研究后期,诺斯则重新构建了较为系统的制度变迁理论,并以产权理论、国家理论和意识形态理论为变迁的主体内容。诺斯在1990年的《制度、制度变迁与经济绩效》一书中,主动抛开了理性人假设,并承认"人们处理信息的思维能力是有限的"①,当人们对于现

---

① [美]道格拉斯·诺斯:《制度、制度变迁与经济绩效》,上海人民出版社1990年版。

有的制度存在不满意或不满足时,制度的供给与制度的需求往往会出现不一致,此时制度处于不均衡状态。而为了获取更多更大的潜在获利机会,制度会出现"制度创立—制度变更—制度随着时间变化而被打破"①的自发交替过程,我们将制度的这一变化历程称之为制度变迁。此外,诺斯指出制度变迁的起源还在于决策者的观察力,即决策者依据自身的经验、素养以及当前环境的变化而做出理性的判断(卢现祥,卢巧玲,2012)。虽然个体间的认知体系存在明显的个体差异,但由于社会共同文化的传承具有代际间遗传的特性,决策者往往还受到既存信仰结构的影响,从而在制度变迁的过程之中,"路径依赖(path dependence)"现象确实存在,使得制度变迁沿着既有的路径可能进入良性轨道,也可能进入错误的轨道。

探究我国"城乡居保"的发展历程,其遵循政府主导和试点渐进并行的制度改革推进方式,既符合我国的基本国情,也匹配我国现有的经济发展水平,具有我国改革的一般性特征。随着人们生活水平、收入水平的逐步提高,对于养老保险、医疗保险等基本公共服务的需求和意识也在日益提升,公众的养老保险制度安排需求与我国原有社会养老保险体系的不健全造成我国制度的非均衡状态,而为了满足公众养老需求,解决公众的后顾之忧,城乡居民社会养老保险制度的安排弥补了社会养老保险体系的缺口,打破了制度非均衡的状态。但基于我国已经运营失败的"老农保",为了防止制度变迁的路径依赖特征而诱使"城乡居保"步入"老农保"的错误轨道,需要引入财政补贴机制,一方面有利于打消城乡

---

① [美]道格拉斯·诺斯:《经济史中的结构与变迁》,上海人民出版社 1994年版。

居民由于"老农保"失败而产生的惯性不信任思维,吸引更多的城乡居民参与社会养老保险,另一方面实现政府主导的强制性制度变迁,加强城乡居民的参保意识,将社会养老保险上升为公众最为基本的公共服务,以实现其制度发展的可持续性。

(三)青木昌彦的制度变迁

青木昌彦认为制度本身就是博弈的规则,他在有效处理了参与人的行为假定和环境假定的基础之上,指出制度是存在于参与人的意识之中的,而被选择的制度形成与参与人的背景、制度相关规则以及历史是均有联系的(卢现祥,卢巧玲,2012)。其中,参与人会有意识地参与知识学习、交流、模仿和创造,并根据对他人行动规则的主观判断而形成自己的行动准则,经过反复博弈,当参与人的信念与行动准则达成一致时,共有信念(认知)得以形成;而制度是基于参与人共同形成的对未来较为稳定的预期和某方面的共同信念,并配合参与人的共同遵守,以维持和强化内生的共有信念,是一种信念的自我维持系统,也是博弈均衡的概要表征;再者,整体的制度演进则是各个局部制度一致变迁的结果,制度的关联性、制度的互补性、制度间的一致性或是分歧性也会对制度变迁产生一定的影响。

我国当前不同于"职保"的"城乡居保"制度安排,这符合青木昌彦博弈规则角度的制度变迁理论。未参与"职保"的城镇居民和农村居民作为"城乡居保"的主要参与对象,其相对于"职保"的参保对象而言,长期作为"弱势群体"身份而在社会中存在,参保意识和参保能力都较弱,随着我国市场经济的逐步深入、人口流动范围和流动频率的逐步增大和加快,参与社会养老保险已经达成公众共同认知。针对城乡居民平均收入水平较低这一特征,为了激励更多的城乡居民成为参保人,进行财政补贴的制度安排,更有利于参保人的共同选择和共同遵守,以维持和强化参加社会养老保险的共有信念,实现参保人的信念与行为准则的一致性。"城乡居保"的制度设计也采取了与"职保"基本形式相同的社会统筹与个人账户相结合的形式,既满足了针对不同参保对象的制度互补性,又保持了制度间一定程度的一致性,有利于社会养老保险制度长效、统一发展。

第三节 城乡居民养老保险中财政保障责任的内涵

根据公平理论、公共财政理论、福利经济学理论,政府是社会养老保险责任承担方之一,财政在政府的职责中主要承担政策优惠与资金支持的双重作用。而根据制度变迁理论,财政在社会养老保险体系中清晰明了的资金和政策支持定位,也是符合我国社会养老保险体系发展历程的。尤其发生欧债危机之后,人们逐渐意识到社会养老保险也会带给财政和政府惊人的风险,由此,财政对于社会养老保险的责任和义务范围到底应有多大,是一个值得深入探讨和研究的内容。尤其是在我国,十八大以来,在提倡"市场起决定性"作用以及加速推进新型城镇化的背景之下,对于"城乡居保",财政的保障责任应如何划定,才能既解决市场失灵带来的社会养老保险不足问题,又避免政府失灵造成的保障过度现象的发生,以匹配"职保"为公众构建完备的社会养老保险体系,解决公众的未来养老问题。

一、城乡居民养老保险中财政保障原则

为了助推"城乡居保"的顺利实施,实现"城乡居保"的持续、

健康发展,财政在对"城乡居保"给予支持的过程之中,应遵循基本保障原则、连续性原则、持续性原则和中央与地方共同支持原则。

（一）财政保障的基本保障原则

随着我国经济持续、快速、稳定的发展,国家财力日益增强,政府有一定的经济能力,通过社会养老保险体系的架构来提高中低收入者的收入水平,改善中低收入者的生存和生活状态,这是社会发展的客观需要。但我国的社会养老保险体系采取以"职保"为主、"城乡居保"为辅的互补并行社会基本养老模式,鼓励符合条件的劳动者去参与保障水平较高的"职保","城乡居保"的养老待遇水平应低于"职保"的养老待遇水平,因此对于"城乡居保"的制度设计,政府应遵循基本生活保障原则,即所提供的待遇水平以维持"城乡居保"参保人的老年基本生活为目标。

（二）财政保障的连续性原则

由于我国"城乡居保"刚刚起步,虽然已经实现了社会养老保险的制度全覆盖,但"城乡居保"相对于"职保"而言,其缴费形式、养老金领取金额、养老金替代率等方面的总体保障水平在制度设计层面相对较低,存在难以有效保障参保居民单纯依靠社会基本养老保险而实现"老有所养"的未来生活风险,且基于对"老农保"实施几近流产的"不良记忆",和对于"新农保"先天的信心不足,我国城乡居民养老保险实际全覆盖的实现将是一个复杂而漫长的过程(王丽,2015)。为了加速实现社会养老保险的实际全覆盖,从而充分发挥出社会养老保险规模经济而降低运营成本的作用,政府应长期对"城乡居保"给予财政补贴,以此保障"城乡居保"制度的连续性,防止"老农保"现象的历史重演。

（三）财政保障的可持续性原则

"城乡居保"虽然也与"职保"采取相同的社会统筹与个人账户相结合的资金筹措模式，但相较于"职保"的个人账户完全来自于个人缴款，"城乡居保"的个人账户的资金来源则有所不同，其以个人缴款和地方财政补贴为主，并辅以少数的地方激励性补贴金额；而社会统筹资金部分，"职保"的主要资金来源于各个单位的缴款，但"城乡居保"的统筹资金则全部来自于财政资金。根据《关于建立统一的城乡居民基本养老保险制度的意见》，政府为"城乡居保"建立了基础养老金最低标准的正常调整机制，养老金最低标准将会根据经济的发展情况以及物价的变动等情况，对全国基础养老金最低标准进行适时调整，从而为"城乡参保"人退休后基本生活提供必要保障；此外，随着"城乡居保"实际参保人数的不断增加，以及我国人口老龄化进程的不断推进，为了保障所有参保人的待遇水平，财政补贴水平也会随之提高，必然给未来的财政带来不小的支出压力。因此，为了保证财政对于"城乡居保"保障的连续性，并避免财政入不敷出现象的发生，且不阻碍国家经济发展的正常运行，应注意政府财政可支配财政收入的负担能力，财政对于"城乡居保"的补贴增长应"量力而行"。

（四）中央与地方共同支持原则

基于"城乡居保"长期的财政支持政策，以及未来的财政保障压力，财政保障的实施应坚持中央与地方分担的基础原则。自1994年分税制以来，我国地方政府财力出现严重的不均衡状态，而养老问题作为全民均要面对的公共问题，政府具有无法推卸的责任和职责，中央应充分发挥宏观调控的作用，匹配地方较为充分的信息掌控资源，合理划分中央与地方在"城乡居保"工作中的事权范围和财政保障职责，在给予地方财政足够灵活调配空间的基础之上,共同支持"城乡居保"的运营,有效实现"城乡居保"的实际全覆盖,并为最终实现"城乡居保"与"职保"的制度合并预留足够的发展空间。

二、城乡居民养老保险中财政保障责任范围

依照财政保障"城乡居保"以上四项原则,就现阶段政府对"城乡居保"的财政保障而言,其具体责任范围主要包括中央与地方的财政补贴、转移接续和制度衔接的财政职责、基金管理和运营责任以及政府最后兜底责任。

(一)中央与地方的财政补贴责任

首先,依据现有规定,政府具有向符合领取"城乡居保"待遇条件的参保人全额支付基础养老金的责任。基础养老金的最低标准是由中央确定的,地方政府拥有遵循最低标准或根据本地区具体经济发展和财政收支能力适当提高基础养老金标准的选择权利。其中,中央财政按照中央制定的最低标准具有承担中西部地区100%和东部地区50%基础养老金的职责,东部地区地方财政还需自行承担最低标准50%的财政补贴责任,而对于地方确定的超出最低标准的基础养老金部分则由地方政府自行承担。

再者,地方政府还承担着发放进入"城乡居保"参保人个人账户中的地方财政补贴责任。地方政府除了对参与"城乡居保"的参保人给予中央规定的地方性财政补贴金额外,对于选择较高档次标准缴费的参保人,地方财政还需给予奖励性的补贴金额。而对于重度残疾等具有缴费困难的参保人,地方财政则须根据具体情况酌情承担部分或全部最低标准的养老保险费用。

(二)转移接续和制度衔接的财政职责

一方面是跨地区保险关系转移的财政职责。参加"城乡居

保"的参保人员还未领取养老金待遇的,若在缴费期间需要跨地区进行养老保险关系转移的,在养老保险关系迁入地与迁出地之间,可对参保人个人账户中的全部储存额进行划转,缴费年限也可予以累计计算,关系转移后则可按照迁入地的规定继续参加保险并履行缴费义务,但在关系转移的过程之中,对于所涉及的社会统筹基金部分根据相关规定则不予转移,以此既能够促进劳动力的合理流动,又能够维持"城乡居保"相对的参保公平。

另一方面是制度衔接的财政职责。根据《城乡养老保险制度衔接暂行办法》,参保人员既可以从"城乡居保"转入"职保",也可以从"职保"转入"城乡居保"。在参保人进行跨越保险制度的转移接续过程之中,也需要将个人账户的全部储存额进行合并累计计算,并办理迁出地和迁入地间的基金划转手续,以保障个人账户的功能和权益。但对于社会统筹基金部分,无论是"城乡居保"转"职保",还是"职保"转"城乡居保",为了体现社会保险的互济功能,并兼顾两类保险制度的政策平衡性,则不予转移。此种制度的设计也充分体现出政府引导和鼓励参保人从"城乡居保"向"职保"转移的用心,既可以有效提升参保人自身的养老保险待遇水平,又可以在一定程度上缓解政府对于"城乡居保"的财政支出压力。

(三)基金管理和运营的责任

高效率地整合"新农保"基金、"城居保"基金为"城乡居保"基金,并将"城乡居保"基金全部纳入社会保障基金的财政专户。在此基础之上,逐步推进"城乡居保"基金的省级管理进程,对基金实行"收支两条线"管理,独立核算、单独记账,并按照国家相关规定做好"城乡居保"基金的投资运营,既要保证基金的安全,防止资金的挪用和挤占,又要灵活选择基金投资方式,有效实现基金的保值增值，从而缓解财政支出压力。

（四）政府兜底责任

对于所有的社会保险制度，政府都承担着最后财政兜底的责任。对于养老保险而言，当保险基金入不敷出时，财政必然会承揽参保人养老保险金的支付责任，以保证参保人的基本老年生活，维持社会的稳定。为了防御此种风险，除了做好基金的投资运营，实现保值增值、降低风险发生的概率外，还应提升社会保障基金的统筹层次，有效实现地区间的横向互济功能。各级政府还要积极发展本地区经济，提高经济发展水平，充实壮大本地区财力，增强抵御风险能力。

三、城乡居民养老保险财政保障方式选择

为了有效促进"城乡居保"的快速发展，各级政府可给予政策和资金"双管齐下"的导向性支持。

（一）政策保障

养老保险体系长效、健康的运转依托于科学的制度设计、规范的运作手段以及完善的监督管理。在整个运营过程中，其相关政策的制定与实施也会影响养老保险制度的效果。就"城乡居保"而言，首先，其来自于"新农保"与"城居保"的制度合并，"城乡居保"仍旧沿用两制度的基本格局，只是在细节上进行了微调，先期运行的"新农保"与"城居保"已为"城乡居保"的大面积推行奠定了良好的基础，有助于"城乡居保"实际全覆盖的尽快实现；其次，《城乡养老保险制度衔接暂行办法》的出台，既为"城乡居保"的扩面推广扫除了制度对接障碍，又有效消除了参保人对短期参投"城乡居保"的选择顾虑，大大提高了"城乡居保"的参投吸引力；再者，《城乡养老保险制度衔接暂行办法》从维护大部分参保人权

益的角度出发,对于"职保"和"城乡居保"间的保险关系转移,只涉及个人账户金额的转移,而并不涉及社会统筹的账户资金,这充分体现了社会统筹账户资金的养老保险现收现付的收入再分配调节作用。此外,"城乡居保"向"职保"关系的转移,缴费年限不折算为"职保"年限,而"职保"向"城乡居保"关系的转移,缴费年限则折算为"城乡居保"年限,这一方面考虑了两个制度间较大的缴费标准差异,体现政策设计的公平性,另一方面也体现出国家政策对参与"职保"的导向性。

(二)资金保障

我国二元经济结构引致工农之间以及城乡之间的收入分配格局存在深层次的不公,从事农业劳动的农民成为当前社会的中低收入群体。而随着我国人口老龄化进程的逐步加剧,传统的家庭养老保障功能将会进一步弱化,中低收入群体的养老问题也会更加显著。政府作为政策的制定者和执行者,可通过财政补贴、转移支付等再次分配的方式,实现收入的二次以及多次分配,将高收入群体的部分收入和部分财富转移给低收入群体,以缩小初次分配所带来的较大收入差距,从而实现社会的稳定和经济的可持续发展。而对于中低收入群体未来的养老问题,我国政府通过社会统筹与个人账户相结合的部分积累制养老保险资金筹措模式,既可以尊重个人财富的积累,又可以发挥政府收入再分配的调节作用,使得中低收入群体未来的养老问题得以有效解决。

我国"城乡居保"的制度对象以未参加"职保"的城镇居民和农村居民为主,其平均收入水平较低,通过财政补贴的形式鼓励参保人选择参加"城乡居保",不仅可以实现社会养老保险的互济功能,有效提高参保人的老年生活待遇和水平,还可以提高参保人的未来风险意识，"半强制"①参保人在有劳动能力时期就为自己未来的老年生活进行储蓄，打消未来养老顾虑。

---

① 称之为"半强制"，是因为"城乡居保"是一种自愿选择性养老保险，但一旦参保必须缴纳参保费用。

第三章　城乡居民社会养老保险制度
财政保障机制的演进脉络

新中国成立以来,随着经济社会的不断发展,我国城乡居民社会养老保险制度经历了从无到有,从残缺到不断完善的演变进程。纵观我国城乡居民养老保险制度的演进脉络,虽有经济因素、政治因素、社会习俗、文化传统、历史环境等因素影响着城乡养老保险制度的发展演变,但是可以发现政府在农村养老保险中承担的责任大小直接决定着我国农村养老保险制度的兴衰、成败,是城乡居民养老保险制度变迁的关键性因素。本章以政府财政在城乡养老保险中承担的责任为视角去探求城乡居民养老保险制度的演进脉络,剖析演进机制,探寻演进方向。

第一节　城乡居民社会养老保险制度
财政保障的演进脉络

一、政府财政保障缺失时期(**1949—1985**)

(一)家庭保障为主,政府、社区适当扶助阶段(1949—1956)

新中国成立之初,国民经济在经历长年战乱后基本处于崩溃状态。尽快恢复国民经济是当时政府工作的主要内容,而农村的主要任务是彻底完成土地革命。到 1952 年,土地革命基本完成,广大农民从赤贫状态中解放出来,分得了土地和其他生产资料,农民的生产力较大释放出来,农业生产迅速恢复和发展,农民收入增加,家庭自我保障具备了经济基础。另外,在土地革命中,农村普遍建立和加强了农民协会组织①。农民协会组织在农村养老保障等方面起到了一定的互助作用。这一阶段政府在农村社会保障方面所做的主要工作是建立必要的社会救济和社会优抚等保障措施。

我国农村的社会主义制度是在旧中国遗留下来的农村自然经济、半自然经济的基础上建立起来的,新中国成立后,尽管我们在农村生产关系上进行了较大变革,但由于在经济建设的指导思想上忽视农业和农村经济的发展,使农村长期停留在自然经济和半自然经济的状态中。在这种经济背景下,加之国家经济实力的限制,政府缺乏相应的经济能力对农村社会保障尽责。因此,这期间包括养老保障在内的各种农村保障主要是以农户家庭自我保障为主,政府、社区适当扶助,即农民的老、残、病、死及农业生产中遇到的一般自然灾害导致的经济负担主要由农户自我承担,辅之以亲友互助。如遇有大的天灾人祸,各级地方政府及时拨粮拨款进行救济,并组织生产救灾,帮助渡过难关,使农民的基本生活得到保障。虽然《中国人民政治协商会议共同纲领》和1954年的《中华人民共和国宪法》规定:"劳动者在年老、疾病或者丧失劳动能力的时候,有获得物质帮助的权利。国家举办社会保险、社会救济和群众卫生事业,并逐步扩大这些设施,以保证劳动者享受这种权利。"但是这个时期农村的社会保障制度基本空白,农民的养老保障也完全依靠家庭的自我养老。

---

① 类似于现在的农村合作组织。

（二）集体保障为主，国家适当扶助阶段（1957—1977）

从农业合作化开始到党的十一届三中全会前一段时间，为了适应计划经济体制下社会主义经济建设的发展需要，党和政府开始着手在农村建立与之相适应的社会保障制度。从初级合作社开始，普遍建立了公益金制度。农业合作化高潮时期，毛泽东同志指出："一切合作社有责任帮助鳏寡孤独缺乏劳动能力但是生活上十分困难的社员，解决他们的困难。"根据毛泽东同志的指示，农民的生、老、病、死就基本上转为依靠集体经济力量给予保障。既使是因年老、残疾、体弱多病而部分丧失劳动能力的农民，也可以通过由集体分派其力所能及的轻活，同样记工分，同样参加年终分配，直到其完全丧失劳动能力，才主要由家庭承担起赡养的责任。在一些地方，集体仍然会给予赡养老人的家庭适当支助。这样，农民就有了水平虽然不高，但切实可靠的基本生活保障。对无依无靠无劳动能力的孤寡老人、残疾人和孤儿，则由集体实行"五保"①供养制度。

人民公社时期，中央制定了人民公社六十条。该条例规定，作为基本核算单位的生产队，每年可以从分配的总收入中扣留 2%或 3%的公益金，作为社会保障和发展集体福利事业的费用。许多公社、大队还相继建成了敬老院、福利院，一些经济发达的公社、大队还互助合作建新村，实行社员退休养老制度、助学奖学金制度以及统办红、白喜事制度等。至此，农村的社会保障开始由农户自我保障为主的模式走向以农村社队集体经济为依托、国家适当扶助的社会保障轨道。但由于农村生产力水平低，社会保障仍停留在低水平上，并且各个地区的保障水平极不平衡。

---

① 即"保吃、保穿、保住、保衣、保葬"

（三）家庭养老的再回归：集体养老保障解体阶段（1978—1985）

十一届三中全会后，农村推广家庭联产承包经营责任制，生产积极性空前释放，农民真正分享了农业经济发展的剩余收益，农民收入增加，且呈多元化态势。农民不仅能从土地耕种中分享收益，而且很多乡镇经济和个体经济发展也带动了农民增收。这为家庭养老提供了经济基础。

家庭联产承包责任制使得"三级所有，队为基础"的农村集体经济解体，以农村集体经济为依托的养老保障制度失去了经济基础、组织基础，集体养老保障制度难以为继。取而代之的是农村家庭养老保障制度再次成为农民养老保障的主要形式。

二、政府财政保障回归时期（1986—2002）

农村家庭联产承包经营责任制的实施，农村集体保障失去了其经济基础、组织基础，传统的家庭养老保障随着经济环境的变化，不适性日强，家庭养老矛盾日益突出，政府本应承担的农民养老责任逐步回归。

第一阶段：试点阶段（1986—1991）

国家"七五"计划提出了"抓紧研究建立农村社会保险制度，并根据各地经济发展情况，进行试点，逐步实行"的要求。按照这一要求，民政部于1986年开始对农村社会养老保险制度[①]进行积极探索。1986年10月，民政部和国务院有关部委在江苏沙洲县召开"全国农村基层社会保障座谈会"。会议根据我国农村实际情况确定：在农村贫困地区基层社会保障的主要任务是搞好社会

---

① 为了和新农保区分，这一时期的农村养老保险制度称为旧农保。

救济和扶贫;在农村经济发展中等地区,多数人的温饱问题已经解决。在这些地方基层社会保障的主要任务是建立社会福利工厂,完善"五保"制度,建立敬老院以解决残疾人和孤寡老人的生活困难;在农村经济发达和比较发达的地区,发展以社区(乡、镇、村)为单位的农村社会养老保险。

1987年3月14日,民政部发布《关于探索建立农村社会保障制度的报告》,上海、大连等城市的一些农村开始进行养老保险制度的试点,并初步形成了以乡镇企业职工为主要对象的农村社区养老保险制度。该制度基本上是参照城镇国有、集体企业职工的养老保险框架,以乡镇或村为养老金社会统筹单位,并主要由乡、村企业缴费,个人不负担或只是象征性缴费。这种做法的实质是由村、乡镇企业或极少数富裕的乡镇自办的退休养老,还不能算是真正现代意义的社会养老保险制度。其存在的主要问题是:养老金的筹集,仍是以集体经济提供资金为主要形式,难以持久;养老金的计发标准混乱,没有科学、严格的计算;养老保险以村或企业或乡镇为单位管理,缺乏监督和制约机制,积累资金的管理安全性差,流失严重,到农民领取养老金时难以兑现。

民政部正是从其不成功之处认识到,建立农村养老保险制度要由县(市)以上政府颁布办法、组织实施,资金的筹集要以个人缴纳为主。1989年,民政部成立了中国农村社会养老保险研究课题组,选择北京市大兴县和山西省左云县作为县级农村社会养老保险试点县,强调国家、集体、个人共同承担社会保险责任,以个人自我保障为主,坚持农村务农务工等各业人员一体化,这为现行农村社会养老保险方案勾勒出雏形。1991年6月,《国务院关于企业职工养老保险制度改革的决定》(国发[1991]33号)明确:"国

家机关、事业单位和农村(含乡镇企业)的养老保险改革,分别由
人事部、民政部负责,具体办法另行规定。"同年,国务院有关领导
批示,同意民政部开始选择 20 个有条件的县进行农村社会养老保
险试点。从 1991 年 6 月开始,在山东省组织了较大规模的试点。
山东省牟平县等 5 个县在一个多月的时间内,就有 30 个乡镇、281
个村、38 家乡镇企业的近 8 万劳动者参加保险,缴纳保险费 500
万元。到 1991 年底,牟平县在所有乡镇、村普遍开展了这项工作,
近 20 万农民参加了社会养老保险,积累基金 1000 多万元,成为全
国第一个普遍建立农村社会养老保障制度的县。① 1991 年 10 月,
民政部在牟平县召开了"全国农村社会养老保险试点工作会议",
总结试点经验,并部署在各省市逐步推行。

　　第二阶段:推广阶段(1992—1997)

　　1992 年 1 月民政部颁布了《县级农村社会养老保险基本方
案(试行)》。该方案对农村社会养老保险的对象、保险资金筹
集、发放、管理等问题均作了原则上的规定,其作为实践中广泛
采用的制度模式,有力地推动了我国农村社会养老保险事业的
发展。1992 年 7 月,民政部在湖北省武汉市召开了"全国农村
社会养老保险经验交流会",重点推广了武汉市加大农村社会养
老保险推进力度和加快发展步伐的经验,推动了各地试点工作
的迅速发展。1992 年 12 月,民政部在江苏省张家港召开了"全
国农村社会养老保险工作会议",全面总结了全国近 600 个县市
组织大规模试点的经验,提出了"积极引导、稳步推进"的工作方
针,农村社会养老保险逐步在全国发展起来。1993 年,农村社
会养老保险管理机构建立,各种规章制度和管理方法陆续出台。

---

① 　杨翠迎:《中国农村社会保障制度研究》,中国农业出版社 2003 年版。

到 1994 年,先后有 26 个省(直辖市、自治区)政府下发了开展农村社会养老保险的文件。1995 年 10 月,国务院办公厅转发了民政部《关于进一步做好农村社会养老保险工作的意见》,并指出:"近年来,随着农村经济改革的不断深入,我国农村社会养老保险事业有了一定的发展。实践证明,在农村群众温饱问题已基本解决、基层组织比较健全的地区,逐步建立农村社会养老保险制度,是建立健全农村社会保障体系的重要措施,对于深化农村改革、保障农民利益、解除农民后顾之忧和落实计划生育国策、促进农村经济发展和社会稳定,都具有深远意义。各级政府要切实加强领导,高度重视农村社会养老保险基金的管理和监督,积极稳妥地推进这项工作。"

至此,已经基本明确了在有条件的地区积极稳妥地发展农村社会养老保险,并分类指导、规范管理的思路。各级政府对农村社会养老保险工作都比较重视,有关的省、市、县(区)政府都对这项工作做了专门的部署,制定了工作方案,一些地区还成立了专门的工作机构,各级农保工作人员作为自收自支的事业单位编制被确定下来,由同级民政部门管辖;从收缴的保险费中提取 3% 作为管理费,独立核算,自负盈亏。到 1995 年底,全国 30 个省、自治区、直辖市已有 1500 多个县(市)开展农村社会养老保险,近 5000 万人口参保,积累保险基金 50 亿元。截至 1998 年,共有 59.8 万参保人领取了养老金 2.5 亿元,人均 42 元。①

第三阶段:停滞、整改阶段(1998—2002)

1998 年,政府机构改革,农村社会养老保险由民政部移交给

---

① 中国社会科学院《农村社会保障制度研究》课题组:《积极稳妥地推进农村社会养老保险》,《人民论坛》2000 年第 6 期。

劳动和社会保障部。这个阶段由于多种因素的影响,全国大部分地区农村社会养老保险工作出现了参保人数下降、基金运行困难,一些地区农村社会养老保险工作甚至陷入停顿状态。1999年7月,国务院指出目前我国农村尚不具备普遍实行社会养老保险的条件,决定对已有的业务实行清理整顿,停止接受新业务,有条件的地区应逐步向商业保险过渡。由于商业保险缴费率较高,此后,农村社会养老保险逐步萎缩,参保人数从迅速减少。2001年,劳动保障部形成了整顿思路:整顿规范工作要区别情况,分类指导有条件的地区,继续完善规范农村养老保险制度,政府主管部门要转变职能,调整政策,加强监管;业务经办和基金管理运营逐步市场化。在此基础上,针对进城农民工、小城镇农转非人员和农村劳动者研究设计标准不同、互相可以转换的养老保险办法,并通过试点逐步实施。不具备条件的农村地区,当地政府可视情况决定退保,并处理好善后工作。

以"个人缴纳为主,集体补助为辅,国家予以政策扶持"①为原则的旧农保制度实质上成了农民自我养老为主的制度模式,国家财政游离于制度之外,与经济社会发展和农民养老的迫切需求不相适应,其实质是一种政策引导下的农民个人自愿性储蓄,起不到社会互济的作用。制度缺乏对农民的吸引力,参保率低,覆盖面窄。

---

① 国家予以政策扶持的原则主要是通过对乡镇企业支付的集体补助予以税前列支来体现,但实际上税务部门并没有相关的执行政策,导致这一原则落空;而集体补助的办法也是由各地乡镇自行制定,由于各地经济千差万别,真正落实到位的是一些发达地区的集体经济,一些欠发达落后地区根本没有任何集体补助。

三、政府财政保障逐步明确、强化时期（2003 年至今）

（一）各地方政府开始自下而上地探索建立农村新型养老保险制度（后简称新农保）（2003—2008）

十六大以后，中央逐步加大了解决"三农"问题的力度。十六大报告指出：要"发展城乡社会救济和社会福利事业。有条件的地方，探索建立农村养老、医疗保险和最低生活保障制度"。为落实党的十六大关于有条件的地方探索建立农村养老保险制度的重要精神，劳动保障部在 2003 年 11 月 10 日发布《关于认真做好当前农村养老保险工作的通知》（劳社部函〔2003〕148号），对农村养老保险工作又进行了具体部署。十六届五中全会通过的《中共中央、国务院关于推进社会主义新农村建设的若干意见》（中发〔2006〕1 号）、《国务院关于解决农民工问题的若干意见》（国发〔2006〕5 号）、《国务院办公厅转发劳动保障部关于做好被征地农民就业培训和社会保障工作指导意见的通知》（国办发〔2006〕29 号）则提出并贯彻"统筹城乡经济社会发展，实行工业反哺农业、城市支持农村"和"多予少取放活"的方针、"建立以工促农、以城带乡的长效机制"的新发展战略，要求"建立与农村经济发展水平相适应、与其他保障措施相配套的农村社会养老保险制度"，进一步要求调整国民收入分配格局，不断增加对农业和农村的投入，扩大公共财政覆盖农村的范围。学者们也通过反思旧制度的缺陷，取得一个共识：政府责任和必要的财政补贴在农村基本养老保险制度中是不可或缺的，公共财政应全过程参与农村社会养老保障建设（朱俊生、庚国柱 2005；卢海元 2006）。

2007 年 8 月 17 日，劳动和社会保障部、民政部、审计署于联合颁布《关于做好农村社会养老保险和被征地农民社会保障工作有关问题的通知》，要求各省、自治区、直辖市的劳动保障厅（局）、民政厅（局）积极推进新型农村社会养老保险试点工作，选择一些城镇化程度较快、地方财政状况较好、政府和集体经济有能力对农民参保给予一定财政支持的地方展开试点。

在中央政策的引导和鼓励下，各地方政府开始探索建立由当地政府提供养老补贴的农村新型养老保险制度，较为典型的农村养老保险模式有苏州模式、广东模式和北京模式。例如，北京市劳动和社会保障局率先于 2008 年 1 月 18 日颁发了《关于印发〈北京市新型农村社会养老保险试行办法实施细则〉的通知》，通知要求在北京市范围内的各区县劳动和社会保障局组织引导，农民自愿参加，建立新型农村社会养老保险基金。北京市实施新型农村社会养老保险制度，以往"个人缴费为主、集体补助为辅"的筹资形式，改为由"个人缴费、集体补助和政府补贴"三部分组成，政府财政、集体经济补贴力度加大。这是北京市第一次明确市、区两级财政对参保农民补贴。

（二）中央政府自上而下在全国选取 10% 试点县开展新农保（2009—2011）

在地方政府实施新农保取得成效的基础上，2009 年 9 月 1 日，国务院印发了《关于开展新型农村社会养老保险试点的指导意见》（下文简称《指导意见》）。《指导意见》指出："探索建立个人缴费、集体补助、政府补贴相结合的新农保制度，实行社会统筹与个人账户相结合，与家庭养老、土地保障、社会救助等其他社会保障政策措施相配套，保障农村居民老年基本生活。2009 年试点覆盖面为全国 10% 的县（市、区、旗），以后逐步扩大试点，在全国普遍实施，2020 年之前基本实现对农村适龄居民的全覆盖。"自此，中央政府构建了新农保制度统一实

施框架:①

1. 基本原则。新农保制度坚持"保基本、广覆盖、有弹性、可持续"的原则,从农村实际出发,政府主导和农民自愿相结合,由中央政府制定基本原则和主要政策,地方制定具体实施办法,对参保农民实行属地管理。

2. 制度模式。新型农村养老保险制度采取社会统筹和个人账户相结合模式。

3. 参保对象。年满 16 周岁(不含在校学生)参加城镇职工基本养老保险的农村居民。

4. 资金筹集。新型农村养老保险的基金筹集由个人缴费、集体补助、政府补贴三部分构成。

5. 个人缴费。凡是参加新农保的农村居民都应当按照规定缴纳养老保险费。缴费标准设定为 5 个档次,分别是每年 100 元、200 元、300 元、400 元、500 元,各个地方可以根据当地的实际情况增设缴费档次②。参保人自主选择缴费档次,多缴多得。国家依据农村居民人均纯收入增长情况适时调整缴费档次。

6. 集体补助。有条件的村集体应当对参保人缴费给予补助,补助标准由村民委员会召开村民会议民主确定。鼓励其他经济组织、社会公益组织、个人为参保人缴费提供资助。

7. 政府补贴。政府对符合领取条件的参保人全额支付新农保基础养老金,其中中央财政对中西部地区按中央确定的基础养老金标准给予全额补助,对东部地区给予 50% 的补助。地方政府应

---

① 参见《国务院关于开展新型农村社会养老保险试点的指导意见》,国发［2009］32 号。

② 2012 年 7 月 1 日以后,缴费档次增设了 600、700、800、900、1000 元五个档次。

当对参保人缴费给予补贴,补贴标准不低于每人每年 30 元;对选择较高档次标准缴费的,可给予适当鼓励,具体标准和办法由省(区、市)人民政府确定。对农村重度残疾人等缴费困难群体,地方政府为其代缴部分或全部最低标准的养老保险费。

8. 养老金待遇。养老金待遇由基础养老金和个人账户养老金两部分组成,支付终身。其中,中央确定的基础养老金标准为每人每月 55 元。地方政府可以根据实际情况提高基础养老金标准,对于长期缴费的农村居民,可适当加发基础养老金,提高和加发部分的资金由地方政府支出。个人账户养老金的月计发标准为个人账户全部储存额除以 139(与现行城镇职工基本养老保险个人账户养老金计发系数相同)。参保人死亡,个人账户中的资金余额,除政府补贴外,可以依法继承;政府补贴余额用于继续支付其他参保人的养老金。

9. 资格条件。年满 60 周岁、未享受城镇职工基本养老保险待遇的农村有户籍的老年人,可以按月领取养老金。新农保制度实施时,已年满 60 周岁、未享受城镇职工基本养老保险待遇的,不用缴费,可以按月领取基础养老金,但其符合参保条件的子女应当参保缴费;距领取年龄不足 15 年,应按年缴费,也允许补缴,累计缴费不超过 15 年;距领取年龄超过 15 年的,应按年缴费,累计缴费不少于 15 年。

10. 基金管理。逐步建立健全新型农村养老保险基金财务会计制度,新农保基金被纳入了社会保障基金财政专户,按照收支两条线管理,进行单独记账、核算,按照有关规定实现保值增值。在实行试点的阶段,新农保基金暂时实行县级管理,以后随着试点逐步扩大和推开,再逐渐提高管理层次,但是有条件的地方也可以直接实行省级管理。

新农保吸取旧农保失败的经验,建立了农民参保的政府补贴制度,明确了政府责任,设计了激励农民参保和缴费的机制,提升了制度对农民的吸引力,更好地适应了经济社会发展的需要,新农保制度在较短时间内快速推开。新农保制度自 2009 年 9 月建立以来,已有过两次加速。原定 2009 年试点覆盖面为全国 10% 的县,2020 年之前基本实现全覆盖。到 2010 年已扩展到 40% 的县。2011 年 4 月国务院常务会议决定,新农保覆盖地区范围将从原计划的 40% 提高至 60%,从 7 月 1 日起实施。

(三)新农保全面推广,实现了制度"全覆盖"(2012 年至今)

2011 年 12 月中央经济工作会议进一步指出,2012 年要实现新型农村社会养老保险制度全覆盖。"普惠型"新型农村养老保险制度由 2020 年提前至 2012 年实现全覆盖,比预定目标提了 8 年的时间,我国建成了世界上最大的养老保障体系。

2014 年 2 月国务院常务会议决定农村新型养老保险制度和城镇居民社会养老保险制度合并实施,统称为城乡居民养老保险制度。这两项制度在制度模式、筹资方式、待遇支付等方面基本一致,合并并不存在技术难题和制度障碍。其实地方制度的创新早已走到了中央政策之前,目前已经有 15 个省份建立了统一的城乡居民基本养老保险制度①。人社部数据显示,2013 年城乡居民社会养老保险参保人数为 4.975 亿人,其中城居保参保人数仅几千万人②,大

---

① 笔者在 2010 年去浙江调研新农保时,浙江就已经实现了两种制度并轨,统一实施城乡居民基本养老保险制度。

② 城居保主要针对的是年满 16 周岁以上,没有正式工作和生活来源,或是丧失劳动能力的人员,以及有劳动能力却没有正当职业的人员,这部分人群数量极少,单独为他们建立一套制度没有必要性,徒增社会管理成本。

部分都是原来参加新农保的农村居民①。两项制度并轨是城乡一体化的重要举措,也是户籍制度改革和建立统一的劳动力市场的配套政策,有利于劳动力的城乡转移和流动,也是我国实施城镇化战略的重要步骤和保障。

从以上分析可以看出,政府在农村养老保险中承担财政责任的轨迹是:从责任缺位到逐步归位,从家庭养老——集体养老——家庭养老——政府养老和家庭养老相结合的演化轨迹,其发展背后体现的是我国由计划经济向市场经济转轨、财政体制向公共财政转型和农村家庭承包责任制的特殊背景。目前政府已经走向承担财政责任的前台,给予了新型农村养老保险极大的支持。各级地方政府对参保农民的直接补贴能否到位,中央政府的补助水平的高低,都直接影响着农村养老保险制度的可持续运行以及健康发展。

第二节　城乡居民社会养老保险财政保障的演化机制分析

一、制度演化理论的几个基础概念

我们采用制度演化理论(或者称为演化经济学)的基本理论分析,有几个概念需要进行初步论述:

(一)有限理性

新古典经济学的假设前提之一是经济人的完全理性②,而西

---

① 考虑到研究对象称谓的前后统一,为了便于大家理解,本书依然称谓新型农村养老保险制度(简称新农保),而不采用城乡居民社会养老保险制度的称谓。

② 完全理性的决策者被假定为他们知道每件事,以最大化他们的效用函数。

蒙最早提出"有限理性"(bounded rationality)概念,被称为"有限理性之父"。他认为(1955),人类在主观上追求理性,但只能在有限的程度上做到这一点。他把有限理性归结为三个方面的原因:不完全信息;获得或者处理信息的成本;一些非传统的决策者目标函数或经验决策。有限理性包括:①

　　　决策制定者(起初)不知道对选择(a)的所有可能选择;

　　　或者决策制定者不知道所考虑的各种选择(或者他们的概率分布)的后果(s);

　　　又或者决策制定者没有一个一般的和一致性的效用函数[U(s)]

实验经济学和行为经济学也秉持上述观点,行为经济学认为经济人不再仅仅自利,有时也利他,也会冲动采取非理性行为。在这里我们假定参保农民是非理性的。

(二)交易费用

交易费用的思想最早来自科斯(1937),在1960年《社会成本问题》一文中,科斯明确提出"市场交易成本"的概念,他认为交易费用应包括度量、界定和保障排他性权利的费用;发现交易对象和交易价格的费用;讨价还价、订立交易合同的费用;督促契约条款严格履行的费用等。威廉姆森进一步从契约的角度,把交易费用分为"事前的"和"事后的"两类:事前交易费用是指起草、谈判、保证落实某种契约的成本,也就是达成合同的成本;事后交易费用是

---

① ［荷］杰克·J.弗罗门:《经济演化——探究新制度经济学的理论基础》,经济科学出版社2003年版,第151页。

指契约签订之后发生的成本。在现实生活中,具体的交易是通过契约进行的,遵循这一思路,阿罗(1969)将交易费用简化为经济制度的运行费用,后来的经济学家(张五常,1999)进一步将交易费用理解为"制度成本",包括信息成本、筹资成本、谈判成本、监督成本、制度结构变化的成本等等。用这一概念我们可以解释旧农保演变为新农保的运动轨迹。

（三）累积性因果

凡勃伦早在 1898 年指出:"个人的经济生活史是一个手段适应目的的累积过程,当这个过程进行时,目的本身也在累积性地变化着,行为人和他所处的环境,在任何一点上都是前一个过程的结果。他今大的生活方式受到从昨天流传下来的生活习惯的强制,也受到作为昨天生活的机械性残余的环境强制。"他因此得出结论:"演化经济学一定是一种由经济利益所决定的文化发展的过程理论,一定是一种由过程本身来说明的经济制度的累积性序列理论。"①后来,缪尔达尔(1939)发展了累积因果思想,提出了"循环积累因果联系"理论,进一步发展了累积因果论。通俗地讲,累积性因果就是指人的行为是由他过去的经历和所处的文化、宗教、环境和遗传等多种因素决定的,这些因素具有累积性。人们当前的行为是由以往累积的经历和所处的物质、文化环境所决定的,而当前的行为又会影响到他的下一步行为。

（四）演化博弈

诺斯把制度定为"博弈规则",或更严格地说,是人类设计的制约人们相互行为的约束条件(North,1990)。青木昌彦等将演化

---

① [英]杰弗里·M.霍奇逊:《制度经济学的演化——美国制度主义中的能动性、结构和达尔文主义》,北京大学出版社 2012 年版,第 141 页。

博弈论引入制度分析(卢现祥,2007),并假定当事人是有限理性的。制度的演进是参与人博弈的结果,当参与人普遍认知到现行制度危机时,就会调整决策以寻求利益最大化,在博弈过程中的越来越多的参与人的信念和行动规则一致时,纳什均衡出现,制度再生。

(五)演化机制

制度演化理论引入了达尔文生物进化论"自然选择"的观点,认为制度的演化机制分为两种:"自然选择"和"适应性学习"。自然选择是指能够导致同一种群种,不同遗传性状的分布比例在下一世代发生变化的过程。在达尔文式的自然选择中,中心概念是有机体、群体、适应性、基因和变异。而凡勃伦将达尔文的这些概念应用到制度选择、思维惯例或者习惯中,他相信社会经济体系实际上是通过一种与达尔文理论中的变异、遗传和选择概念相一致的方式进行演化的,自然选择不能仅适用于自然演化,也适用于社会演化。他开创性地提出了"制度的自然选择"的观点(1899)。哈耶克沿着自然选择的思路,提出了"自发秩序"的概念,并对演化层次进行了划分①,其中第一种演化水平就是遗传学的演化,这是一种自然选择的过程,它由参与人的行为习惯、偏好等内生决定。

"适应性学习"作为一种演化机制,它引入了自然选择中缺乏的"心理学"知识,指人类处于一种不断地根据过去的经验、环境的变化调整自身行为选择的过程,而由此带来的制度的变迁和演进。西

---

① 哈耶克对演化层次进行区分,分为三种水平:第一种是遗传学的演化,指社会行为、影响社会秩序的态度、偏好等以原始的形式在人类心理学中被遗传和综合;第二种是人类智力和知识产品的演化;第三种是文化演化。

蒙认为，人类学习采取的是一种选择性的试错式搜寻①的形式，过去的结果被假定将直接决定人类是坚持他们"旧"的规则还是试验"新"的规则。适应性学习强调通过适应性反馈机制而产生的个体的改变，在改变过程中学习个体会主动把适应性差的变异"清除"。

"适应性学习"的演化机制和"自然选择"的演化机制之间有重要差别，最重要的差别是自然选择将导致群体层次上的改变，而适应性学习导致个体层次上的改变。在新农保的演化机制中，这两种机制共同发挥作用。

二、城乡居民社会养老保险制度的演化机制的阶段性分析

（一）家庭养老向旧农保制度演化的机制分析

分析旧农保制度产生的根源，我们首先要分析为什么在1949—1986年农村养老保险制度长期缺失，即家庭养老长期存在的机理何在？然后再从分析家庭养老存在的基础消失角度去探索农村养老保险制度产生的根源。

1."自然选择"的演化机制决定着中国农村家庭养老的长期存在。

本能、习俗、文化传统、意识形态等通过自然选择机制形成了一定时期内群体的基本规则（内部规则）②，这是制度层级的最高

---

① 选择性的试错搜寻是指如果一个人试图解决一些问题时，会受到"负面"的影响（以前解决该问题时失败的做法）和"正面"的影响（解决该问题时成功的经验），正面的影响将进一步指引当事人处理同样问题时再次尝试这个解决办法。

② 内部规则是哈耶克在社会演化理论中提出的，他认为在制度变迁过程中，个体社会成员之间的互动及特定组织之间的互动逐步演化出一种特定的内部规则，并随着市场化迅速扩散，一般是指嵌入制度或者社会和文化的基础，类似于自然演化而成的非正式规则或制度。

层次,包括非正式制度(非正式规则)①、习俗、传统、道德和社会规范、宗教以及语言和认知等方面,依靠这些内部规则,农民之间自发形成人类合作的扩展秩序——家庭养老。而这些内部规则也在客观上阻碍了农村养老保险制度的发生。

在中国农村,长期形成的以孔儒文化为基础的人情主义伦理价值观是家庭养老重要的文化基础。"养儿防老"是农村固有的观念,深刻地影响着农村家庭,已经形成一种意识形态固化在农村居民心中,农村家庭养老是家庭资源在代际之间从有生产能力的中年家庭向老年人的一种横向转移。通过这种家庭资源转移与分配,将促进家庭成员在不同生命周期的平衡消费,并深深根植于特定的社会文化结构中,主要表现为以情感为主体,以血缘为基础的人伦本位。它影响的不是单独个体层次,而是群体层次,具有持久的生命力,并且通过遗传、复制等自然选择的机制演化为群体内必须遵守的一种规则。

因此,中国家庭,特别是农村家庭,更注重家庭养老。这也是以家庭养老为主要特色的养老保障形式在中国农村能够代代传袭,并在客观上成为阻碍农村正式养老保险制度建立的重要根源之一,也可以用来解释为什么在 1949—1986 年近 40 年的时间里正式养老保险制度在我国的缺失。

2. 农民的有限理性延缓了农村正式养老保险制度的发生。

"差序格局"②是农民选择养老保障面临的主要社会背景。农

---

① 非正式制度,也称非正式规则,是人们在长期交往中无意识形成的,具有持久生命力,并构成世世代代相传的文化的一部分,主要包括价值观念、伦理规范、道德观念、风俗习性、意识形态等因素。

② "差序格局"是费孝通先生提出的概念,他指出农村的社会团结是以家庭(家族)为中心的"差序格局"。"差序格局"是指中国百姓的人际交往结构和社会结构,越是圈内的人群间的交往频率越大,交换内容越丰富,交往中投入的感情越多,社会交往的信任基础就越深厚。

村普遍存在的以家庭为中心的"差序格局"背景,导致中国农民的信任结构局限为以乡里近邻(家族)为载体的"圈内人"。表现在农村养老保障上,就是农民更多的信任家庭养老,而不相信社会养老,尤其是在没有农民信任的第三方担保和监督实施的情况下,不会发生非人格化的交易,即人们不会主动去参加社会养老保险。

由于农民本身知识的不完备以及获得信息的不完整,难以保障其行为决策是最优的。农民的有限理性决定了当个人面对错综复杂的世界无法迅速、准确和费用很低的作出理性判断时,在面对家庭养老和社会养老的选择时,特别是当无法判断两种养老保障方式的净效益时,农民的有限理性会引导他们更倾向于家庭养老,而缺乏追求社会养老的主动诉求。所以导致农村社会养老保险制度长期无法演化而成。

3.经济、政治、社会环境的变化是农村养老保险制度发生的根源。

市场经济体制的建立和发展,使家庭养老的传统模式经历着前所未有的冲击,家庭养老的经济基础和社会观念被大大削弱。计划生育政策的实施使农村家庭不断走向小型化,据有关人口普查资料统计,1990 年农村家庭户平均人口为 4.18 人,1995 年为 3.70 人,2000 年降低到 3.44 人,"4—2—1"家庭结构逐步普遍。

劳动力的市场化和劳动者的自由流动成为市场经济发展的基本条件,特别是大量农村劳动人口流向城市务工,随着农村劳动力的转移,以老、弱、妇、孺为主的农村家庭逐步增多,使得农村家庭养老越来越缺乏充分的照料源。以河北省为例,第五次人口普查表明,该省 65 岁以上人口比重由 1990 年的 5% 提高到了 2001 年的 7.9%,而农村 60 岁以上人口已经达到 11%,开始进入老龄化社会。如果不建立健全农村社会保障制度,一旦人口老龄化高峰期到来,可能会引发包括经济、社会动荡等在内的诸多问题。

4.外部规则——组织是农村养老保险制度发生的直接动力。

自然选择的演化机制形成的内部规则、农民的有限理性阻碍着农村养老保险制度的产生,如果按照自然演化,这些社会和文化基础制度变化非常缓慢,改变和适应的过程至少需要上千年的时间。而且由自发秩序形成的内部规则不可能完全消除环境的不确定性和农民行为的不确定性,就需要借助于外部力量——组织,即外部规则①来加以补救。

农村养老保险制度中,这种组织就表现为政府。当家庭养老面临的经济、政治、社会等制度环境发生变化时,农民的养老环境自发地发出变革的信号。问题是谁来承担变革主体,谁来推动变革?应对这种变革,农民的有限理性决定了其难以担当制度创新的主体,而必须借助于外部力量——政府主导改革,政府以一种命令式动员方式进行的制度创新可以降低创新成本,并获取行动优势。我国20世纪80年代后期以来建立的农村社会养老保险制度实际就是政府主导的结果,采取的是强制性制度变迁方式②。

(二)旧农保制度失败的动因

1986年启动的农村养老保险制度是政府为农村居民提供的正式养老保险制度的开端,运行至1998年限于停滞状态,基本上

---

① 哈耶克把组织视为"外部规则",它是组织内部成员创造出的一种特定的共同知识,目的是使组织内成员更好地预期相互之间的行动,是一种政治行为。

② 强制性制度变迁也称供给主导型制度变迁,是指新制度的产生由政府命令和法律引入而实现。

失败,究其原因主要有四方面:

1.旧农保制度效率低下是旧农保失败的根源。

一是只有个人账户没有统筹账户的资金积累模式无法体现社会保障的公平原则。旧农保制度采用预筹积累方式筹集资金,按农村缴费人口单设个人账户。其好处是给了农民清晰的产权,但是没有统筹账户,缺乏共济性,违背了社会保障的基本原则。同时,由于没有统筹账户,个人未来的养老金来源主要是个人缴存积累及有限的增值收益,实质上和家庭自我养老无实质区别,只不过一个是将资金放在家庭内部,一个是被强制性地放在社会保险机构为农民专设的账户,而且还要支付管理费,其交易费用高于家庭养老的交易费用。

二是制度运行成本高。1992年公布的《县级农村社会养老保险基本方案(试行)》将管理费的提取严格限制在3%的较低水平,基金增值部分的产权属于投保人个人,不存在投保人利益被侵犯的可能,也不存在财务破产的可能。而实际上,由于该方案将县级机构设置为自收自支事业单位,经费支出指定由管理费中解决,在农村社会养老保险还未普及,基金收取规模不大的情况下,3%的管理费很难保障机构的正常运转。从河北省情况来看,有半数以上的机构经费不能保障,甚至人员工资也得不到解决,队伍很难稳定。在这种情况下,为保证农村社会养老保险工作的顺利进行,各级社保机构不得不采取从基金中借支的办法补偿管理费用,由此加大了养老保险基金的管理和运营风险。

三是集体经济补助的落空,政府责任的名存实亡。按照《县级农村社会养老保险基本方案》的规定,旧农保在资金筹集上坚持以"个人缴纳为主,集体补助为辅,国家政策扶持"的原则。可以看出,集体经济是农村养老保障制度供给决策中的主要依赖对象,而集体补助的资金主要来源于乡镇企业利润①。但问题是,中国广大农村集体经济发展极不平衡,只有发达地区的集体经济还勉强为参保农民提供补助,这就从制度上把绝大部分没有乡镇企业或者乡镇企业不发达的地区排除在外。国家政策扶持能否到位呢? 按照规定,国家给予政策上的扶持的原则主要是通过对乡镇企业支付的集体补助予以税前列支来体现,但实际上,税务部门并没有相关的具体政策规定可以执行,国家没有基金增值、财政保障等方面的政策承诺,从而导致这一原则落空。

2.“适应性学习”的演化机制瓦解了旧农保制度存续的基础。

“适应性学习”的演化机制是指面对一种新的制度安排,行为人处于一种不断学习过程中,而学习是对人的心智结构的修改或重新界定。学习不仅是认知主体面对新环境而产生的新经验的因变量,同时受既存信仰结构的不断渗入的影响。

旧农保制度作为一种政府给定的制度安排,形成一种围绕外生制度的外生秩序。面对这种低效的外生制度安排,行为人(农民)在无法改变外部秩序的前提下,只有通过自身的不断学习,认知不断提高来改变自身的行为方式或者选择方式,以便最大化自己的利益。表现在旧农保中,农民的有限理性决定了他或者选择不参保(旧农保是自愿参加的),或者选择较低缴费档次②。因此在实践中,旧农保制度的参保率为8%(2006),远远低于政府的预期。即使参保农民,也缺乏对旧农保制度必要的信心,投保金额基

---

① 市场经济体制下企业的利润具有不确定性,通过乡镇企业的历史变迁可以看到,20世纪90年代乡镇企业红火了一段时间,步入21世纪以后,大部分乡镇企业都衰败了。

② 旧农保制度的缴费标准确最低2元,最高20元,每2元一个档次,共十个档次。

本上都集中在 2 元的最低档次水平上,根本无法保证农民的基本生活保障。

3. 内生规则与外生规则冲突是旧农保失败的内因。

按照哈耶克的社会演化理论,内生规则和外生规则之间既合作又竞争。当二者协调一致时,组织可以从内生规则的演进中吸收有用知识来改造外生规则,从而提高外生规则的运行效率,则制度和谐、稳定运行;而当二者在一定条件下相互竞争时,制度不稳定,则可能继续演化为新制度,旧制度失效。

在旧农保制度中,内生规则表现为农民意识层面对政府供给的农保制度的认识,外生规则则是政府及其提供的农保制度。内生规则决定了农民对农保制度是不认同的,加之虽然旧农保制度规定农民可以自愿参加,但实际上很多地方作为一项政治任务来抓,名义上自愿实际上不自愿,更加重了农民的误解,他们把它视同为各种苛捐杂税,甚至被列为农民负担之首①。

从政府层面上,对旧农保制度也认识不清,态度发生转变。历史显示,1997 年 7 月,农村社会养老保险作为农民负担被列入清理之列;1999 国务院批转了《整顿保险业工作小组保险业整顿与改革方案的通知》,对农村社会养老保险"要进行清理整顿,停止接受新业务,区别情况,妥善处理,有条件的可以逐步将其过渡为商业保险"。

政府对农保制度的暧昧更加重了农民自我意识的强化,内生规则与外部规则的冲突导致农民参保率大幅下降,旧农保制度失去了其持续稳定运行的重要基础。

---

① 20 世纪 90 年代后期农民的负担较重,为了减轻农民负担,中央政府逐步清理农民的各项负担。在一份对农民负担的调查问卷中,农保制度缴费居然被列为农民负担之首。

4. 突变因素是旧农保失败的外因。

制度演化理论认为,突变因素会加速制度演化,甚至会脱离原有的依赖路径。旧农保制度本就处于内外交困的状态。1998 年 9 月,国务院进行体制改革,将本来由民政部门管理的农村社会养老保险划归劳动和社会保障部门管理。管理权的转移、政府层面对农保制度政策改变,导致大多地区出现混乱,农民纷纷退保。以河北省为例,仅一年的时间,全省退保一百多万人。加之,当时的农保基金以县级管理为主,贪污、挪用现象普遍,更是失去了农民的信任。虽然后来农保制度的基金由县级转为省级管理,但依然不能扭转下滑态势,农村社会养老保险制度陷入停顿状态。

(三)旧农保制度向新农保制度的演化分析

1. "自然选择"和"适应性学习"演化机制共振成为新农保演化而来的根源。

旧农保制度无法满足农民的养老需求,家庭养老又难以承担养老的重担时,行为参与人(政府、农民)就存在主动打破原有制度均衡的动机,修改已有的规则集合,寻求新的战略选择规则,新制度逐渐演化而来。

"自然选择"影响的是群体层面的改变,"适应性学习"影响的是个体层次上的改变,二者发挥作用的空间和范围不同。一般而言,"适应性学习"在先,"自然选择"滞后。在传统农保制度向新农保制度演化过程中,两种机制共同发生作用。首先是由于外部养老环境发生变化(老龄化、城镇化等),"适应性学习"的演化机制会使行为人修正对现有养老保险制度的认知,当他意识到现有养老保险制度无法达到其满意的结果时,其对现有养老保险制度的信念发生改变,他转而会寻求新的制度规则,原有的制度均衡被打破,制度变迁得以发生。当更多的行为参与人意见一致时,其行为更加趋同,群体层面的改变出现。原有的"自然选择"的演化机制对传统农村保险制度的"复制"功能被打断,"变异"功能开始发挥作用,搜寻效应开始有意识的主动选择有效的制度安排,新农保制度得以产生。

2.外部规则的演变是新农保演化而来的直接动力。

新农保制度和传统农保制度相比,最大的变化是明确了政府的出资责任——中央政府和地方政府分别给予参保人一定数额的养老金补贴,这可以视同为组织提供的外部规则发生改变。哈耶克认识到,在秩序的自发演化过程中,当事人与规则之间发生互动关系,当特定的环境发生变化时,当事人会采取新的行动策略加以应对。在新农保制度中,随着参保环境的改变,一般规则(内部规则和外部规则)也发生着演变。由于新农保采取的是先试点后推广的做法,已经加入试点地区的农民从新制度中获得了较高收益,其他行为人会有模仿、复制的冲动,当更多的行为人受惠于新制度时,即内部规则正好符合当事人的正确预期,行为人之间的知识交流就可能创造出一种共同优势,即社会成员间依靠统一规则形成新的战略互动,从而实现规模收益递增,新制度的吸引力增加。

由此可见,新农保的演变首先是外部规则发生变化,即政府通过组织实施了一种政治行为,明确规定给予参保人一定数额的财政补贴,在外部规则的刺激下,原有的内部规则随之发生演变。当内部规则和外部规则的要求一致时,二者共同发挥作用,新农保继续由点及面,由局部到整体产生全面变化,因此,外部规则的演变成为新农保演化并得以深化的直接动力。

3.新农保制度的交易成本低于旧农保是制度演化并可持续发展的必要条件。

一般而言,制度变迁的发生条件是只有新制度的交易费用

(制度成本)低于原有制度的交易费用,制度变迁才会发生,而且新制度能够得以可持续发展下去。从前面分析可知,旧农保制度的制度运行成本较高,旧农保的基金运行成本不是由政府负担,而是从农民的缴费中提取 3% 的比例,加之基金挪用的问题时有发生,农民难以对自己缴纳的养老金的安全性放心,制度运行成本较高,对农民缺乏足够的吸引力。虽然在外力(地方政府强制)作用下,有部分农民加入了旧农保,但制度内生缺陷造成了旧制度难以可持续运行。

2009 年新农保制度实施,有效克服了旧农保制度的缺陷,降低了制度运行成本,增强了对农民的吸引力,参保率高达 80% 以上。后来又陆续取消了"捆绑机制",加大了财政激励力度,可供选择的缴费档次由过去的 5 级增加至 10 级,最高缴费标准由过去的 500 元提高至 2000 元,制度弹性大大增强。新制度运行 5 年来,政府对农民养老实施了大量补贴,农民明显从中受益,新农保制度越来越受到农民的拥护,新制度得以顺利进行。但不可否认的是,"捆绑机制"的取消(农民由半强制性改为自愿性)实际上提高了制度运行成本,新农保制度的演化还将继续。

三、演化方向:新农保——城乡居民养老保险制度——城乡一体化

2009 年以来,我国先后启动新型农村社会养老保险试点和城镇居民社会养老保险试点①,与此前建立的城镇职工养老保险一起覆盖至全体城乡居民。截至 2012 年 8 月底,全国城乡居民社会养老保险制度已实现全覆盖,全国总计覆盖超过 7 亿人,成为世界

---

① 2009 年新农保试点,2011 年城居保试点。

上最大的养老保险体系。

　　但是在完成覆盖之后,当前我国养老保险制度体系,仍处于城市与农村分割、私人部门与公共部门分立的"碎片化"状态。城镇职工养老保险(城职保)、新型农村社会养老保险(新农保)、城镇居民社会养老保险(城居保)三大养老保险制度分设、管理分割、重复参保①、资源分散,带来一系列问题。为了解决这一问题,我国渐进实施了养老保险融合、衔接的政策,养老保险制度由"碎片化"走向了"统一化",城居保的发展演变也内涵于这一融合潮流之中。

　　2012年,人社部发布《城乡养老保险制度衔接暂行办法》,明确了三种养老保险的衔接办法,流动就业人口的养老保险转移接续问题将得到解决,主要适用于城职工转为新农保或城居保②;新农保或城居保转为城职保;新农保和城居保互转。这主要是考虑在城职保与新农保或城居保之间衔接的主要对象是农村进城务工的参保人员,他们中的一些人在城市与农村之间可能多次流动就业,"随走随转"的实时衔接方式会导致社会保险关系的反复变化,增加参保人员的事务负担,也容易损失养老保险权益;而统一在最后确定养老保险待遇之前的时点办理衔接手续,有利于简化程序,维护参保人员权益,也降低了社会管理成本,为未来养老保险制度实现大融合打下了基础。

---

①　截至2011年底,我国有112.42万人重复参加三类养老保险,9.27万人重复领取养老金6845.29万元。

②　主要是考虑随着城镇化进程的加快,农民工流动性增强,有正规就业单位的农民工选择城镇职工养老保险制度参保,保险待遇高于城乡居民养老保险制度,但大多农民工无法保证15年的缴费年限。随着工作的更换,原有单位缴纳的养老金统筹部分不能随农民工迁移,打击了农民工的参保积极性。三大养老体系办法衔接后,解决了这一问题。

2014 年,国务院印发《关于建立统一的城乡居民基本养老保险制度的意见》,部署在全国范围内建立统一的城乡居民基本养老保险制度,提出到"十二五"末,在全国基本实现新农保和城居保制度合并实施①,并与职工基本养老保险制度相衔接;2020 年前,全面建成公平、统一、规范的城乡居民养老保险制度。

以上两大措施的实施为新农保未来的演进方向提供了现实的政策支持,但是城乡居民社会养老保险制度和城镇职工养老保险制度在保险待遇还存在较大差距,缺乏固定工作的流动人员的养老福利待遇远远低于具有正式工作单位的职工,养老保险的二元特征较为明显,从长期看会影响中国城镇化的过程,因为城镇化最重要的就是要实现基本公共服务均等化,养老保险作为基本公共服务的重要内容,其终极目标是实现全体国民的福利水平均等化。

新农保的演进必然伴随着城乡福利水平差距的逐步缩小,其演化路径首先应考虑由"自愿"参保向"强制"参保原则过渡,回归社会保险应有的内涵②,只有同城镇职工养老保险制度统一的基础上才能实现养老保险的城乡一体化。因此,未来新农保要渐进实施强制性原则,而且强制性原则能保证制度运行成本较低,有利于制度可持续发展。

---

① 由于城镇居民养老保险制度和新型农村养老保险制度在缴费方式、参保年限、缴费档次、政府补贴等制度构建模式基本相同。全国部分地区比如浙江等率先实施了城镇居民社会养老保险和新型农村养老并轨,2014 年全国实现了两种制度并轨,称为城乡居民社会养老保险制度。

② 无论是城镇职工养老保险、新型农村社会养老保险还是城镇居民社会养老保险,都属于社会保险,应实行强制性原则。但是目前只有城镇职工养老保险实现强制性原则,而新农保和城居保实施的是自愿参保原则。

第四章 我国城乡居民养老保险制度财政保障政策区域比较

2014年国务院颁布了《关于建立统一的城乡居民基本养老保险制度的意见》,在总结新型农村社会养老保险(简称新农保)和城镇居民社会养老保险(简称城居保)试点经验的基础上,国务院决定,将新农保和城居保两项制度合并实施。全国各省在前期新农保制度的基础上,出台了本省的城乡居民基本养老保险制度的具体实施办法①。本章在此基础上,对东部、中部、西部区域的城乡居民养老保险财政保障政策进行分类比较,从横向视角对比各省地方政府对不同缴费档次的财政补贴政策、基础养老金的补贴政策、政府间财政责任分担、特殊群体补贴等几个方面的差别,以期呈现一幅全国城乡基本养老保险财政保障的脉络图。

我们按照传统的东、中、西部区域划分,这种划分主要是考虑到在城乡居民养老保险中,中央政府对东部、中西部实行差别化的财政补贴政策。需要说明的是,河北省在传统三大区域划分中被列入东部省份,但是在中央政府对地方的转移支付中,却是按照中西部财政政策执行的,因此我们把其列入中部②。这样,东部地区包括北京、天津、辽宁、上海、江苏、浙江、福建、山东、广东、广西、海

---

① 有的省份于2014年前已经实现了城乡居民养老保险制度的并轨,如浙江、黑龙江等。
② 目前很多文献中在分析中误把其列入东部区域,影响了分析结果。

南11个省、自治区、直辖市;中部地区包括河北、山西、内蒙古、吉林、黑龙江、安徽、江西、河南、湖北、湖南10个省、自治区;西部地区包括四川、重庆、贵州、云南、西藏、陕西、甘肃、宁夏、青海、新疆10个省、自治区、直辖市。

第一节　东部地区城乡居民养老
保险财政保障现状

一、地方政府对不同缴费档次的财政补贴政策

地方政府的缴费补贴被称为"入口补贴"。2014年国务院颁布的城乡居民基本养老保险制度规定:"缴费标准设为每年100元、200元、300元、400元、500元、600元、700元、800元、900元、1000元、1500元、2000元12个档次。地方人民政府应当对参保人缴费给予补贴,对选择最低档次标准缴费的,补贴标准不低于每人每年30元;对选择较高档次标准缴费的,适当增加补贴金额;对选择500元及以上档次标准缴费的,补贴标准不低于每人每年60元。"相比以前的新农保而言,档次选择更多,补贴标准更高①。

表4.1　东部11省市城乡居民养老保险财政补贴情况

(单位:元)

省份	入口补贴		出口补贴
	缴费档次	财政补贴	
北京	100—1000(每100元一档)、1500、2000共12个档次	1000—2000档次补贴60元/年;2000元以上补贴90元/年	350元/月

① 原来新农保只有100—500元5个缴费档次。

省份	入口补贴		出口补贴
	缴费档次	财政补贴	
天津	600—3300 每 300 元增加 1 个档次,共 10 档	60—150/年共 10 档,缴费每提升 1 个档次,补贴提升 10 元	220 元/月
上海	500—2300(每 200 元 1 档)、2800、3300 共 12 档	200、250、300、350、400、425、450、475、500、525、550、575 共 12 档	540 元/月
辽宁	100—1000(每 100 元一档)、1500、2000 共 12 个档次	100—500 分别为 30、40、50、60、70 元;600 元及其以上的补贴标准由市级以上政府制定	
江苏	100、300、400、500、600、700、800、900、1000、1500、2000、2500 共 12 档	100、300、400 低缴费档次补贴 30 元,500 以上补贴 60 元	—
浙江	100—1000(每 100 元一档)、1500、2000 共 12 个档次	500 元以下缴费档次补贴 30 元;500 元以上补贴 80 元	100 元/月
福建	100 元至 2000 元 20 个档次,每 100 元一档	100 元补助 30 元,每提高 1 档增加 10 元,800 元及其以上均为 100 元	70 元/月
山东	100、300、500、600、800、1000、1500、2000、2500、3000、4000、4500 共 12 档	地方缴费补贴不低于 30 元,300 元以上缴费提高补贴标准	60 元/月
广西	100—1000(每 100 元 1 档共 10 档)、1500、2000 共 12 个档次	100—800 元按 40 元、50 元、55 元、60 元、65 元、70 元、75 元进行补贴,900 元及其以上均为 80 元	55 元/月
广东	120、240、360、480、600、960、1200、1800、2400、3600 共 10 档	120—360 补贴 30 元;480 及其以上补贴 60 元	65 元/月

续表

省份	入口补贴		出口补贴
	缴费档次	财政补贴	
海南	100—1000（每100元一档）、1500、2000、3000 共13个档次	最低补贴30元，每增加1档补贴增加10元，最高为150元	130元/月

资料来源：根据各省城乡居民养老保险政策整理而来。

东部11省市全部采取了"一般缴费补贴+多缴多补"模式。除北京、辽宁、浙江、广西采取的缴费档次和"国标"①相同外，其他省市的缴费档次具有明显的省域特色，如天津、上海等，打破了每100元一档的缴费档次，提升为300元、200元，拉大了档次之间的极差。"多缴多补"激励政策中，除江苏、广东的多补政策和"国标"相同，其他9个省市（约80%）高于"国标"规定，财政补贴力度大。比如上海最高补贴标准为575元，天津、海南为150元，福建为100元，北京为90元，浙江、广西为80元等。除"多缴多补"政策外，有个别省市还体现了缴费的"下限"约束，高于国家规定的最低100元的缴费档次。由表4.1可以发现，北京的最低缴费下限为1000元、天津为600元、上海为200元、广东为120元。

二、基础养老金的财政补贴政策

基础养老金被称为"出口补贴"。东部地区11省份除福建、广西外，全部采用了"基础养老金+长缴多得"的模式，这体现了国务院"对长期缴费的，可适当加发基础养老金"的鼓励政策。我国

---

① 指国发〔2014〕8号文《国务院关于建立统一的城乡居民基本养老保险制度的意见》中的规定。

城乡居民养老保险规定只要累计缴费满 15 年,退休后就可以领取养老金。但对于年轻参保者而言,缴费满 15 年后离退休年龄还早①。缴费越长,养老金标准越高。为了引导年轻人长期缴费,提出了"加发基础养老金"政策。

其中,基础养老金的最低标准是 55 元/月②,其中东部地区由中央和省(直辖市)各自负担 50%,即 27.5 元,剩余部分由当地政府负担,以北京为例,2014 年北京的基础养老金为 310 元/月,这意味着北京市政府要补贴每位符合领取条件的参保人员 282.5 元/月。由表 4.1 可以看出,东部地区由于经济发达,财力较强,虽然中央只支付最低基础养老金的 50%,但是 70%以上省份的基础养老金高于中央规定的最低 55 元的标准,其中上海以 540 元的补贴标准位居东部地区也位列全国第一,高于最低标准 9.8 倍,北京、天津仅列其后。东部地区中的辽宁、江苏、广西选取了最低 55 月的基础养老金标准。

基础养老金的多得部分采用定额和定率两种方式,除江苏省"对于连续缴费超过 15 年的参保人员,每超过 1 年,基础养老金每月可增发 1%"采用定率外,大部分省份采用了"累计缴费超过 15 年的参保人员,每超过 1 年,其基础养老金每月增加几元"的定额方式。其中上海最高,符合加发条件后每月增加 10 元,浙江、天津、广东依次为 5 元、4 元、3 元。

三、政府间财政责任分担机制

我国实行的是财政"分灶吃饭"体制,城乡居民养老保险制度

---

① 比如说 25 岁参保,15 年后才 40,离退休年龄还有 20 年。

② 2015 年中央补助的基础养老金提升为 70 元/月。

中中央、省、市、县级政府承担不同的补贴责任。中央政府主要承担"出口"补贴,也就是基础养老金的底线,高于底线以及"多缴多得"的基础养老金则面临着省、市、县之间的财政责任分担。而地方政府主要负担"入口"补贴,包括最低缴费补贴和"多缴多得"的缴费补贴,主要是省、市、县地方政府之间的责任分担,基本上没有中央政府的责任(见表4.2)。

表 4.2 东部 11 省市政府间财政责任分担情况表

省份	最低缴费补贴			多缴多得			基础养老金			长缴多得		
	省	市	县	省	市	县	省	市	县	省	市	县
北京	—	—		—	—		—	—		—	—	
天津	100%	0%		20%	80%		共担	共担		共担	共担	
上海	0%	共担	共担	0%	共担	共担	30%	70%		30%	70%	
辽宁	0%	共担	共担	0%	共担	共担	80%	不低于10%	剩余部分	共担	共担	共担
江苏	0%	共担	共担	0%	共担	共担	0%	共担	共担	0%	共担	共担
浙江	0%	共担	共担		共担	共担	弹性补助①			0%	共担	共担
福建	分档补助②			分档补助			弹性补助③			—	—	—

① 按照省定基础养老金标准,省财政对两类一至六档地区分别给予 100%、90%、80%、60%、40%、20% 的补助。国家补助标准超过省财政补助标准的地区,省财政按国家补助标准给予补助

② 省级财政根据不同档次对应的补贴标准和各地不同的财力状况,分别以 80%、60%、40%、20% 的比例对县(市、区)进行分档补助;其余部分由各设区市(含平潭综合实验区,下同)和县(市、区)分担,具体比例由设区市人民政府确定。

③ 省财政根据各地不同的财力状况,分别以 80%、60%、50% 的比例对县(市、区)进行分档补助。

续表

省份	最低缴费补贴			多缴多得			基础养老金			长缴多得		
	省	市	县	省	市	县	省	市	县	省	市	县
山东	100%	0%	0%	0%	共担	共担	40%①	共担	共担	0%	共担	共担
广西②	60%	40%	0%	80%	0%	20%	60%	40%	0%	80%	0%	20%
广东	1/3	1/3	1/3	0%	共担	共担	50%	25%	25%	0%	共担	共担
海南	40%或60%	60%或40%③		0%	共担	共担	共担	共担	共担	共担	共担	共担

注:表中"—"表示没有找到相关政策;表中广东省的财政责任分担只是针对欠发达
　　地区的,对于发达地区,省级财政不提供最低缴费补贴和提高的基础养老金
　　部分。

　　首先,最低缴费补贴可分为三种情况:一是由省级政府全部承担,如天津、山东;二是省级政府承担部分财政补贴,其余部分由市县共同分担,如广西承担 60%、广东承担 1/3;海南承担 40% 或60%;福建针对经济发达程度不同、财力不同实施的分档补助。三是省级政府完全不担负补贴,全部由县市政府按比例分担,如上海、辽宁、江苏、浙江,大概占全部地区的 36%。市、县级政府在最低缴费补贴责任分担中,主要体现为市县财政共担机制。而对于"多缴多得"的财政激励政策,省级政府的责任负担也较小,除天津、广西、福建承担一定的财力补贴外,60%省份完全由市、县财政承担。市、县财政在"多缴多得"政策补贴中,70%省份的市、县财

① 省财政按照统一确定的基础养老金标准对东、中、西部地区分别给予 40%、60%、80%的补助。

② 自治区与设区市按 6:4 比例承担,自治区与县(市)按 8:2 比例承担。

③ 省财政与海口市、三亚市、洋浦经济开发区财政按 4:6 的比例分担,省财政与其他市、县、自治县财政按 6:4 的比例分担。

政共担。

其次,基础养老金由中央政府承担最低补助标准的 50%,其余的 50% 加上省级高于"国标"的部分由省市县承担。基础养老金补贴的情况分为两种:一是省级政府完全不负担基础养老金,但这是极少数省份,如江苏省。二是省级政府负担一定比例,从形式上有三类:一类是省、市、县分担比例清晰明确,如上海,直辖市和区之间的分担比例为 30% 和 70%;一类省、市、县之间实施弹性补助或分档补助,主要是针对经济发达程度不同的市区采用不同的省市之间的承担比例,如山东省,对东、中、西部地区分别给予40%、60%、80% 的补助;还如广东省明确规定对欠发达的粤东西北地区由省财政补助每人每月 18.75 元,而对于经济发达的珠江三角洲地区,则由市、县(市、区)财政负担,省财政不补贴。还有一类地区,省、市、县之间的财政责任分担弹性更大,只是原则性地规定省、市、县要共同分担,但是没有明确的分担比例,如天津、海南。另外,大部分省份鼓励有条件的地区可以在省级标准上提高基础养老金,但提高部分完全由市、县财政负担。

对于"长缴多得"加发基础养老金的鼓励政策,东部 11 省市大都由市、县政府承担,省级政府承担的较少,除上海、广西省级政府明确承担一定补贴责任外,江苏、浙江、山东、广东省级政府完全不负担财政补贴责任,天津、辽宁、海南共担一部分财政补贴责任,但是共担比例不明确。

四、特殊人群的财政补贴政策

2014 年实施的城乡居民养老保险和新农保相比,为城乡居民考虑得更全面,比如新增添的丧葬补助金制度,规定"有条件的地方人民政府可以结合本地实际探索建立丧葬补助金制度",这在过去农民是想都不敢想的,在农民的观念里"认为这是吃公家饭的人才有的福利",而现在农民和城镇无固定职业的人员也可以享有了①。除此之外,城乡居民养老保险制度还针对特殊人群的缴费补贴做了原则性规定,比如重度残疾人等困难群体。各省又在国务院颁布实施的城乡居民养老保险制度基础上,开展了精彩纷呈的体现地域特性的制度建设工作,比如探索建立了被征地农民、高龄老人、失独家庭、独生子女家庭等有特色的缴费补贴政策。

(一)对重度残疾人的缴费补贴

国务院出台的城乡居民养老保险制度规定:"对重度残疾人等缴费困难群体,地方人民政府为其代缴部分或全部最低标准的养老保险费。"在此基础上,东部11省市全部建立了专门针对残疾人的缴费补贴制度。有的省份代替重度残疾人缴纳的养老费还远远高于国家规定的最低标准,如天津重度残疾人的缴费标准为900元,高于其最低缴费档次600元;上海重度残疾人的缴费标准为1100元,也高于最低缴费档次500元。不仅如此,省、市、县三级财政间还就代缴责任进行了划分,如广西对城乡重度残疾人等缴费困难群体代缴养老保险费,由自治区与设区市按6∶4比例承担,自治区与县(市)按8∶2比例承担。还如上海1100元的责任分担为:个人按照缴费标准的5%缴费,残疾人就业保障金代缴600元,其余部分由区县财政代缴。

(二)专门针对被征地农民的养老补贴政策

东部11省市中,由于资料的制约,除北京没有找到完整的政策文件,其余10省市中只有天津制定了专门针对被征地农民的养

---

① 如北京明确规定一次性给予丧葬补助每人5000元,资金来源由各区县财政足额出资。

老保险补贴政策。如天津的城乡居民养老保险制度规定："被征地农民以本市上年度农村居民人均可支配收入为基数,根据被征收土地的征地区片综合地价,可以按照40%、35%、30%的比例一次性缴纳15年的养老保险费。"

（三）对城乡独生子女或者两女家庭的特殊补贴政策

东部11省市有两个省针对城乡独生子女或两女家庭构建了特殊补贴政策,如福建省对农村45—59周岁生育两个女孩或一个子女的夫妻,以及城镇45—59周岁生育一个子女的夫妻,在选择不同缴费档次予以相应政府补贴的基础上,省财政再增加20元缴费补贴。海南省对城乡独生子女领证户、农村双女户（含农村少数民族三女户）夫妇落实长效避孕节育措施（含结扎和上环）家庭的参保人员,政府除按一般参保人员给予补贴外,另给予每人每年不低于10元的财政补贴,所需资金由各市、县、自治县财政承担。

（四）其他有地域特色的财政补贴政策

广西、海南、福建等省份针对享受低保人员、五保户、享受定期抚恤补助金的优抚对象、贫困残疾人、城镇"三无"①人员、计生对象中独生子女死亡或伤残、手术并发症人员以及非重度残疾人群体也建立了代缴养老保险制度。

第二节　中部地区城乡居民养老保险财政保障现状

一、地方政府对不同缴费档次的财政补贴政策

中部10省全部采取了"一般缴费补贴+多缴多补"模式。其

---

① "三无"人员指无生活来源,无劳动能力,无法定赡养、抚养、扶养义务人或其法定赡养、抚养、扶养义务人无赡养、抚养、扶养能力。

中吉林、江西、陕西的缴费采取"100—1000(每100元一档)、1500、2000共12个档次",和"国标"相同;河北、安徽、河南、湖南的缴费档次略高于"国标",参保人员的选择弹性稍大;而内蒙古、黑龙江、湖北的缴费档次低于"国标",参保人员的选择弹性较小。在"多缴多补"政策中,除吉林最高补贴170元、江西最高补贴95元、山西最高补贴80元、内蒙古最高补贴75元外,其余60%的省份和"国标"相同,最高补贴不超过60元。(见表4.3)

从缴费档次看,在100—1000元档次中,中部10省份全部采用的是每100元一档的极差,和"国标"相同,缩小了参保人员的缴费差距;从缴费和补贴"下限"看,中部10省份都执行的是国家标准,即最低缴费档次为100元,政府补贴最低为30元。由此可以看出,不论是缴费档次的极差还是政府补贴,参保人员之间的差距不是太大,体现出一种低层次的公平。

表4.3 中部10省城乡居民养老保险财政补贴情况

省份	入口补贴		出口补贴
	缴费档次	财政补贴	
河北	100—1000(每100元一档)、1500、2000、3000共13个档次	100—400档次补贴30元/年;500元以上各档次补贴60元/年	55元/月
内蒙古	100—1000(每100元一档)10个档次	最低补助30元,每提高1档补助增加5元,最高为75元	55元/月
吉林	100—1000(每100元一档)、1500、2000共12个档次	100—1000间由补30起,每提高1档增加10元;1500补助145元;2000补助170元	55元/月

省份	入口补贴		出口补贴
	缴费档次	财政补贴	
黑龙江	100—1000（每 100 元一档）10 个档次	100—400 元补助由 30 元起，每提高 1 档补贴增加 5 元；500—100 均补助 50 元	55 元/月
安徽	100—1000（每 100 元一档）、1500、2000、3000 共 13 个档次	100 补 30，200 补 35，300 补 40，400 补 50；500 及其以上补 60	55 元/月
江西	100—1000（每 100 元一档）、1500、2000 共 12 个档次	由最低补助 30 元起，每提高 1 档补助增加 5 元，最高至 95 元	55 元/月
河南	100—1000（每 100 元一档）、1500、2000、2500、3000、4000、5000 共 16 档	100—400 档次补助 30 元；500 元及其以上补贴 60 元	63 元/月
湖北	100—1000（每 100 元一档）10 个档次	地方缴费补贴不低于 30 元，对于较高档次的缴费提高补贴标准	55 元/月
湖南	100—1000（每 100 元一档）、1500、2000、2500、3000 共 14 个档次	100—200 不低于为 30 元；300—400 不低于 40 元；500 及以上补 60 元	55 元/月
山西	100—1000（每 100 元一档）、1500、2000 共 12 个档次	100 补 30，200 补 35，300 补 40，400 补 50，500—600 补 60，700—900 补 70，1000—2000 补 80	65 元/月

资料来源：根据各省城乡居民养老保险政策整理。

二、基础养老金的财政补贴政策

对于中部地区而言，中央政府负担最低基础养老金的全部，即每月 55 元。在此基础上，各省市可以在此基础上提高基础养老金标准,但提高的部分由各地方政府负担。由表 4.3 可以看到,除山西基础养老金提高至 65 元/月、河南提高至 63 元/月外,其余 80% 省份的基础养老金为国家最低标准。

中部 10 省份除内蒙古、山西、黑龙江没有体现"长缴多得"的激励政策外,大多数省份选取了"基础养老金+长缴多得"的模式。"长缴多得"的基础养老金采用了定额和定率两种方式,其中江西省采用"对于连续缴费超过 15 年的参保人员,每超过 1 年,基础养老金每月可增发 1%"的定率方式;吉林、河北、湖南采用定额方式,对于累计缴费超过 15 年的参保人员,每超过 1 年,其基础养老金每月分别增加 5 元、1 元、1 元,加发力度较小。

三、政府间财政责任分担机制

表 4.4 列示了中部 10 省在"入口"补贴和"出口"补贴,以及相对应的"多缴多得"、"长缴多得"的激励政策方面的省、市、县级政府间的责任分担机制。

表 4.4 中部 10 省政府间财政责任分担情况表

省份	最低缴费补贴			多缴多得			提高的基础养老金			长缴多得		
	省	市	县	省	市	县	省	市	县	省	市	县
河北①	1/3	1/3	1/3	1/3	1/3	1/3	0%	共担	共担	0%	共担	共担
山西	0%	共担	100%	0%	共担	100%	0%	共担	共担	无	无	无
吉林	60%	共担	40%	60%	共担	40%		共担		60%	共担	40%
黑龙江	60%	0%	40%	60%	0%	40%		共担	共担	无	无	无

---

① 由省,设区市、县(市)、区按 1:1:1 的比例分担,省财政直管县(市)所需资金设区市负担部分由省级财政负担。

续表

省份	最低缴费补贴			多缴多得			提高的基础养老金			长缴多得		
	省	市	县	省	市	县	省	市	县	省	市	县
安徽	20元	共担	共担	20元	共担	共担	0%	共担	共担	0%	共担	共担
江西	60%或80%	0%	40%或20%①	20%	0%	80%	0%	0%	100%	0%	0%	100%
河南	2/3	1/3	0	2/3	1/3	0	3元(省市按6:4分摊)	不低于5元		—	—	—
湖北	2/3	0%	1/3	—	—	—	0%	0%	100%	0%	0%	100%
湖南	2/3	1/3	1/3	2/3	1/3	1/3	0%	共担	共担	0%	共担	共担
内蒙古	50%	至少25%	最多25%	50%	至少25%	最多25%	0%	共担	共担	0%	共担	共担

资料来源:根据各省城乡居民养老保险政策整理而来。

从最低缴费补贴省级政府和市县政府财政责任划分看,省级政府承担了补贴的主要责任,除山西省政府完全没有负担缴费补贴责任外,90%省份的省级财政承担了较大责任,如河北省级财政承担了 1/3 财力,而对于河北省财政直管县,省级财政承担的比例高达 2/3,河南、湖北、湖南省级财政承担的比例也达到了 2/3;吉林、黑龙江、江西承担了 60%的缴费补贴;内蒙古自治区财政承担了 50%的缴费比例。从市、县政府间的财政责任划分看,基本上平分秋色,或者共担,如山西、吉林、安徽;或者各自占一定比例,如河北、湖南、内蒙古;也有的市级不承担责任,仅有省、县级政府之间分担财政责任,如黑龙江、江西、湖北;也有县级政府不承担财政

---

① 对于选择 100 元缴费档次的,每人每年给予 30 元的基本补贴,所需资金西部政策延伸县由省、县(市)财政按 8∶2 负担;其他县(市、区)由省、县(市、区)财政按 6∶4 负担。

责任,仅有省、市级政府之间分担财政责任,例如河南。

在"多缴多得"的缴费补贴政策中,中部10省的省级政府也承担了相当大的财政补贴责任,吉林、黑龙江、河南、湖南承担了财政补贴的一半以上;内蒙古省级政府承担了50%的补贴比例;江西承担了20%的补贴责任;完全没有承担财政补贴责任的只有陕西省。市、县政府间的财政责任划分基本上是由市、县共担,除黑龙江、江西市级财政不承担责任,当然也有河南县级财政不负担责任外。

提高的基础养老金分为两种情况:一种是由各省(自治区)提高的高于中央规定的最低基础养老金的部分,一般完全由省政府负担,如河北省规定2015年在中央基础养老金基础上(55元)每人每月增加5元,由省级财政全部负担;一种是有条件的各市县自主提高的补贴标准高于省级标准的部分,一般由当地财政负担。表4.4中"提高的基础养老金"是指后一种语境下的涵义。在这一点上,中部10省所实施的政策有着惊人的相似。由表4.3可以发现,中部10省只有河南、山西的基础养老金略高于55元的国家标准,其他省份的基础养老金和国家标准完全一致,由中央财政100%负担了,这就意味着省级财政无事可做。因为各省的政策基本上都规定:各设区市、县(区)政府根据本地实际增加的地方基础养老金,所需资金完全由当地财政承担。

对于"长缴多得"加发基础养老金的鼓励政策,中部10省大都由市、县政府承担,省级政府承担的较少,除吉林省级政府明确承担一定60%的补贴责任外,河北、安徽、江西、湖北、湖南、内蒙古约60%的省级政府完全不负担财政补贴责任;江西、湖北的县级政府承担了100%的财政补贴责任;而山西、黑龙江没有"长缴多得"的财政激励政策。

四、特殊人群的财政补贴政策

中部 10 省有山西、江西、河南、湖南明确建立了丧葬补贴制度,全部用"有条件地方的政府可以结合本地实际探索建立丧葬补助金制度"一语概之,而其他省份或者干脆没有提高建立丧葬补助制度,抑或有类似规定而本收没有发现。

（一）对重度残疾人的特殊补贴政策

中部 10 省市全部建立了专门针对重度残疾人代缴养老保险费的制度,而且在省、市、县三级政府间划分了各自应该承担的财政责任,只是有的明确,有的比较含糊而已。如河北省政府为参保的重度残疾人每人每年代缴 100 元养老费,缴费补贴和为重度残疾人代缴资金由省、设区市、县按 1:1:1 的比例分担,省直管县所需资金设区市负担部分由省级财政负担。又如江西省、县（市、区）财政为城乡重度残疾人代缴最低标准的养老保险费每人每年 100 元,代缴所需资金西部政策延伸县由省、县（市）财政按 8:2 负担;其他县（市、区）由省、县（市、区）财政按 6:4 负担。另外,代缴养老保险费的金额也全部采用的是国家最低 100 元的缴费标准。

（二）对其他特殊人群的补贴政策

对城乡低保户、独生子女死亡后未再生育的夫妻（女年满 49 周岁）、长期贫困残疾人等,由政府代缴最低 100 元的养老保险费;对烈士遗属、领证的独生子女父母和计划生育双女父母,给予适当补贴。

第三节　西部地区城乡居民养老保险财政保障现状

一、地方政府对不同缴费档次的财政补贴政策

西部 10 省全部采取了"一般缴费补贴＋多缴多补"模式。其

中重庆、云南、陕西、甘肃、青海、宁夏约 60% 省份采取了"100—1000(每100元一档)、1500、2000共12个缴费档次",和"国标"相同;四川、贵州、新疆的缴费档次略高于"国标",参保人员的选择弹性稍大;而西藏设置了"100—1000(每100元一档)、1500、2000共12档;2100—3000(每100元一档)10档"共22个缴费档次,地域特色明显。

在"多缴多补"政策中,除甘肃的补贴和"国标"相同外,90%的省份呈现出多样化的补贴方式,如新疆的"最低补助50元,每提升1档补助增加5元,最高为120元"的极差均等的补贴方式;有的采取的是差别化的递增补贴方式,如四川等;还有的是混合方式,即极差均等和差别化递增补贴相结合,如青海、陕西等,体现出对不同缴费档次的激励效应。而且"多缴多补"政策中,政府补贴的上限也远远高于"国标",由表4.5可以看到,补贴标准最高的为陕西、宁夏,补贴为200元;青海为185元;四川为160元;重庆为140元;新疆为120元;云南为100元;西藏为95元;贵州为90元。

表4.5 西部10省市城乡居民养老保险财政补贴情况

省份	入口补贴		出口补贴
	缴费档次	财政补贴	
四川	100—1000(每100元一档)、1500、2000、3000共13个档次	分别补贴40、40、45、50、60、60、65、70、75、80、100、120、160	60元/月
重庆	100—1000(每100元一档)、1500、2000共12个档次	最低补30元,缴费每提升1个档次,补贴提升10元,最高为140元	55元/月
贵州	100—1000(每100元一档)、1200、1500、2000共13档	100—400补贴为30元;500—900补贴为60元;1000—2000补贴为90元	55元/月

续表

省份	入口补贴		出口补贴
	缴费档次	财政补贴	
云南	100—1000（每 100 元一档）、1500、2000 共 12 个档次	100—700 补贴标准分别为 30、40、50、60、70、80、90 元；700 元及其以上的补贴为 100 元	55 元/月
西藏	100—1000（每 100 元一档）、1500、2000 共 12 档；2100—3000（每 100 元一档）10 档	100—2000 从 40 元起每提升 1 档补贴提升 5 元至 90 元；2000 以上补贴为 95 元	120 元/月
陕西	100—1000（每 100 元一档）、1500、2000 共 12 个档次	30、30、40、45、60、65、70、75、80、100、150、200	55 元/月
甘肃	100—1000（每 100 元一档）、1500、2000 共 12 个档次	100—400 补贴 30 元；500 及其以上补贴 60 元	55 元/月
青海	100—1000（每 100 元一档）、1500、2000 共 12 个档次	分别为 30、40、50、60、70、85、100、115、130、145、165、185	110 元/月
宁夏	100—1000（每 100 元一档）、1500、2000 共 12 个档次	分别为 30、40、50、60、70、80、90、100、110、120、160、200	55 元/月
新疆	100—1000（每 100 元一档）、1500、2000、2500、3000 共 14 个档次	最低补助 50 元，每提升 1 档补助增加 5 元，最高为 120 元	100 元/月

资料来源：根据各省城乡居民养老保险政策整理。

二、基础养老金的财政补贴政策

西部地区的基础养老金财政补贴政策和中部地区相同,由中央财政负担最低基础养老金 55 元/月,提高的基础养老金和"长缴多得"的部分由地方政府负担。由表 4.5 可知,有 40%省市的基础养老金高于"国标",其中西藏最高为 120 元/月,青海次之为 110

元/月,再次为新疆为 100 元/月,四川为 60 元/月;贵州、云南、重庆、陕西、甘肃、宁夏的基础养老金和"国标"相同。

除甘肃外,西部 10 省大都构建了"基础养老金+长缴多得"模式。"长缴多得"的激励政策采用了定率和定额两种形式,其中西藏采用的是"对于连续缴费超过 15 年的参保人员,每超过 1 年,基础养老金每月可增发 1%"的定率方式;青海的加发金额也比较高,为每月加发基础养老金 10 元;四川、重庆为每月加发基础养老金 2 元;云南、宁夏、新疆为每月加发的养老金不低于 2 元,为市、县政府留下了较大的弹性空间;贵州、陕西的弹性更大,只是原则性提到"缴费年限超过 15 年的,每增加一年,适当加发基础养老金"。

三、政府间财政责任分担机制

表 4.6 列示了西部 10 省在"入口"补贴和"出口"补贴,以及相对应的"多缴多得"、"长缴多得"的激励政策方面的省、市、县级政府间的责任分担机制。

表 4.6　西部 10 省市政府间财政责任分担情况表

省份	最低缴费补贴			多缴多得			提高基础养老金			长缴多得		
	省	市	县	省	市	县	省	市	县	省	市	县
四川	50%	共担 50%		50%	共担 50%		0%	共担	共担	0%	共担	共担
重庆①	100%	0%		20%	80%		70%	30%		50%	50%	

---

① 对参保人员增加的政府补贴、缴费超过 15 年增发的基础养老金和丧葬补助金由市、区县财政按比例分担,具体比例为:主城区市级承担 20%、区级承担 80%,贫困区县(自治县)市级承担 70%、区县级承担 30%,其他区县市级和区县级各承担 50%。

续表

省份	最低缴费补贴			多缴多得			提高基础养老金			长缴多得		
	省	市	县	省	市	县	省	市	县	省	市	县
贵州	1/3	1/3	1/3	1/3	1/3	1/3	—	—	—	—	—	—
云南	100%	0%	0%	50%	共担	共担	0%	共担	共担	0%	共担	共担
西藏	80%	10%	10%	80%	10%	10%	80%	10%	10%	80%	10%	10%
陕西①	50%	共担	共担	50%	共担	共担	0%	共担	共担	0%	共担	共担
甘肃	100%	0%	0%	0%	共担	共担	0%	共担	共担	无	无	无
青海	80%	共担	20%		共担	共担	100%	0%	0%	80%	共担	20%
宁夏②	2/3	0%	1/3	50%	0%	50%	无	0%	0%	0%	0%	100%
新疆	共担	共担		0%	0%	100%	共担	共担	共担	0%	0%	100%

注:表中"—"代表没有找到相关的政策,"无"代表该省没有实行"长缴多得"政策。

从最低缴费补贴的情况看,西部 10 省市中 100% 的省级财政承担了相应的缴费补贴责任,而且大部分省份承担了主要责任。如重庆、甘肃省级财政承担了全部的最低缴费补贴;西藏、青海承担了 80% 的补贴责任;四川、陕西承担了 50% 的缴费补贴;贵州承担了 1/3 的财政补贴责任。而宁夏根据县级经济发达程度不同,省级承担不同的补贴责任,对于较为经济发达的川区,省级财政分担 30 元中的 20 元;对于欠发达的山区,省级财政分担 30 元中的 25 元。市、县级财政在最低缴费补贴中基本上呈现比例共担状态,只是各自的分担比例略有不同。如四川市、县财政共担 50%;

---

① 需要特别说明,"对选择 100—400 元档次缴费的,每人每年补贴 30 元;对选择 500 元及以上档次缴费的,每人每年补贴 60 元",这些由省级财政 100% 负担;超过 60 元的由市县财政负担。

② 需要说明的是,30 元最低缴费补贴分两种情况:自治区财政补贴川区 20 元、山区 25 元;川区、山区县(市、区)财政补贴不低于 10 元和 5 元。

贵州市、县财政各自承担 1/3；西藏市、县财政各自分担 10%；青海市、县财政共担 20%。当然也有诸如宁夏，市级财政不承担补贴责任的情况。

在"多缴多得"的缴费补贴政策中，中部 10 省大多采取了省、市、县共同承担缴费补贴责任的做法。省级财政也承担了相当大的财政补贴责任，如西藏省级财政承担了 80% 的补贴比例；四川、陕西、宁夏省级财政承担了 50% 的补贴比例；而甘肃、青海、新疆省级财政完全没有分担缴费比例。市、县财政在"多缴多得"财政补贴激励政策中，有 80% 省份的市、县各自分担一定的缴费比例，只有宁夏、新疆的市级政府没有承担缴费补贴责任。

西部 10 省市中只有四川、西藏、青海、新疆的基础养老金高于 55 元的国家最低补贴标准，这四个省可以分为两类：一类是提高的基础养老金完全由省级财政承担，市、县级财政不用分担提高的基础养老金，如青海；另一类是提高的基础养老金由省、市、县各级按照一定比例分担，如西藏的基础养老金为 120 元，自治区、地（市）、县（市、区）各自承担的财政比例为 80%、20%、20%。

对于"长缴多得"加发基础养老金的鼓励政策，西部 10 省（自治区）大都由市、县政府承担，而且县级财政负担较多，省级政府承担的较少。除重庆、西藏、青海省级政府明确承担 80%、50% 的补贴责任外，四川、云南、陕西、宁夏、新疆等 5 个省级政府完全不负担财政补贴责任；而甘肃就没有"长缴多得"的财政激励政策。宁夏、新疆的"长缴多得"100% 由县级政府承担。

四、对特殊人群的缴费补贴政策

（一）普遍建立了针对死亡人员的丧葬补助金制度

西部 10 省市全部建立了丧葬补助金制度，而且大多省份明确了丧葬补助金的具体发放标准,发放形式多样化,有的是明确发放数额。如云南省的丧葬补助标准为一次性发放 600 元;陕西省的丧葬补助标准为一次性发放 800 元,其中省级财政承担 50%。而诸如青海、西藏、重庆、宁夏等则是以月基础养老金为标准,一次性发放 6 个月、10 个月、12 个月不等的丧葬补助金。

(二)对重度残疾人的特殊补贴政策

西部省市大都建立了专门针对重度残疾人代缴养老保险费的制度,除了青海、云南分别为 300 元、200 元高于最低缴费标准外,80%省市均按最低缴费标准为重度残疾人代缴养老保险费用。不仅如此,省、市、县三级政府还就代缴补贴费用划分了各自应该承担的财政责任。有的省份是三级政府间共担,如青海规定,对重度残疾人全额代缴 300 元所需资金,由省财政承担 80%,各地财政承担 20%;有的则完全由省级政府承担,如陕西规定,对重度残疾人,由省级财政为其代缴全部最低标准的养老保险费;而有的是完全由县级政府承担,如四川规定,对重度残疾人等缴费困难群体,县(市、区、特区)人民政府按不低于 100 元的标准代为缴纳。

(三)专门针对被征地农牧民的养老保险补贴政策

对于征收农村集体所有的土地,西藏自治区专门安排了农牧民的养老保险费。按照"先保后征"、"谁用地谁承担"原则,由当地政府根据报批土地涉及的人数,以年最高缴费档次 3000 元为基数,预存 15 年养老保险费,并一次性存入财政部门开设的账户中,再由财政部门将个人缴费和政府补贴划转至被征地农牧民养老保险个人账户中。

(四)高龄补贴政策

西部 10 省市中只有甘肃省将高龄老年人生活补贴纳入城乡居民基本养老保险待遇发放范围,合并发放。高龄老年人生活补贴发放标准为：100 周岁以上每人每月 100 元，90—99 周岁每人每月 60 元，80—89 周岁每人每月 25 元。90 周岁以上补贴资金由省级财政承担，80—89 周岁补贴资金由县市区财政承担。

（五）对城乡独生子女或者两女家庭的特殊补贴政策

四川、甘肃对于独生独生子女伤残死亡家庭的夫妻，由各市（州）、县（市、区）人民政府按每人 100 元/年的标准为其代缴养老保险费。而宁夏对于城镇独生子女户、农村计划生育独生子女户、两女户和"少生快富"户，在政府缴费补贴的基础上，每年再按自治区公布的全区上年度农民人均纯收入的 2%给予个人奖励缴费补贴。

（六）针对村干部特殊群体的养老保险政策

宁夏对于村干部，个人按照全区上年度农民人均纯收入的 16%缴费，自治区和县（市、区）财政按照 24%的比例给予补贴。对新农保制度实施前已离职的村党支部书记、村委会主任，在享受基础养老金的同时，按任职年限再给予适当补贴，具体为：任职 3 年至 9 年的，每月增加基础养老金 5 元；任职 10 年至 20 年的，每月增加基础养老金 10 元；任职 20 年以上的，每月增加基础养老金 15 元。所需资金山区由自治区财政承担，川区由自治区财政和县（市、区）财政各承担 50%。

（七）具有西域特色的其他养老保险补贴政策

西藏自治区建立了专门针对佛教事务的养老保险补贴政策。对任职满一年的寺管会名誉主任、副主任和自治区佛协常务理事（没有固定生活来源的），按规定参加城乡居民养老保险的，在任期内自主选择缴费档次缴费，政府按照 1:1 的比例给予补贴，最高补贴额不超过 2000 元；对于获得先进称号寺庙的在编僧尼和爱国守法先进称号的僧尼，其养老保险费按上年度本人所选缴费档次由政府给予一定比例的补助①。

第四节　区域间的比较分析

一、缴费档次选择和政府补贴的激励政策比较

东、中、西部各省(市、自治区)在"入口"环节的补贴模式相同,全部采用了"一般缴费补贴+多缴多补"模式。不同之处表现在三个方面:一是东、中、西部各省份缴费补贴高于"国标"②的覆盖率不同,西部最高、东部次之、中部最低,分别为 90%、80%、40%。二是财政补贴激励力度不同。为了鼓励参保人员选择较高档次缴费,地方政府一般都实行差别化的"多缴多补"政策。东部、西部的财政补贴激励力度明显大于中部,如东部地区中补贴标准最高的是上海,地方政府财政补贴为 575 元/年;西部地区中补贴标准最高的是陕西和宁夏,财政补贴为 200 元/年,而中部地区中补贴标准最高的是吉林,财政补贴为 170 元/年。另外财政补贴力度不同,还体现为财政补贴"下限"的不同。国家规定选择最低缴费档次补贴 30 元,但是东部地区中上海、北京、天津、广西的补贴"下限"较高,分别为 200 元、60 元、60 元、40 元;西部地区中新

① 被评为自治区级和谐模范先进称号寺庙的在编僧尼和爱国守法先进称号的僧尼,其养老保险费按上年度本人所缴费档次由政府给予 100% 的补助;获得地(市)级和谐模范先进称号寺庙的在编僧尼和爱国守法先进称号的僧尼,其养老保险费按上年度本人所选缴费档次由政府给予 50% 的补助;获得县(市、区)级和谐模范先进称号寺庙的在编僧尼和爱国守法先进称号的僧尼,其养老保险费按上年度本人所选缴费档次由政府给予 25% 的补助。

② 这里的"国标"指选择最低缴费档次 100 元的地方政府补贴 30 元,500 元及以上档次的地方政府补贴 60 元。

疆、四川、西藏三个省(自治区)的补贴下限较高,分别为50元、40元、40元;而中部地区没有省份的补贴"下限"高于30元。三是最低缴费选择的限制。国家规定参保人员可选择的最低缴费档次为100元,中、西部地区的各省全部采用国家标准,只有东部地区的北京、上海、天津、广东的最低缴费高于100元,分别为1000元、500元、400元、120元。

城乡居民养老保险的"入口"补贴的大小客观上取决于地方政府的经济实力以及财政能力。一般而言,经济实力和财政能力越强,则政府实施的补贴力度就理应越大,这是一般规律。就城乡居民养老保险制度而言,东、中、西部相比,大多东部省份的经济实力和财政能力高于中西部省份,其补贴标准高、财政激励力度大是理所当然的,也符合一般规律。那么,中部和西部地区相比是否也呈现这一规律呢?图4.1为全国30省市地方公共财政收入排名情况,可以看到西部省份大多处于后10位,而中部省份大多处于中上游,说明中部地区的经济实力和财政能力总体上高于西部地区。而由前面的分析可知,西部地区多数省份城乡居民养老保险缴费的财政补贴标准和财政激励力度要大于中部地区。我们似乎得出了一个悖论:经济实力和财政能力越强,政府实施的补贴标准和激励力度越弱。

如何理解这个悖论呢? 这说明城乡居民养老保险的"入口"补贴除了客观因素外,主观因素也不可忽视,它直接决定着城乡居民养老保险制度福利水平的高低。这些主观因素可能包括政府对养老保险的重视程度,甚至直接取决于领导人的主观意志;政府的组织管理能力;政府的宣传力度;参保人的参保意愿、缴费能力、对政府的信任度等诸多方面。

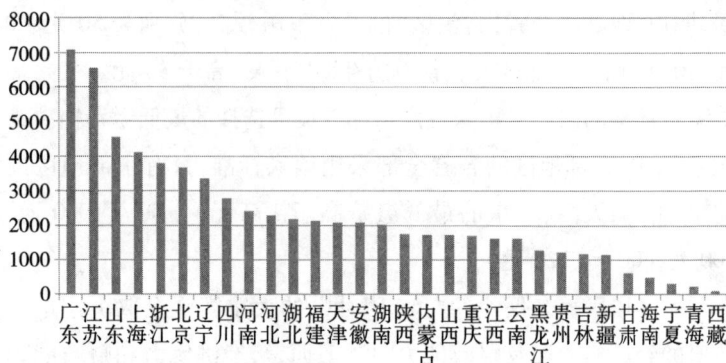

图 4.1   全国 30 省市地方公共财政收入排名

二、基础养老金的财政补贴政策比较

在基础养老金方面,东、中、西部大部分省份采取了"基础养老金+长缴多得"的补贴模式,"长缴多得"加发的基础养老金采取了定率和定额两种形式,而且主要采用定额形式,采取定率形式的东、中、西部各有一个省,分别是江苏、江西、西藏。

在基础养老金方面,大的不同之处在于,东部和中、西部实行了完全不同的财政补贴政策。考虑到东部地区财力好于中西部地区,对于东部地区而言,中央政府负担最低基础养老金的 50%,剩余的 50% 由地方政府负担。而对于中西部地区而言,最低基础养老金全部由中央政府承担。

除此之外,不同之处还主要体现为两方面:一是基础养老金高于"国标"的覆盖率不同,东、西、中依次以降。东部地区 70% 以上省份的基础养老金高于中央规定的最低 55 元的标准,其中上海以 540 元/月的补贴标准位居东部地区也列全国第一;中部地区的覆盖率只有 20%①,只有山西和河南,其中山西最高为 65 元/月;

----

① 只有山西和河南。

112

西部地区 40%的省市基础养老金高于"国标",其中西藏最高为120 元/月。二是"长缴多得"的加发力度不同,总体上东、西部高于中部省份。东部地区大多满足加发条件,每月加发基础养老金为 10 元、5 元、4 元、3 元不等,其中上海最高,加发 10 元;中部地区满足加发条件的大多每月加发 1 月,吉林加发最高,为 5 元;西部地区满足加发条件的大多每月加发 2 元,青海最高,每月加发 10元,和东部最高的上海等量齐观。

　　和地方政府缴费补贴以"年"为单位相比,基础养老金是以"月"为单位发放,一旦选取较高标准,所付出的财政成本更高,所以从客观上讲,基础养老金的发放水平更取决于地方政府的经济实力和财政能力。通过上面的分析可以看出,东部地区大多省份的基础养老金补贴政策要高于中、西部地区,而西部地区又要高于中部地区。而由图 4.1 可知,中部多数省份的财力要高于西部省份。我们似乎同样得出了一个悖论:经济实力和财政能力越强,政府的补贴力度越弱。

　　究其原因,基础养老金的发放水平不仅仅取决于地方财政实力,更重要的是地方政府的主观因素在发挥作用,包括地方政府对城乡居民养老保险的认知态度、重视程度等。我们以青海为样本进行分析,2013 年青海的地方公共财政收入为 223.86 亿元,处于全国倒第二位,可是其基础养老金的加发政策为每月 10 元,处于全国第一位,这一点可以和上海相媲美。而 2013 年上海的地方公共财政收入为 4109.51 亿元,其加发政策也是 10 元。可是他们的经济实力和财政能力却相差悬殊,二者的地方公共财政收入相差18 倍,可是加发基础养老金的财政力度却是相同的。这说明青海省政府更重视城乡居民的养老保险制度,愿意在总体财政支出结构安排中倾向于社会保障等民生类支出。

三、政府间财政责任分担机制比较

在城乡居民养老保险的"入口"补贴和基础养老金的"出口"补贴方面,东、中、西部地区各省份全部采用了省、市、县三级政府间财政责任共担机制,不同之处体现为,在不同的补贴环节、不同的激励政策方面,三级政府间财政分担比例不同,有的是省级财政负担主要补贴责任,有的则更多依赖于市、县财政。

在最低缴费补贴和"多缴多得"政策中,中、西部地区的省份省级财政承担了更大的责任,而东部地区的省份省级财政担负的责任较小,市、县级分担了更大的财政责任。如在最低缴费补贴中,东部地区只有64%的省级财政担负了一定比例的缴费补贴,中部地区90%的省级财政担负了缴费补贴,西部地区100%的省级财政担负了一定比例的缴费补贴;在"多缴多得"财政激励方面,东部地区有27%的省级财政担负了一定责任,中部地区70%的省级财政担负了一定责任,西部地区70%的省级财政分担了部分责任。市、县政府间财政责任相比,东、中、西部均呈现市、县共担机制,而且县级财政负担责任较大,如中部地区最低缴费补贴中有30%省份①的市级政府不承担责任;又如西部地区"多缴多得"财政补贴激励政策中,有20%②省份的市级政府没有承担补贴责任。

在基础养老金补贴政策方面,由于东部和中、西部地区的政策不同,相对而言东部地区各省份承担的财政责任重于中西部,所以省、市、县三级政府财政责任分担机制略有不同:东部地区省份省级政府承担的责任小于中西部地区,比如东部地区存在省级政府

① 它们是黑龙江、江西、湖北。
② 它们是宁夏和新疆。

完全不负担基础养老金的情况,而中西部地区则没有;中、西部省级政府存在完全承担提高的基础养老金的情况,一般是针对由各省(自治区)提高的高于中央规定的最低基础养老金的部分,完全由省政府负担,而东部地区则没有。而对于各市县资助提高的高于省级标准的部分,一般是由市县财政分担,这一点东、中、西部地区是相同的。

对于"长缴多得"加发基础养老金的鼓励政策,东、中、西部地区各省份三级政府间的责任分担呈现出市、县政府承担责任大,省级政府承担小的机制特征。其中,东、中、西部地区分别有40%、60%和50%的省级政府完全不承担财政责任;中部地区的江西、湖北的县级政府承担了100%的财政补贴责任,西部地区的宁夏、新疆"长缴多得"的财政补贴责任也100%由县级政府承担。

四、对特殊群体财政补贴政策的比较

东、中、西部绝大多数省份都建立了专门针对重度残疾人的代缴养老保险费制度,针对死亡参保人员的丧葬补助金制度,只是补助力度不同而已,一般东部地区高于中部、西部地区。如重度残疾人代缴养老保险费制度,东部地区的天津(900元)、上海(1100元),西部的青海(300元)、云南(200元)代缴的养老保险费金额高于国家最低100元的缴费标准,而中部地区省份全部采用的是国家最低100元的缴费标准。

特殊群体包括很多种类,如城乡低保人员、五保户、长期贫困人员、城乡独生子女或两女家庭、失独家庭、被征地农牧民、其他享受特殊政策的群体,等等,东、中、西部各省份针对本地特色,制定了形式多样的特殊补贴政策。但相比而言,西部地区最具特色、最全面,如甘肃在政策规定中明确了给高龄老人发放的养老补贴政

策,这在其他区域中是没有的;宁夏专门针对农村干部给予特殊额缴费补贴政策;西藏专门针对从事佛教事物人员给予补贴政策等拖。而形式最单一的就是中部地区,乏善可陈,远远没有西部、东部丰富,形式多样化。

第五章　我国城乡居民养老保险财政保障的国际经验借鉴

养老保险制度的发展最早可以追溯到 19 世纪 80 年代的德国。随着人口老龄化问题的出现和经济发展的需要,许多发达国家、甚至发展中国家纷纷建立养老保险制度,并在这方面积累了一定的经验。其中一些欧美国家的养老保险制度发展得比较完善,以德国、英国和美国最为典型。与我国距离较近且文化背景相似的日本、韩国和新加坡的养老保险制度建设得也较为成功。发展中国家中智利的养老保险制度发展较好,巴西与我国国情较为相似。由于大部分国家专门针对无固定收入来源的城镇居民和农村居民建立的养老保险制度内涵于整个养老保险体系中,无法单独分离。基于此,本章选取上述国家,尽可能地对其农村养老保险制度的发展演变、现行的农村养老保险制度以及政府财政保障作用进行阐述①,有的只能对整个养老保险体系进行介绍,采用由整体可窥一斑的方式进行介绍,进而为我国城乡居民养老保险制度在财政保障方面的经验提供借鉴。

---

① 有的国家无法单独区分农村养老保险制度,

第一节 欧美主要国家农村养老
保险的财政保障现状

欧美地区是世界上最发达的地区,也是较早出现人口老龄化问题的地区。欧美国家的人口老龄化问题由来已久,并较早地建立了不同的养老保险制度来解决本国的人口老龄化问题,但目前情况仍不容乐观。根据联合国预测,在 1998 年至 2025 年期间,欧洲老年人的比例将从 20% 增加到 28%,北美洲将从 16% 增加到 26%。因此,欧美国家在不断调整本国的养老保险制度,以更好地应对人口老龄化带来的问题。本书选取了三个具有代表性的欧美发达国家的养老保险制度来进行分析,吸取他们失败地方的教训,汲取较好的改革和调整经验。

一、德国

德国是世界上最早建立社会保障制度的国家之一,具有比较完善的社会保障体制。此外,德国还实行独立的农村社会保障制度,这种养老保险模式对本国工业社会的发展产生了重要的影响,并被其他许多发达国家和发展中国家普遍学习和借鉴。对社会制度发展比较健全、且有着独立的农村社会保障制度的德国的农村养老保险进行阐述和分析,对我国的城乡养老保险制度建设具有极大的借鉴意义。

(一)德国农村养老保险的发展历程

随着资本主义和近代工业的发展,19 世纪 80 年代末德国政府开始关注养老保险问题,并颁布了《老年及残障保险法》,为年满 70 岁的退休者或丧失劳动力的人提供保险。之后的各种调整和改革均未涉及农民的养老问题。直到二战后农民问题、人口老龄化等问题的出现,才使德国政府开始重视农民的养老问题。20世纪50年代起,政府加大了对农业的支持力度,出台了农民养老保险制度等来解决农业和农民的一系列问题。1957年,德国实施《农民养老救济法》,开始将农场主纳入进来,将农场交给接班人的那些超过一定年龄的农场主,可以领取一定的现金补贴。调整后的《老年及残障保险法》也将自立的农民纳入进来。

随着工业的发展和农业结构的调整,越来越多的农民进入了非农领域,农妇则承担起更多的责任,但她们却没有相应的保障。1995年德国制定了《农场主养老保险法》,对农村养老保险制度进行改革,其规定,将农民老年援助中的零花钱发展成为有收入补充功能的一种真正的部分老年保险;扩大农民养老保险的范围,将农妇纳入到养老保险制度范围中;细化农场主领取养老金的条件;加大联邦政府在保险资金来源中的补贴等[1]。

(二)德国现行的农村养老保险制度

德国的养老保险体系分为公共养老保险和私人养老保险两大部分,前者一般称为法定体系,包括法定养老、公务员养老保险、农场主养老保险以及独立从业者养老保险等;后者主要包括企业养老保险和私人养老保险体系。德国的养老保险体系也是三支柱的模式,法定养老保险提供正常的保障功能,而企业和个人的养老保险则承担补充保障的功能。现行的农场主养老保险属于法定养老保险体系的组成部分。德国农村养老保险体制实行现收现付的模式,资金部分来源于投保人缴纳的保险费,但很大一部分支出来源

---

[1]　杨丽莎:《农村社会养老保险制度国际比较及借鉴》,河北经贸大学2013年硕士学位论文。

于联邦政府的补贴。在当地的农村同业工伤事故保险机构里设立了农村养老保险机构,并且在全国范围还组建了总联合会,但它们要受到国家的监督,属于政府集中管理下的自治管理。

(三)德国政府在农村养老保险中的责任

德国的农村养老保险实行分散管理,由各个州的农村保险机构负责具体的运行管理,国家负责制定法律、监督和调控。德国联邦政府负责制定农村养老保险标准和相关的法律规范,并依法执行,同时还根据实际情况对农村养老保险制度进行及时调整;各州实行地方自治管理,地方的农村社会养老保险机构负责具体的执行和运作;中央和地方政府共同对养老保险制度实行监管。这种政府不直接干预养老保险日常事务的模式,淡化了政府责任,将更多的养老保险管理责任转移给了社会承担。

二、英国

英国是世界上较早建立现代保障制度的西方国家之一,同时也是最早建立福利型养老保险制度的国家。英国政府在社会养老制度方面采取了逐渐收缩国家养老责任,引入私人和市场因素的措施,经过20多年成功的"市场化"改革赢得了国际社会的高度评价[1]。因而英国的农村养老保险制度,对我国城乡养老保险的建设和发展也具有一定借鉴意义。

(一)英国农村养老保险的发展历程

英国的养老保险建设起源较早。1590 年,英国政府为保障皇家海军海员的老年生活设立了查塔姆养老基金,此后又实行

---

① 邓英:《英国养老保障体制改革及对中国的启示》,西南财经大学 2007 年硕士学位论文。

了覆盖公共服务部门的养老制度。1908年至1925年,英国实行由议会正式批准的免费的养老金法案,比较有效地为一部分老年贫民提供了养老保障。1925年英国政府颁布了交费制的《寡妇、孤儿及老年人交费养老金法》,之后又进行一系列调整,不断扩大其覆盖范围。1946年,英国政府筹建社会保险部,颁布了《国民保险法》,开始实行贝弗里奇式养老保险模式;1948年规定没法加入交费养老金制度的老年人,可以据《国民救济法》获得救济。

二战后,与其他国家相比,英国社会福利制度最大的特点是国家起主导作用。英国福利制度主要依靠国家的财政预算维持运行,覆盖了社会生活的各个方面。同时,这也使国家和政府背上了沉重的包袱。撒切尔政府依据英国新右派的福利观,以市场理论为依据,开始对社会福利制度进行改革。继任的梅杰政府也主张撒切尔政府的观点。在养老保险方面,主张淡化政府责任,发挥个人和私营机构的作用。他们的改革逐渐减少了国家的养老责任,更多地引入了私人市场因素,从而减轻了政府的财政负担,对英国经济的复兴起到了积极的作用。

布莱尔政府把自由市场经济同基本的社会保障结合起来,增强个人在社会保障制度中的责任和义务,适当限制政府在社会保障制度中的作用,并且重点是放在向社会上的贫困人口进行再分配。

(二)英国现行的农村养老保险制度

英国的养老金分为基本养老金、工薪年金、无缴费退休年金、年龄附加养老金和私人养老金,具体来说,分为三个层次,具体如表5.1所示。

表 5.1　英国养老保障体系结构

公共支柱(强制性、非积累)		私人支柱(积累)
第一层面	第二层面	第三层面
国家基本养老金	国家收入关联养老计划	职业养老金计划
保障信用额度	国家第二养老保障	个人养老金计划
储蓄信用额度		存托养老金计划
其他广泛性统一保障收益		

资料来源:成新轩,武琼:《英国养老保险市场化改革及其对中国的启示》,《河北学刊》2007 年第 1 期。

英国强调对不能依靠自身劳动满足生活需要的老年居民普遍提供养老金保障,而且养老保险制度的实施范围广泛,覆盖了城市和农村的所有国民,甚至还包括了在本国侨居一定年限的外国居民。养老金的领取与个人收入状况无关,不需要对申领者个人生活状况进行调查。基金来源主要靠国家财政补贴,英国政府支出的 1/3 用于社会保障。

(三)英国政府在农村养老保险的演变过程中的作用

英国政府针对农民这一特殊群体,设置了适合于他们的养老保险层次,以实现公平为目标,水平不高但人人享有保障;在资金支持上,英国中央政府给予了养老保险大部分的财政补贴;在养老金的收支上,政府掌握主动权。各级政府分工明确,中央统一制定和调整全国性的养老金政策,地方政府负责制定补充性、地方性政策①。从英国农村养老保险的演变过程来看,总体上英国政府的作用在逐渐削弱,政府逐步强调和重视个人在养老保险中的责任

---

① 卢夏瑾:《养老保险中的政府责任问题研究》,山东经济学院 2010 年硕士学位论文。

和作用。这样就逐步减轻了政府的财政压力和负担,同时调动了个人的工作积极性,有利于社会的稳定和经济的发展。

三、美国

美国是目前世界上最发达的国家,各个领域基本上都处于领先地位。作为最发达的资本主义国家,虽然美国的农村和农民问题和我国差别很大,但其社会保障体系是普遍适用的,不是城乡分割的,这正与我国目前社保改革的状态和未来的发展趋势相一致。此外,美国还是较早建立养老保险体系的国家之一,对其农村养老保险的探讨,对我国政府和财政在城乡养老保险制度中的作用机制有一定的借鉴意义。

(一)美国农村养老保险的发展历程

1935 年之前,美国政府奉行和崇尚自由主义,认为养老问题更多的是个人问题,因而并未建立养老保险制度。20 世纪 30 年代的经济危机给美国社会带来了很多的问题,但是政府认为养老问题可以由市场来解决,政府只充当管理者的角色,只有一些州政府开始制定养老金计划,为需要救济和帮助的老年人提供救援。1935 年罗斯福政府颁布了《社会保障法》,开始解决一部分人的养老问题。后来,历届政府不断对其进行修正,不断提高养老保险的给付水平,扩大覆盖范围。二战后,美国的社会保障制度迅速发展,人们的生活福利水平有很大提高,但同时也给政府财政带来了沉重的负担。为了应对人口老龄化这一严重的社会问题,从 20 世纪 80 年代开始,政府对养老保险体制进行了一系列的改革,建立了多支柱的养老保障体系,鼓励企业年金及私人养老保险计划的发展,以更多层次的补充养老保险来减轻政府的压力;同时还通过了《社会保障修正案》,建立专门的社会保障信托基金来延长养老保险制度的支付期限,进而缓解政府的财政负担。

（二）美国现行的养老保险制度

现行的美国的养老保险制度为三支柱模式,包括第一支柱的公共养老保险制度、第二支柱的私营养老金计划和第三支柱的个人储蓄型养老保险①。第一支柱公共养老保险制度,是政府强制性社会安全网中最重要的部分,面向全体社会成员提供基本的退休生活保障,资金主要来源于社会保障税、财政部的投资收益和联邦政府的补贴。第二支柱私营养老金计划,是指由公司或企业的雇主建立的单一雇主养老金计划,也包括政府职员的职业年金计划在内,与农民无关。第三支柱是个人储蓄型养老保险,是指个人自愿参加的包括享受税收优惠的个人退休账户和个体劳动者退休计划,以及没有税收优惠的个人储蓄性养老。

（三）美国政府在农村养老保险的演变过程中的作用

纵观美国养老保障的发展历程,政府的作用虽然在不断增强,但崇尚自由主义的美国仍认为养老保险制度更多的是个人问题,强调个人在养老中的责任。充分发挥市场机制的作用,政府在养老保险制度的运行中只充当中间人和管理者的角色,即在雇员与雇主之间建立桥梁,引导他们参与并负责制度的运行。和世界上其他发达国家相比,美国的财政收入对养老金的支付比例也较小。

第二节　亚洲主要国家农村养老保险的财政保障现状

随着工业化和城市化的发展,亚洲越来越多的国家开始遭受

---

① 杨丽莎:《农村社会养老保险制度国际比较及借鉴》,河北经贸大学 2013 年硕士学位论文。

人口老龄化问题的困扰。据有关部门预测,2050 年亚洲 65 岁以上的人口与 65 岁以下的人口比例将由目前的 10%增加至 27%,其中排名第一的为韩国,其比例将为 69.4%,日本为 66.6%,新加坡为 55.9%,紧随其后排名第四的为中国①。日本、韩国、新加坡距离我国较近,他们在养老保险制度的建设和改革方面比较成功,有很多值得学习和借鉴的地方。因而,本章将对这三个国家养老保险制度的设计、运行,及其财政保障机制进行研究和探讨。

一、日本

日本是东亚国家中最早走上资本主义道路的国家,也是社会保障制度建立最早的国家。同时,日本也是人口老龄化速度最快的国家。据联合国预测,到 2020 年日本将有 25%的人口超过 65岁。日本并没有专门的农村养老保险制度。

（一）日本农村养老保险的发展历程

日本于 1941 年开始实施劳动者养老保险制度,但未覆盖城市中非工薪职员群体和农民。第二次世界大战以后,大量的农村劳动力进入城市,为了满足他们对社会保障制度的迫切需要,1959年日本政府颁布了《国民年金法》,1961 年正式实施,此部法律将农民、个体经营者依法纳入社会养老保险体系中,至此日本基本上建立了农村养老保险制度。随后,日本政府为农民建立了多层次的养老保险制度,并大力支持农村养老保险制度的建设。1970年,日本政府制定了《农业者年金法》,开始实施农业者年金制度,目的是实现农业经营的现代化以及保障农民晚年的经济收入。该

---

① 参见李豫、王艳平、李珏峰:《中国养老保险制度改革借鉴》,企业管理出版社 2012 年版。

制度是唯一针对农民而设立的养老保障制度。1985 年日本政府将国民年金改革成为全体国民共同参加的基础养老金制度,减轻了农民与其他社会成员之间的不平等状况。

进入 20 世纪 90 年代以后,农村人口老龄化趋势日益明显,且老龄化率不断上升,比城市更早进入老龄化阶段。1994 年开始,日本政府采取了逐步推迟年金支付的年龄、提高缴费比例、增加政府负担等措施。2002 年,日本政府对农业劳动者年金制度进行了改革,出台了许多优惠政策来吸引农民的加入。此后,日本政府不断对养老保险制度进行改革和调整,来保障人们的基本生活。

(二)日本现行的农村养老保险制度

日本现行的养老保险体系为双层结构的年金制度,作为第一层的国民年金是强制的、覆盖全国民的基础养老保障;第二层是各种年金基金,即农业者年金、国民年金基金和共济年金,它们是第一层次的有效补充①。

日本农民基础养老金的来源除了农民个人交纳的保险金外,国库还负担了 1/3。为了照顾生活困难的人,国民基础年金设有保险金免除制度,分为法定免除与申请免除②。法定免除的对象为生活贫困的人、身体上有障碍的人或接受国家生活保护的人。日本政府还建立了农民年金基金,政府作为特殊法人对农民年金事业进行统一管理,农民年金基金的经营费用来源于财政补助金。

(三)日本政府在农村养老保险的演变过程中的作用

日本政府在整个养老保险制度的发展和演变过程中一直扮

---

① 杨丽莎:《农村社会养老保险制度国际比较及借鉴》,河北经贸大学 2013 年硕士学位论文。

② 赵燕妮:《政府在农村社会养老保险制度中的财政责任研究》,山东大学 2011 年博士学位论文。

演着重要的角色。中央政府适时根据实际情况出台相关法律对现有养老保险制度进行设计和调整,并采取相应措施维护新制度的运营,如2002年出台许多优惠政策吸引农民加入到农业劳动者年金制度中来。财政在筹资体系中也发挥着不可替代的作用,对农民养老保险制度的补贴全部来自中央财政。中央政府和地方政府共同对养老保险制度的运行实行监管,如国会执行的立法保障,中央省厅对下辖部门的行政监管,国会、财政部门和审计部门共同负责的财政监督工作,以及由财政公开制度延伸的公众舆论监督等。总体而言,改革还是减轻了政府的财政压力,对部分项目进行了调整和削减,如个人负担的国民年金保费的提高等。

二、韩国

作为"亚洲四小龙"之首的韩国,经济发展迅速,是拥有完善市场经济制度的经合组织发达国家,但韩国人口老龄化的速度似乎要超过了所有的发达国家。从表5.2中可以看出,韩国在2000年步入老龄化社会,将用18年的时间过渡到老龄社会,而从老龄社会进入到超老龄社会只需要8年的时间,速度超过主要的发达国家老龄化速度,甚至超越目前速度最快的日本。韩国现行的养老保险制度产生于国家从传统农业型经济向工业化经济的转轨过程中①。而我国在2014年开始实行城乡养老保险这一新制度,在新旧养老保险制度的衔接上,韩国的做法值得我国研究和借鉴。

---

① 杭琛:《韩国养老保险制度及启示》,《中国金融》2013年第18期。

表 5.2　世界主要发达国家进入老龄化社会所经历的时间

国家	进入年度（年）			所经历的时间（年）	
	7%（老龄化社会）	14%（老龄社会）	20%（超老龄社会）	从老龄化社会到老龄社会	从老龄社会到超老龄社会
韩国	2000	2018	2026	18	8
法国	1864	1979	2019	115	40
美国	1942	2013	2028	71	15
英国	1929	1976	2020	47	44
德国	1932	1972	2010	40	38
日本	1970	1994	2006	24	12

资料来源：李豫、王艳平、李珏峰：《中国养老保险制度改革借鉴》，企业管理出版社2012年版。

（一）韩国农村养老保险的发展历程

韩国公立的养老金制度起源于 20 世纪 60 年代，覆盖范围包括政府公务员、警察、司法人员和在职退休的军事人员。70 年代韩国政府颁布了适用于公务员和教师的《国民福利养老金法》；1975 年实行私立学校教师养老金制度。1988 年韩国实行国民养老计划（National Pension Scheme，NPS），覆盖范围包括全体雇员和自营职业者，且只包括工作人数为 10 人和 10 人以上的单位；1992年改革为适用于 5 人及 5 人以上的单位①。直到 1995 年，韩国才实施了农渔民养老保险制度，NPS 覆盖了从事农业和渔业的从业人员。到 1999 年，NPS 覆盖到了全体劳动者。

---

① 李豫、王艳平、李珏峰：《中国养老保险制度改革借鉴》，企业管理出版社2012年版。

（二）韩国现行的农村养老保险制度

韩国现行的养老保险制度主要有公立的养老金制度和私立的养老金制度,公立的养老金制度是指 NPS,私立的养老金制度主要包括三类,即退休养老金计划(the Retirement Pension,RPS)、个人养老金计划(the Private PensionScheme,PPS)和住宅养老金计划(the House Pension Scheme,HPS)。其中涉及农民的养老保险制度有 NPS、PPS 和 HPS。公立的 NPS 保费由农渔民和政府负责,其中政府给予农渔民保险金额一定的补贴,并对其进行管理。PPS 和 HPS 由农渔民个人进行自行选择,来保障自己的老年生活。2007 年韩国政府对 NPS 进行改革,通过中央和地方政府的一般财政预算资金对低于特定税收起征点家庭的老年人提供基本的生活需求。在养老保险制度不断调整的过程中,政府还建立了离婚时无收入一方有权分享老龄年金的制度,进一步保障弱势群体的老年生活。从表 5.3 中可以看出,韩国政府对养老保险的财政支出多用于政府公务员和私立学校教师。仅就 2000 年,政府公务员的人均养老金支出和私立学校教师的人均养老金支出均是国民人均养老支出的 8 倍。可见,韩国政府对农渔民养老保险的财政补贴是比较低的。

表 5.3　韩国公共养老金的财务支出情况

（单位:1000 韩元）

年份	国民养老金支出	人均养老金	政府公务员养老金支出	人均养老金	私立学校教师养老金支出	人均养老金
1982	—	—	10279102	2747	23404	1792
1983	—	—	15398548	2741	123079	2051
1984	—	—	20281739	2803	330806	2954
1985	—	—	26059114	2871	760628	3264

续表

年份	国民养老金支出	人均养老金	政府公务员养老金支出	人均养老金	私立学校教师养老金支出	人均养老金
1986	—	—	38625747	3535	1593586	4161
1987	—	—	58121964	3919	2552586	4789
1988	300579	96	84453431	4670	4332943	5534
1989	6034473	102	112464491	5304	6751291	6316
1990	42301047	164	173583423	6835	10785178	8019
1991	110881939	289	238111111	8012	15990694	9370
1992	216540564	439	316165147	9209	22885149	10882
1993	333130850	570	416128933	10187	31868215	11918
1994	519074469	613	534764529	11137	43394125	12877
1995	755460397	860	662344810	11756	54230060	13729
1996	1117644734	1128	792287000	12439	66380722	14374
1997	1485529758	1504	950551255	13041	82260218	15074
1998	2439728567	1923	1109427177	12421	95380855	14875
1999	3871969097	3086	1550293278	12023	136587366	12781
2000	1607034932	1721	2021386335	13343	201090742	14879

资料来源：2001 Social indIcators in Korea，Korea National Statistical Office，p.416.

（三）韩国政府在农村养老保险演变过程中的作用

韩国实行的是一种缴费制的社会保险方案，保费由雇主、雇员和国家三方承担，并由国家承担最后的担保责任。国民养老金实行国家统筹、统一管理、管理经费统一拨付，并设立专门的机构和部门对保险费征缴、养老金给付、基金资产管理运营和金融市场基金运营进行全面监督①。虽然财政对农渔民的保险额补贴和支出

---

① 陈少晖、许雅雯：《养老保险制度：韩国的经验对中国的启示》，《亚太经济》2005 年第 6 期。

与公务员和私立学校教师相比并不多,但政府在农渔民的养老保险中的作用并未弱化,而是随着改革的步伐不断加强。韩国政府的财政负担也比较沉重,但韩国政府并没有削减政府对养老保险的财政支出,而是采取多种措施促进养老基金的保值增值,以更好地保障人们的养老生活。

三、新加坡

被誉为"花园式城市"的新加坡国土面积较小,故无省市之分,而是以符合都市规划的方式将全国划分为五个社区。农业园区位于林厝港,拥有可耕地面积 600 多公顷。至 2014 年,新加坡有 50 个蔬菜农场、3 个鸡蛋农场,以及 126 个陆地及沿海养鱼场。据统计,新加坡是世界上城市化率最高的国家和地区之一,因而新加坡农民数量较少,故也没有针对农民的专门的养老保险制度。但新加坡的养老保险制度,尤其是对养老基金的运营和管理,仍然值得我们学习和借鉴。

（一）新加坡现行的农村养老保险制度

新加坡是较早实行完全积累制的全民养老保障计划的国家。1955 年 7 月新加坡政府建立了中央公积金制度,保障对象为新加坡受薪人员,主要目的是为职员提供足够的储蓄,以便在退休后或者丧失工作能力时有所依靠。经过将近 60 年的发展,目前新加坡的养老保险制度比较全面,不仅可以满足人们退休时的需要,还可以满足教育、购房和医职保健等需要,并且覆盖范围也包括为数较少的农民,但农民可以自愿参保,不是非强制性要求。

新加坡的中央公积金式养老保险弘扬儒家的孝道文化[1],更

---

[1] 儒家孝道文化,是指子女对父母应尽的义务,包括尊敬、关爱、赡养老人,为父母长辈养老送终等等。

强调养老的个人责任,将国家养老制度与家庭养老相结合。同时,该制度也是由法律保障来强制实施的。对于保险基金费用,国家不进行资助,仅给予一定的政策性优惠。保险费由雇主和雇员按照工资收入的一定比例缴纳,或者由独立劳动者或自雇者按照个人收入的一定比例缴纳。如所有公民都必须按规定缴纳中央公积金,由雇主和雇员共同负担。公积金依据不同的用途存入不同的账户,其中退休账户专门用于晚年养老。在基金的运营和管理方面,新加坡的养老金由中央公积金局集中管理和投资。为了保证公积金资产的保值增值,公积金管理局引入了各种投资计划,如公积金持有人可动用 80% 的公积金存款或普通账户中的余额投资于股票、基金、黄金、政府债券、储蓄人寿保险等品种①。但公积金局进行担保,投保人需要自担风险。新加坡养老基金投资运营和政府的公共建设目标紧密结合。中央公积金可投资新加坡巴士有限公司、非住宅产业计划及填补购股计划等。但由于监管较为严格,新加坡中央公积金主要投资政府债券以及工业、住宅和基础设施建设等安全边际较高但收益率较低的品种。因此多年来,新加坡中央公积金的增值幅度较小,但也避免了类似美国 401K② 账户大幅缩水的遭遇。

(二)新加坡政府在农村养老保险演变过程中的作用

新加坡自我投保完全积累的模式减轻了政府的负担,有利于

---

① 李豫,王艳平,李珏峰:《中国养老保险制度改革借鉴》,企业管理出版社 2012 年版。

② 401k 计划始于 20 世纪 80 年代初,是一种由雇员、雇主共同缴费建立起来的完全基金式的养老保险制度。雇主和雇员投入到 401k 退休账户所有钱都不需要报税,只有雇员在规定年龄领取时才算收入需要申报个人所得税。

政府的高效运作。政府在农村养老保险中充当着法规的制定者和基金运营的监管者角色,重视充分发挥个人的作用。政府对养老基金运营的监督和管理的同时,采取法律手段对养老金的运营进行限制和控制,使新加坡的养老金持续地保值增值。但这种方式却使个人负担加重,尤其是对于收入较少的农民来说,可能很难维持缴费率,这样农民的养老权益就无法得到保障,也容易影响社会的稳定发展。

第三节　拉丁美洲主要国家养老保险的财政保障现状

马德里第二次老龄问题世界大会报告指出,到 2050 年世界上 60 岁以上人口将从 6 亿增至近 20 亿,60 岁以上人口所占比例预计增加一倍,从 10% 增至 21%。其中增长最大、最迅速的是发展中国家,因此发展中国家也日益面临人口老龄化的问题。与发达国家的人口老龄化问题不同的是,发展中国家多数老年人生活在农村地区,而不是城镇。因而发展中国家的养老保险制度有别于发达国家,他们更关注农民的养老问题。同为发展中国家,智利的养老保险制度是比较成功的,巴西的国情和我国比较接近的,下面将对两个国家的养老保险及其财政保障机制进行介绍。

一、智利

智利位于南美洲西南部,属于经济较为发达的发展中国家。它是拉美国家中最早建立社会保障制度的国家。智利养老保险制度的演变和发展,对发展中国家社会保障体系和养老制度的建设具有一定的借鉴意义。

（一）智利养老保险的发展历程

19 世纪上半叶，智利开始为军人和铁路工人提供养老保险。1925 年，受德国社会保障体制的影响，智利建立了国家公立机构管理养老保障基金的现收现付制养老保险制度。规定养老保障基金的费用缴纳由个人、企业和国家三方共同承担，政府负责养老保险基金的管理。缴费者当期缴纳的金额当期即发放给已退休人员，如有不足的部分再由政府进行少量的补充。

20 世纪 70 年代后期，由于人口老龄化速度加快，国内较高的通货膨胀率等不仅造成政府财政压力巨大，而且使退休者难以维持正常生活，最终导致了一系列问题的出现。1973 年皮诺切特军政府上台以后，开始对原有的养老保险制度进行大刀阔斧的改革，颁布《养老保险法》，进行养老金私有化改革，引入 DC 型的个人账户①，并规定凡是新受雇职工都要强制性地加入新的社会保险体系。已经参加旧的保险制度的雇员和没有工薪收入的独立经营者自愿参加新体制。

（二）智利现行的养老保险制度

按照法律规定，职工每月缴纳本人纳税月工资的 10%，存入所建立的个人资本积累账户，并逐月积累②。个人账户上的基金，通过营运投资，不断增值。投保职工根据自愿原则可以选择任何一家基金管理公司，建立法定的个人资本积累账户和个人自愿储

---

① DC 型个人账户与 DB 型现收现付制相对，是指个人缴费完全在个人账户里，国家提供几个投资基金，由个人来决定投资组合，基金管理人负责具体运作，亏损均由个人来承担，国家不承担任何责任，未来的养老金给付水平几乎完全取决于缴费余额和投资收益（减去管理费用）。

② 邓念国：《西方国家社会保障的民营化：新制度主义的视角》，上海交通大学 2008 年博士学位论文。

蓄账户。这样,智利建立起了个人拥有、私人化经营管理的退休账户体系,取代了之前养老金确定的公共养老保险体系。在财务机制上,为完全基金制,个人缴费完全进入个人账户,退休后领取的养老金也完全取决于个人账户积累的保险额和投资收益。此外,新的养老保险制度下,政府设立了养老基金公司监督局作为政府的监管机构对私人养老保障基金管理公司进行严格的监管。

(三)智利政府在农村养老保险的演变过程中的作用

在新制度中,政府由养老保险制度的"执行者"变为了法规的"制定者"和市场运行的"监督者",它不再承担私营养老金体制的运营责任,而转变成了担保责任和监管责任。智利养老保险在不断改革和调整的过程中显现出有不断减轻政府责任和负担的意图。这样,政府的财政职责就被缩小了,个人的责任被扩大到极大的限度,帮助了智利政府从提供公共养老金的承重负担中解脱出来。这种缴费主体只有雇员,保险基金由私人机构进行投资运行,国家政府只负责对机构的投资运营进行监督管理的养老保险制度,虽然财政负担最轻,但政府对国民的保障作用有限。

二、巴西

作为"金砖四国"之一的巴西位于南美洲东南部,属于经济实力较强的发展中国家。同时巴西也是传统的农牧业大国,农牧产品年出口 300 多亿美元,占出口总额的 42%[①]。2013 年,巴西总人口数量为 21032.71 万,农业人口 2971.17 万,占全国总人口的 14.13%。农业人口和农业经济在巴西整个人口结构与国民经济

---

① 周聪:《我国农村的社会养老保险的财政责任研究》,江西财经大学 2013 年硕士学位论文。

中占有重要地位。据我国国家统计局 2010 年第六次全国人口普查主要数据显示，全国总人口为 137053.69 万人，其中居住在乡村的人口为 67414.95 万人，占 50.32%。在人口老龄化方面，2005 年巴西 65 岁以上老龄人口占总人口的比重为 6.7%，已接近国际老龄化标准 7%；预计到 2050 年前后，巴西 65 岁以上老年人将达到总人口的 15% 以上。中国 2010 年第六次全国人口普查显示，65 岁以上老年人口为 11883.17 万人，占 8.87%。由此可见，中巴两国同为"金砖四国"的发展中农业国家，在农业发展领域与农村老龄化问题上有着类似的境遇。因此对巴西养老保险制度的探讨，对我国具有较大的借鉴意义。

（一）巴西农村养老保险的发展历程

巴西农业资源丰富，是发展中国家中农业最发达的国家之一。但是其土地占有状况极不均衡，全国的良田大部分被大庄园主占有，采取集约化的商业经营[①]。剩余部分基本上被生产率和收入都很低的自给性小农占有。此外，巴西还有一些无地农民，其生活多半处于极端贫困状态。这就加剧了巴西农村的社会分化，造成巴西社会贫富差距巨大，并阻碍着巴西经济的发展。为此，20 世纪 70 年代巴西政府开始考虑解决农村贫困人口的保障问题，把农村工人和农村的普通居民也纳入到社会养老保障的范围中来；1988 年，巴西颁布了新宪法，规定农民无需自己缴纳保费，农村社会养老保险中的大部分费用由政府承担。至此，形成了以政府主导的非缴费性的农村养老金制度。养老辅助项目的全部资金都由政府财政出资，免费为生活贫困、经济能力差、不能解决自身养老

---

① 刘影春：《农村社会养老保险制度建设的国际经验及启示》，华中师范大学 2013 年博士学位论文。

问题的老年人提供,根据年龄和经济状况来确定福利性保障模式,并有专门的社会保障机构负责该项目的管理运营①。

（二）巴西现行的农村养老保险制度

巴西现行的农村养老保险制度为 1988 年新宪法规定的养老保险制度,属于一种非缴费型的养老金计划。政府承担农村社会养老保险计划的大部分费用,农民无需自己承担。巴西养老保险的资金来源渠道较多:其中政府的财政投入占主要部分,这部分财政收入主要来自税收和国债;农产品第一购买者按商品价格 2%缴纳的费用也要划入养老保险费;另外城镇雇主为雇员缴纳的工薪附加税中的 3%也作为养老保险资金的一部分。在为老年人提供服务方面,巴西政府倡导老年人尽可能在家养老,并采取措施将养老机构小型化、社区化。各级政府设立养老服务机构,主要收养那些无家可归的流浪老人、低保老人和智障老人;政府与那些社会力量创办的非营利性的养老服务机构签订合约,对其进行规范,并给予相应的补助;政府对那些营利性的养老服务机构却没有补贴,只是加强监管和检查。对于那些年满 65 周岁、没有固定工作和固定收入、无人照顾的老年人,政府提供最低数额的基本养老金约为300 美元;超过 70 岁以上又常年患有疾病的老年人,由赡养老年人按照家庭的低保标准计算,每月给每个有老年人的困难家庭补贴约 175 美元。

（三）巴西政府在农村养老保险演变过程中的作用

从巴西的养老保险制度发展来看,政府自始至终居于主体地位。巴西农村公共养老金计划强调的是非缴费性以及政府对农民

---

① 周聪:《我国农村的社会养老保险的财政责任研究》,江西财经大学 2013 年硕士学位论文。

的养老责任,而非农民这一弱势群体的个人责任。财政一直在给予养老保险强有力的支持,巴西养老保险金的大部分都源于财政的支付。为不断促进经济发展,保障人们的基本生活,巴西政府不断借鉴别国经验,结合自身状况,制定和调整适合本国的养老保险制度。政府还设立专门机构在制度的运营过程中进行监管。

第四节　我国城乡养老保险在财政保障方面的国际经验借鉴

　　不同国家的养老保险制度具有各自不同的表现形式,从养老保险保障资金的来源来划分,目前世界上主要有投保资助型养老保险制度、福利型养老保险制度和强制储蓄型养老保险制度三种模式①。投保资助型养老保险制度是通过社会保险机制为劳动者建立退休收入保障计划。投保资助型保险基金主要分为两部分,国家通过财政补贴方式给予一定的支持,是不可忽视的资金来源的一个重要部分;剩余部分主要由农业工人和雇主按工资额的一定比例负担,或由农民本人按净收入的一定比例完全承担。福利型养老保险制度保障水平较高,覆盖范围为所有人,基金来源主要是国家税收,从而导致政府财政负担加重。强制储蓄型养老保险制度基金完全由雇主和雇员按照工资收入的一定比例共同承担或由独立劳动者个人按照收入的一定比例承担,政府不负担保险费,仅给予一定的政策性优惠,属于完全个人积累的筹资模式。各种模式的特点和代表国家如表5.4所示。我国目前实行社会保险型

---

① 赵燕妮:《政府在农村社会养老保险制度中的财政责任研究》,山东大学2011年博士学位论文。

养老制度,该制度的保险资金由个人、雇主和国家共同承担,不但体现了社会公平的目标,而且增强了社会保险基金的互济性,保障水平和保障程度相对较高。

通过以上对不同类型的国家养老保险制度及其财政保障机制的阐述,可以看出政府和财政都在养老保险的建立和发展过程中发挥着巨大的作用。就发达国家来说,政府或财政作用十分显著,如美国政府为解决婴儿潮老龄化问题增收工薪和调整社会保障税税率;韩国政府对一些特殊人群给予一定的扣税优惠,并为养老保险制度提供最后的担保责任;德国政府也在鼓励私人养老商业保险中给予一定的税收优惠;在发展中国家,强大的政府支持使得社会养老保险制度得以推进,如智利政府对新的养老保险制度的运行进行强有力的监管,巴西财政强有力的支付了养老金的大部分。可见,政府和财政的作用可以从根本上解决社会养老保险尤其是农村养老保险的基金积累和支付问题。下面将根据以上国家的经验,从财政保障机制的角度对我国城乡居民养老保险的发展提供一些建议,期望对我国养老保险制度的发展起到一定的促进作用。

表5.4　三种养老保险模式的特点

养老保险类型	特点	国家财政	政府职责	政府和财政负担	国家干预程度	代表国家
投保资助型	政府财政支持并管理;互济性好,保障水平和保障程度较高。	给予一定的财政补贴	少量财政支持和管理	一般	中	德国、日本、美国、韩国、法国等

养老保险类型	特点	国家财政	政府职责	政府和财政负担	国家干预程度	代表国家
福利型	互济性一般,保障水平和保障程度高,强调普遍性和公平性	给予财政资金	财政支持,负责举办和管理,并未最终的支付者	重	强	英国、瑞典、加拿大
强制储蓄型	国家管理,设立个人账户;互济性较差,保障水平和保障程度一般。	不负担保险费,给予政策性优惠	管理者	轻	小	新加坡、智利

来源:根据相关资料整理和总结。

一、协调好政府和市场在城乡居民养老保险的关系

由于市场失灵的存在,政府介入养老保险体系对于弥补市场缺陷显得十分必要,但政府失灵的存在也说明了用于弥补市场失灵的政府本身并不是完美无缺的。政府介入养老保险体系时要把一个合理度。政府干预养老保险体系的目标是促进社会公平与提高经济效率,因此如何协调好政府和市场在城乡居民养老保险方面的关系成为一个难题。

从理论上分析,在养老保险中,政府与市场的关系就是一种互补的关系,政府在养老保险领域的行为边界的确定,取决于政府与市场在养老资源配中效率的比较。很明显,政府在养老保险制度的资源配置中有很大的优势,其边际成本是逐渐递减的,市场在配置资源的过程中边际成本正好相反。所以,随着政府规模变大,政

府作用的收益可能会递减,即通过政府多组织一项交易活动的成本可能会上升。因此总会达到这么一点,在这一点,政府组织一项交易的成本等于通过市场机制进行这项交易的成本。在这一点就是我们所期望达到的政府行为的最优点,这个最优点是个动态的概念。①

　　从国外经验可以看出,在养老保险责任中,有的国家是政府责任为主导,有的国家是市场为主导责任,并且呈现出市场责任逐渐加强,政府责任趋于弱化的态势。像英国这样典型的社会福利型国家,英国政府的作用在养老保险中逐渐削弱,逐步减轻了政府的财政压力和负担,逐步强调和重视个人在养老保险中的责任和作用,调动个人参保的积极性。但是大多国家的政府对于无固定收入、老年残障等弱势群体的居民,一般采用的是政府补助方式,且有的国家实行的是非缴费型养老保险制度。我国针对无固定收入的城乡居民建立的养老保险制度采用国际通行经验,对于参保城乡居民实行了政府补助,为激励城乡居民选取较高缴费档次,实行了差异化的补贴标准。需要注意的是,政府补贴要有限度,不可一味加大补贴规模,要让市场适度发挥作用,协调好政府和市场在养老保险中的关系,避免走上西方"高福利"道路,财政不堪重负。

二、政府履行设计职能,促进城乡居民养老保险的制度化运作

　　(一)加强立法,完善我国城乡养老保险制度的法律体系。

　　我国坚持依法治国的基本方针,法律是国家的制度和政策得

―――――――

① 　王朋、徐怀伏:《养老保险中政府行为和市场行为的均衡分析》,《中国医药技术经济与管理》2007年第12期。

以实施的强制性保证。但目前我国养老保险方面的法律法规只有《中华人民共和国保险法》《社会保险法》《养老保险金管理条例》及一些地方法规,尚没有建立起来一个统一的、专门的、全国适用的养老保险法律制度。国家立法滞后,地方立法分散。保险费用的征缴、支付、运营、统筹管理也不规范,许多工作只能靠政策规定和行政手段推行。而无论是作为第一个施行社会养老保险法律制度的德国、养老保险体制比较健全的英国、美国,还是离我们最近的发达国家日本、韩国,在实施农村社会养老保险制度时,都是立法先行。例如德国的《农民老年救济法》,英国的《国民保险法》和《国民救济法》,美国的《社会保障法案》,日本的《国民年金法》、韩国的《国民养老保险法》。此外,以上国家的每一项养老保险政策几乎都是有法可依的。我国很多工作和政策都是先开展试点、然后推开,这虽然能取得经验以便后续进行积极稳妥地推进,但同时也会产生如工作不规范、攀比、难以统一等问题。立法的滞后阻碍我国城乡养老保险制度的运转和发展,使我国在农村养老保险建设方面步履维艰,甚至还会人民尤其是广大农民对使国家政策失去信任。我国立法相关部门应加强专门的养老保险方面的立法,使养老保险制度有法可依,规范运行。

(二)建立和发展多层次的养老保险体系,以减轻政府压力。

从发达国家的养老保险制度发展过程来看,为应对养老金支出的压力和老龄化的风险,大部分国家都逐渐朝向多层次的养老保障体系改革。如德国的养老保险体系为三支柱的模式,法定养老保险提供正常的保障功能,而企业和个人的养老保险则承担补充保障的功能;英国养老保险制度第一、二层次为强制性的公共支柱,第三层次为非强制性的私人支柱,以满足不同层次农民的需求;美国有政府强制执行的公共养老金制度,第二支柱的私人养老保险制度和第三支柱的个人储蓄养老保险制度,并且在日常生活中私营养老保险制度越来越不可替代;日本的农村养老保险制度基本的为国民基础养老金,还设立了可自愿参与的农业者年金、国民年金基金以及农协的人身公基金等多层次的年金制度进行补充。除此之外,世界银行也在发展中国家大力推广五支柱的养老金体系:零支柱是以消除贫困为明确目的的基本支柱,无需缴费,任何贫困老年人都可以申请;第一支柱是强制性、非积累制的,由政府管理的待遇确定型制度;第二支柱是由私人机构管理的,强制性的,积累制的缴费确定型制度;第三支柱是自愿型养老储蓄制度;第四支柱是非经济支柱,包括家庭赡养,医疗服务和住房政策等①。

我国目前为社会统筹与个人账户相结合的制度模式,财政负担沉重,人民的养老给付水平也不高。我国政府也应效仿别国,建立多层次的养老保险体系,以减轻政府的财政负担。"福利国家之父"贝弗里奇提出"区别对待原则",要求针对不同的社会成员采用不同的社会保障模式,制定不同的社会保障标准②。我国农村地域广阔,地区之间经济发展不平衡,经济社会发展的多层次较为明显。2014 年我国农民工的数量达 2.69 亿人,约占农民数量的 40%,其中还不包括农村就地就业的农民。因此,借鉴国外的经验,可以发展私营养老保险,鼓励有工作的农民可以投保私人保险,并在个人所得税或其他税收方面给予一定的优惠;同时鼓励相应企业或机构给农民建立养老保险年金,并对相应企业或公司给

---

① 张士斌:《社会养老保障制度构建的国际经验与借鉴》,《探索》2009 年第 6 期。
② 刘影春:《农村社会养老保险制度建设的国际经验及启示》,华中师范大学 2013 年博士学位论文。

予所得税等税收上的优惠,以提高这部分农民的养老保障水平;同时,针对大部分收入较低的农民和城市中无固定收入的弱势群体,建立对应的养老保险制度,作为城乡养老保险基本制度的补充,以有效保障这一弱势群体的养老问题。这样为农民提供多层次、多元化的农村社会养老保险形式,既保障了全体农民的养老生活,又满足了部分有较高养老需求的农民的需要。

(三)引入市场机制,发展商业养老保险。

我国城乡养老保险为政府、企业和个人三方缴费的模式,即类似于投保资助型养老保险模式,其中财政承担着养老保险的主要支付责任。据报道,截至2014年底,我国养老金隐形债务多达数十万亿,部分省份甚至出现收不抵支的现象。可见,政府财政在我国城乡养老保险制度中背负着沉重的负担。政府在城乡养老保险之中要占主体地位,负主要责任,但也可以适当引入市场机制,充分发挥市场对资源配置的基础性作用,发展商业保险,以减轻政府甚至企业和个人的负担。国外许多国家都越来越重视市场在养老保险中的作用,鼓励发展商业保险。如英国和美国在养老保险制度的调整和改革过程中,将市场机制引入进来,发挥市场的作用,减轻了政府的负担,同时调动了人们投保的积极性;德国政府也鼓励农民购买私人养老保险,同时给予一定的税收优惠,将商业保险和社会保险结合起来;日本规定全体国民都必须参与国民年金,但还可以自由选择一些其他的保险,如商业保险等,以提高老年人的生活水平。

据保监会披露,2014年保监会共收到全国人大交办的十二届二次会议建议203件,政协第十二届全国委员会二次会议提案122件,代表和委员们提出,要推动商业保险积极参与多层次社会保障体系建设,大力发展商业健康保险、城乡居民大病保险、老年护理保险、商业养老保险,完善医疗和养老保障体系。借鉴国外典型养老保险的政策,结合我国贫富差距大的国情,政府也可以在发挥主体作用的同时引入市场机制,鼓励发展商业保险,以提高老年人的生活水平,同时减轻政府财政的沉重负担。

三、政府加强运营职能的履行

(一)扩展养老基金的来源渠道

目前,我国城乡居民养老保险基金由个人缴费、集体补助、政府补贴构成。从以上国家养老保险制度来看,投保资助型养老保险模式的国家基本上都存在着政府财政负担较大的问题,为此,各国政府都在寻求多元化的筹资渠道、引入市场机制等措施减轻财政负担。借鉴国外的发展经验,我国也应扩展养老金的来源渠道,以避免其他国家面临的问题。如可以借鉴巴西"以工补农"的创新,政府规定农产品初次购买者课税的一定比例划归城乡养老保险账户,将一部分工业利润转移到城乡养老保险中去。仿照韩国、美国等做法,鼓励企业为城乡养老保险金额的进行支持,并在企业缴纳的税款中给予相应的税收减免优惠,来增加养老保险基金。政府还可以像发行政府债券一样发行养老保险债券,从而获得一定收益。此外,还可以通过对养老保险金进行相应投资获得增值,来增加养老保险金。

(二)将全部或者部分养老金进行多元化投资来保值增值

城乡养老保险资金的需求量大,且资金的收入和支付之间存在一定的时间差,这就使大量的资金面临着增加机会成本、贬值等风险。据新华网消息,2014年职工养老征缴收入增长明显低于支出增长,养老基金收支缺口愈加明显,一些省份当期已经收不抵支。事实上中国养老金每年都在"缩水"。如何使养老基金保值增值是今年两会上不少代表委员关心的话题,他们建议国家尽快推动养老金投资保值的相关改革。世界上许多国家都以养老金进行投资来确保其不贬值,甚至用养老金来支援国家建设。在养老金的投资经营方面,韩国养老基金通过多元化投资来规避风险,截止到 2003 年 6 月底,韩国养老金基金经营得当,投资获利 33900 亿韩元,占基金总值的 28.3%[①];新加坡通过政府指定投资基金方向帮助从宏观上调控经济,比如政府指定养老保险基金可以投资住宅、支出设施建设等;一些经政府授权的养老基金管理公司对智利的养老保险制度进行经营,为增强养老保险基金的获利能力它们将其进行多样化投资,并带动了一些地区经济的繁荣;美国的 401K 计划将账户中的资金交由第三方进行管理,设置可投资如股票型基金、货币基金、平衡型或偏债型基金等的多种投资组合方式,由雇员来进行投资选择,收益较为不稳定,风险较大。

我国的养老基金 20 年中贬值近千亿,可以借鉴韩国和新加坡的做法,由政府对养老金进行多元化投资。全国政协委员、清华大学经管学院副院长白重恩说:"养老金市场化运营并不是去'炒股',而是通过多元化的资产配置,抗击通胀保值增值,通过委托专业机构并辅以专业化监管来保障资金安全。"我国政府可以借鉴新加坡和韩国的做法,将养老金投资于一些安全系数较高的金融产品和领域,尽管收益低,但实现稳定的保值增值也未尝不可。还可以效仿新加坡,将养老金投资于国家基础设施等大型项目的建设,养老金保值增值的同时促进了国家的基本经济建设。此外,投资的决定权和选择权不应像美国一样交给个人,尤其是对于我

---

① 李豫、王艳平、李珏峰:《中国养老保险制度改革借鉴》,企业管理出版社 2012 年版。

国农民人口较多的情况。毕竟个人的知识水平和职业素质有限，尤其是广大农民群众，大部分缺乏相关方面的知识，所以在投资时风险系数就会加大。应由中央政府限定投资领域和产品，各个政府进行具体决策，在决策时应聘请相关专家，并有个人代表参加，制定和决策出一个更科学合理的投资决策，增值的同时最大限度地降低风险。

四、政府履行监管职能，确保城乡养老保险持续健康发展。

从各国来看，政府都直接或间接地担当着养老金的管理者和监督者的角色。政府加强对养老金的监督和管理对本国养老保险制度的发展有着至关重要的意义。国际上的监管模式一般有三种，一是集中监管模式，养老保险的筹资、运营、发放和监管都由一个政府职能部门来执行，政府既是养老保险的参与者，也是养老保险的监管者，如日本和韩国；二是分散监管模式，养老保险的保费交给多个独立的主体来运作，各个机构相互竞争，政府作为一个外部监督者而存在，如巴西；三是集散结合的综合监管模式，将养老保险共性较强的部分集中起来，实行统一监管，将特殊性较强的部分单列，由相关部门进行分散监管，如美国①。三种模式各有利弊，结合我国国情，我国应采取集散结合的综合监管模式。

我国政府履行监督职能的首要任务就是要先加强立法，为对养老保险的监督提供法律保障。只有法律先行，才能让有关部门、机构、企业和个人有所参照，更好地规范自己的行为。然后，要划清中央和地方政府监督管理的职责界限。对养老保险制度的运作

---

① 赵燕妮：《政府在农村社会养老保险制度中的财政责任研究》，山东大学2011 年博士学位论文。

进行监督,不仅是中央政府的事,中央政府除了设置监管机构外,还可以在省、市、县各设立一个养老保险的监督部门,对养老金的筹集、上缴、划拨、发放、存储和管理等进行监控和检查,明确地方责任和个人责任。引入市场机制后,政府可以对养老保险基金投资实行较为硬性的管制,对市场准入做出较为明确的限制和规定,加强对盈利的养老机构、商业保险公司等的监督和管理。如果养老金进行多元化投资,更要对允许市场介入的基金运营等金融公司进行监督和管理,确保养老金的安全,降低风险。此外,还要建立多元的监督机制,整个养老保险制度的执行和运作要接受全社会的监督,接收来自不同政府部门、企业、个人和社会舆论的监督。政府可以规定,养老金的收缴、发放金额等公开向社会公布,并且规定相关管理部门定期向社会做报告。美国401K计划近年来出现亏损,据调查主要原因是监管放松所致,所以我国要加强对养老保险的监管力度,促进养老保险制度的健康发展。

建立和完善我国城乡养老保险制度要强化政府在社会养老保险中的责任,尤其是在农村养老保险中担当责任主角。农民和城市中无固定收入者是弱势群体,他们为国家的发展和建设也做出了巨大的贡献。在对这些弱势群体的养老保障中,政府的责任不容或缺,必须承担起财政保障责任、立法的责任、运营责任及相关的监管责任,从而促进我国城乡养老保险稳定和谐地发展。

第六章　城乡居民养老保险制度需求研究——基于河北典型地区的调查

　　本章以新型农村养老保险制度的需求方——农民为主要考察对象,农民的参合意愿直接关系到整个制度的成败。分析影响农民参合率的主要因素,现有文献大多以某个样本县为研究对象①,王海江(1998)对山东泰安市两个村庄的农民进行个案研究后发现,对农村养老保险政策的不完全信任,使农民的保费水平远低于纯经济决策均衡水平;刘瑞旋、张大勇(2009)等对京郊农民的入户访谈结果表明,农民收入的稳定增长是农民参加新农保的基础;杨军(2009)对新农保"宝鸡模式"的研究指出,农户的收入水平是制约农户参保的关键因素,随着收入水平的增加,农户的参保意愿也逐步提高,在经济收入达到或超过其基本生活需求的临界值后,才可能产生保险需求。王媛(2009)通过对山东省入户调研结果表明,当前我国农村社会养老保险内在需求较高,不过实际参保率较低,内在需求与实际参保之间存在非对等关系。方法上有定性研究,定量研究多选取因子分析法找出影响农民参合率的主要影响因素。本章主要采用调查问卷的方式,以河北省 50 个县(市)、区为样本,在对在河北省 50 个县(市)、区的调查问卷所得资料基

----

① 主要是因为新农保大都是县级统筹。

础上进行分析与讨论,为政府政策的提出提供准确的数据参考①。

第一节　河北省农村社会养老保险需求调查问卷的基本情况

一、抽样调查目的

本次调查的目的在于对河北省 50 个县(市)、区的调查问卷所得资料进行分析与讨论,找出影响农村社会养老保险的需求意愿及缴费能力的主要因素,期望从需求者的角度为新型农村社会养老保险制度设计和政策制定提供科学依据,进而达到推动整个农村社会保障事业发展的目标。

二、抽样调查对象

2009 年河北首批新农保试点县(市)共 18 个:石家庄市鹿泉、邢台市沙河、保定市涿州、张家口市怀安、衡水市枣强、承德市滦平、廊坊市大厂、秦皇岛市青龙、抚宁、唐山市迁安、遵化、唐海、沧州市任丘、青县、肃宁、邯郸市武安、涉县、邯郸县。2010 年新增的新农保试点共 19 个:石家庄藁城市、石家庄正定县、张家口万全县、承德隆化县、秦皇岛昌黎县、秦皇岛卢龙县、唐山乐亭县、唐山迁西县、廊坊市广阳区、廊坊市安次区、保定涞源县、沧州献县、沧州孟村回族自治县、衡水冀州市、衡水安平县、邢台南宫市、邢台巨鹿县、邯郸大名县、邯郸曲周县。截至 2010 年 5 月 31 日,全省首

---

① 本部分的研究,河北经贸大学财政税务学院 2010 级财政班学生协助做了大量的问卷调查,河北经贸大学的研究生韩立娜协助做了调查问卷的分析工作。

批 18 个试点县（市）共有 381.74 万人参保登记,参保率达到 88.78%,参保领取率达到 96.99%,参保缴费率达到 86.47%。由于这些局部性的试点主要是在经济较发达、农村集体组织较有实力、农民收入水平相对较高的地区进行,以及个别试点政府为了高参保率,半强迫农民参加新农保的事情也有发生,所以对新农保试点地区的需求研究并不是很客观,本章重点针对未推行新农保地区农民对新农保的需求进行分析研究,期望能够了解到农民真实的需求状况,对于政府建立、健全和完善新型农村养老保险的制度,使其成为真正的惠民政策,并实现 2020 年基本全覆盖的目标有着积极的意义。

因此,本次调查对象是 18 周岁以上的农业人口,调查地点为河北省 50 个县（市）、区:石家庄市新华区郊区、辛集市、赞皇县、赵县、新乐市、灵寿县、平山县,唐山市丰润区、滦县、滦南县、玉田县,秦皇岛市山海关区,邯郸广平县、成安县、魏县、鸡泽县、肥乡县、磁县,邢台临城县、邢台县、宁晋县、南和县、任县、清河县,保定清苑县、徐水县、定兴县、安国市、高碑店市、徐水县、涞水县,张家口宣化县、张北县、怀来县、阳泉县,承德平泉县、丰宁满族自治县,沧州沧县、南皮县、盐山县、海兴县,廊坊永清县、大城县、三河市、文安县,衡水市桃城区郊区、武邑县、深州市、饶阳县、故城县等 47 个县 3 个市郊区。

三、抽样调查方法

本次抽样调查采用分层抽样的调查方法,将被调查地区的调查对象按照性别、年龄、群体特征三个社会特征分层抽样。其中,年龄分 18—29 岁、30—39 岁、40—49 岁、50 岁以上四档;群体特征为五类,分别是纯农户、兼业农民、有地非农户、无地非农户、无地无业户。

四、问卷设计与问卷质量

"新型农村社会养老保险制度的需求状况"抽样调查问卷共有 29 题,分为三大部分内容:一是调查对象的基本情况;二是调查对象的经济状况;三是调查对象对农村社会养老保险的认知情况。本次调查共发放问卷 350 份,收回问卷 342 份,废卷 2 份(作废原因:缺省项过多),有效率 97.1%。

第二节 制度需求分析

一、参保意愿的分析

农民参加新型农村社会养老保险制度的意愿也就是要了解其对于新型农村社会养老保险的需求程度,弄清楚他们对于新型农村社会养老保险制度的参与意向和能力如何。具体来说就是在现行农村社会养老保险制度框架下,农民到底愿不愿意参加养老保险,他们愿意且能够选择什么水平的养老保险,以及这种意愿受到哪些因素影响。本部分将利用这次调查数据,对现行制度安排下农民的社会养老保险参与意向展开实证分析。

(一)个体和家庭因素

1. 不同性别的参保意愿

从总体情况来看,无论男女,想参加新型农村社会养老保险的人数都占一半以上,无论是非常想参加还是已参加的情况,均为男性多于女性。

2. 不同教育程度的参保意愿

一般来说,教育程度的高低对参保意识有着直接的影响,受教

参加人数百分比（％）

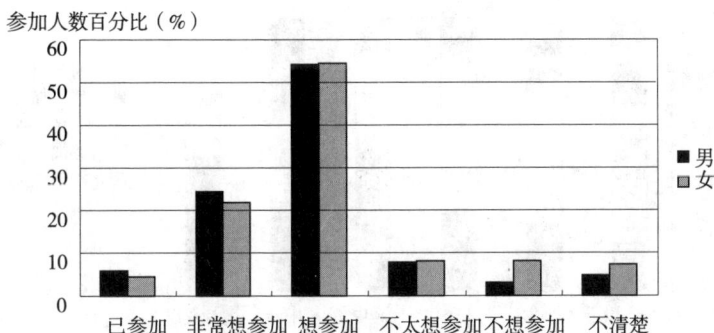

图6.1 性别—参保意愿交互分析

育程度高的居民对风险的认识和保险的意识相对较强,参加保险的可能性也较大。

表6.1 教育程度—参保意愿交互分析表

参保意愿	教育程度						
	小学以下(人)	小学(人)	初中(人)	高中(人)	中专(人)	大专及大专以上(人)	合计(人)
非常想参加	8	30	46	11	2	1	78
想参加	10	62	79	5	2	1	149
不太想参加	12	11	10	2	1	0	26
不想参加	7	6	5	0	1	0	15
不清楚	7	10	10	1	0	0	18
总计	44	119	156	19	6	2	340

如图6.2所示,小学以下有参保意愿的人数占小学以下文化程度的40.91％;小学有意愿参保的人数占小学文化程度的77.31％;初中有意愿参保的人数占初中文化程度的83.33％;高中

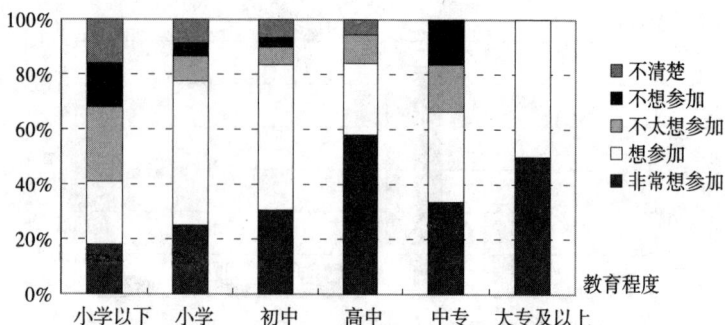

图6.2　不同教育程度中参保意愿的比例图

有意愿参保的人数占高中文化程度人数的84.21%;中专有意愿参保的人数占中专文化程度人数的66.66%;大专以上的占大专文化程度人数的100%;可见,文化程度高的有参保意愿的比例略微高些。小学到高中文化程度的一般都是40—50岁的中年人,赡养老人和抚养子女的责任重,更容易担心养老,正是急需养老的人群,也正是有参保意愿的人群。

3. 不同经营类型的家庭参保意愿

随着城市化的推进、工业化程度的深入,农村居民家庭经营活动日趋多样化,主要从事的经营类型:纯粹以种田务农为生的纯农民;土地被征用的人员;个体工商户;政府职员村干部;在外打工的人员。针对以上五类人群,我们调查了他们参加农保意愿的情况。

如图6.3所示,在被调查的340个农民中,其中,纯农民212人,愿意参保的占55.91%;土地被征用人员15人,愿意参保的占83.11%;个体工商户73人,愿意参保的占57.94%;村干部10人,80.82%;在外打工人员,有参保意愿的占71.91%。其中土地被征用人员由于被征用了土地,缺少了土地作为养老的保障,因此,参保意愿较高;村干部由于对新农保的政策比较了解,参保意愿也较

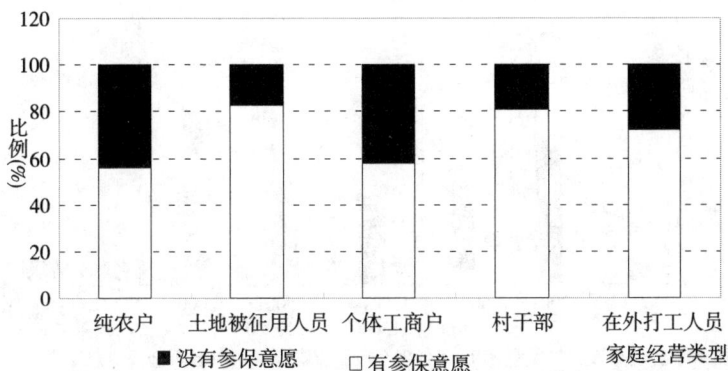

图6.3　家庭经营类型参保意愿比例图

高。纯农户有土地做保障,个体工商户有养老的经济能力参保意愿相对低些。

4.不同现金收入水平的调查对象的参保意愿

通常,被调查的农村家庭现金纯收入越高,村民的购买力越强,参加新农保的可能性就越大。在调查设计中,为了更精确地考察现金收入与参保意愿的关系,我们将农村居民家庭总现金收入分成了六个等级:2000元以下、2001—6000元、6001—10000元、10001—15000元、15001—20000元、20000元以上。

在河北省发放的340份有效问卷中,有参保意愿的农民有281人,没有参保意愿的调查者有59人。各现金等级段有意愿参保人数占有参保意愿总人数的比例依次为:3.7%、22.22%、14.81%、12.96%、20.37%、25.94%。各现金等级段没有参保意愿人数占没有参保意愿人数的比例依次为:5.5%、36.22%、37.74%、8.7%、6.8%、5.06%。从图6.4中可以看出,总现金收入水平越高,其参保意愿的比例越高(如图6.4曲线所示)。在各等级的参

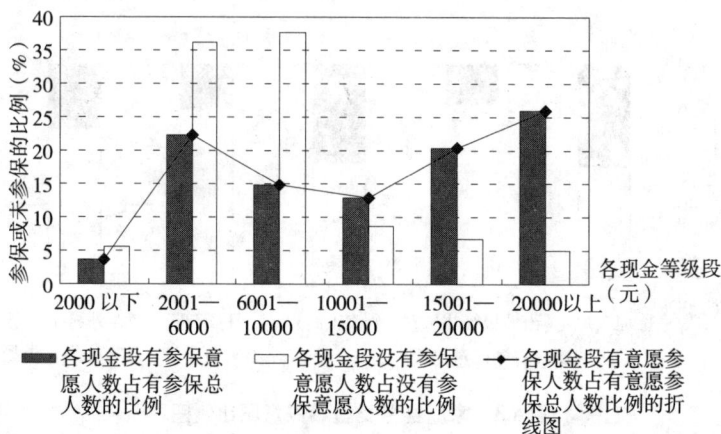

图 6.4　各现金收入等级的有参保意愿人数或没有参保意愿的比例图

保状况中,明显看出,低收入等级有参保意愿比例小于没有参保意愿的比例,而在高收入等级中有参保意愿的比例高于没有参保意愿的比例(见图 6.4 中柱形图)。这充分说明,家庭收入的金额与农民是否有参加农保的意愿之间有着较强的关系,经济因素是决定农民是否参保的重要前提。

5. 不同现金结余额水平的调查对象的参保意愿

在调查设计中,为了更精确地考察现金结余与参保意愿的关系,我们将农村居民家庭总现金结余分成了六个等级:1000 元以下、1001—2000 元、2001—3000 元、3001—4000 元、4001—5000元、5000 元以上。

在被调查的 340 个农民中,认为自己有结余的有 214 户,各现金结余段的有参保意愿的人数占有参保意愿总人数的比例依次为:20.48%、14.76%、5.50%、8.24%、15.81%、35.17%。各现金结余段的没有参保意愿人数占没有参保意愿总人数的比例依次为:

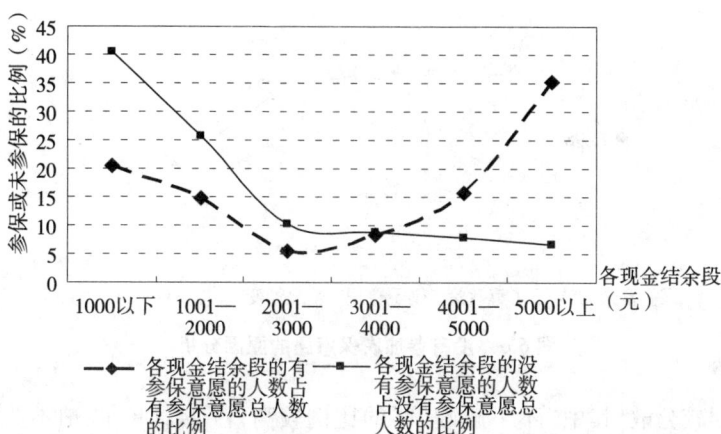

图 6.5　各现金结余段的有参保意愿或没有参保意愿人数的比例图

40.5%、25.72%、10.30%、8.9%、7.8%、6.78%。随着消费剩余额的增多,有参保意愿比例呈现出明显的逐渐增高的趋势,相反,没有参保意愿的比例呈现明显的逐渐下降趋势(见图 6.5 中的虚线和实线)。在各个现金结余段中,有参保意愿与没有参保意愿的情况与家庭总现金收入下的情况类似,在低等级现金结余段中,有参保意愿比例明显小于没有参保意愿的比例,而在高等级现金结余段中,有参保意愿比例明显高于没有参保意愿的比例(见图6.5)。

6. 没有参保意愿的原因分析

在调查问卷的设计中,为了考察部分农民没有参保意愿的原因,我们设计了"您不愿意参加农村社会养老保险的原因是什么? A. 没有富余的钱 B. 不了解政策 C. 怕不兑现 D. 怕政策变 E. 怕不合算 F. 其他"。

图 6.6 显示,在没有参保意愿的农民中,他们不愿意参保的原

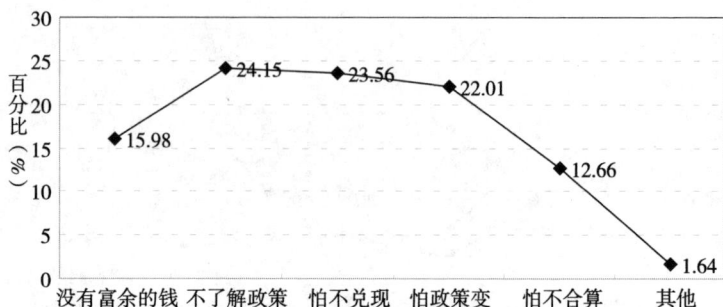

图 6.6 没有参加农保意愿的原因分析

因较分散,其中"不了解政策"的比例较高,占 24.15%;"怕不兑现"和"怕政策变"的比例稍低,分别是 23.56% 和 22.01%;可见,农民对新农保政策的稳定性还存在疑虑,也说明新农保在推行过程中宣传工作还是非常关键的。

(二)农民对养老问题的看法

1. 对"自己养老问题"的看法

由于现在家庭规模逐渐在缩小,每家子女的数量变少。于是我们在调查问卷中设计了这样一道题:"由于实行计划生育,每个家庭子女数量限于 1—2 个,将来养老可能出现子女有心无力的状况,还需要自己有所准备。您是否同意这种观点?"我们对调查结果分年龄段进行了统计:

表 6.2 养老观念分年龄段的统计表

年龄 \ 观点 比例(%)	完全同意	基本同意	不同意	无所谓
18—29	25.67	48.95	17.10	8.28
30—39	30.65	52.41	8.22	8.21

续表

年龄 比例（%） 观点	完全同意	基本同意	不同意	无所谓
40—49	21.20	56.45	14.21	8.14
50 以上	15.27	50.82	20.43	13.48

上表显示：调查对象中选择"基本同意"这一项的，四个年龄段的人群观点基本一致，40—49周岁这一年龄段的被调查对象占比例较大些，此年龄段的被调查的农民家庭负担较重，上有父母下有儿女，绝大多数人都在承担着赡养自己父母的责任，所以对自己的养老问题想的多些；选择"不同意"和"无所谓"这两个选项的人群中，50周岁以上的人占比例略大，这主要是因为这年龄段的农民家庭负担相对较轻，自己养老的问题基本确定。

2. 养老方式的选择方面

表6.3　养老方式选择的分年龄段统计表

年龄 比例（%） 方式	子女养老	自己存钱养老	参加政府组织的农村养老保险	等老了再想办法	其他
18—29	15.26	32.05	43.09	8.97	0.63
30—39	18.11	37.02	38.92	5.78	0.17
40—49	21.20	56.45	14.21	8.14	0.16
50 以上	15.27	50.82	20.43	13.48	0.08

从上表可以看出农村传统的依靠子女养老的观念已经有了很大的变化，表中数据显示这种观念与年龄成正比，年龄越大观念越强，年龄越小，观念相对越弱；对于参加农村社会养老保险意愿则与年龄成反比，越年轻愿意以参加农村社会养老保险的方式养老

的意愿越强烈。由此可见,现阶段推行新农保在农民观念上的阻力较小。

(三)农民对新农保的认知情况

新型农村养老保险在河北省部分地区的试点和开展从 2009 年开始,所以多数农民对新农保的认识不是很深入。在调查问卷中,我们设计了这样一道问题:"您知道新型农村社会养老保险吗?"被调查的 340 个对象中,28 人回答"知道,很了解",占总回答人数的 8.23%;258 人回答"听过,不大清楚",占总回答人数的 75.88%;回答"根本没听过"的有 54 人,占总回答人数的 15.88%。显然,大多数农民对新型农村社会养老保险不是十分的了解。

我们进一步调查了养老金水平能否满足老年生活开支的情况,在"根据新农保,我省对参保人员每人每年补贴 30 元,基础养老金标准为每人每月 55 元,再按照个人缴费标准按 500 元最高档次计算,您一个月能领到的养老金是 112 元,您认为这样的社会养老保险金水平能够满足您老年生活开支吗?"这一问题中,我们设计了 5 个选项,即"足够用了"、"基本够用"、"勉强够用"、"不够用"和"根本不够用",有 340 个被调查对象回答了这一问题。其中,4.12%的人认为"足够用了",7.56%的人认为"基本够用",18.12%的人认为"勉强够用",40.38%的人认为"不够用",29.82%的人认为"根本不够用"。70.20%的被调查对象认为这样养老金发放标准是不够用的,养老金水平不能满足农民的日常生活开销和养老费用。因此,养老金发放水平低,集体和政府补贴力度不够制约了农民对新农保的需求。

尽管新农保的保障水平比较低,也存在一些问题,但是多数被调查者认为开展农保还是有意义的(见图 6.7)。在 340 个被调查的农民中,回答很有意义的占 16.34%;有意义的占 63.21%;认为一般的占 15. 17%;认为没有意义的占 5. 28%。

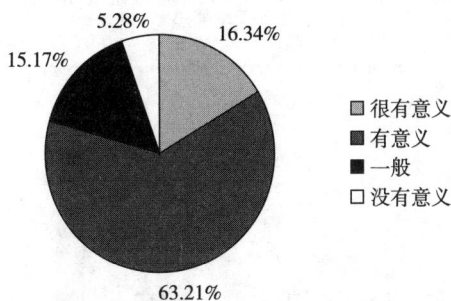

图 6.7 被调查对象对开展新农保是否有意义的认识

二、参保能力分析

(一)农民的缴费能力

所谓的缴费能力就是指农民参加农村社会养老保险,对所需要缴纳的保险费能够承受的能力。一般是用农民年度缴纳的保险费总额与农民年现金纯收入的比来考察。通过这一指标弄清楚需要农民缴纳的年度保险费在农民年现金纯收入中占多大比例,才是合适的,这个缴费程度既能让农民缴得起保险费,又不影响农民的基本生活消费。我们的问题项:"您认为农村社会养老保险个人缴纳保险费部分占农村居民年人均现金收入的多大比例,比较合适?"我们在这个问题中设计了 5%—12% 之间 8 个档次的比例让被调查者进行选择,在被调查的 340 个农民中,42. 25% 的被调查对象认为个人缴纳保险费占到自己年现金收入的 5% 比较合适,有 19. 37% 的调查对象认为个人缴费占到自己年现金收入的 10% 比较合适(如图 6.8)。如果把被调查者作为一个总体,在既考虑未来养老金水平又考虑缴费能力的情况下,结合我们的调查,农民年缴保险费占年均现金纯收入的比例在 8%—10% 的幅度空间，是比较合适的，至少有一半以上的调查者能够接受这一缴费程度。

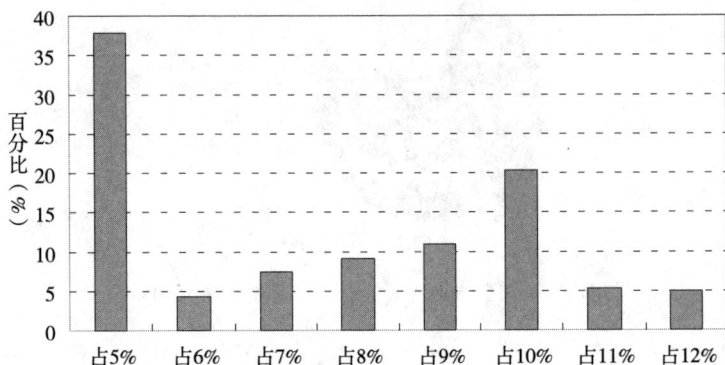

图 6.8　农民对保险费接纳的程度

此外，根据对农民缴费能力的研究表明，投保年龄在 20—30 岁，缴费负担较轻，每年应缴纳保险费占纯收入之比大都在 10% 以下；而投保年龄在 40 岁以上，则大多数需每年以纯收入的 10% 以上投保，几乎无缴费能力。该研究从一个侧面反映了按照保险费占总收入的 10% 来缴费，至少 40 岁以下的多数人都能够缴得起保险费，年龄大的农民可能会存在缴费难的问题。

（二）农民能够接受的最大缴费额度

农民能够接受的最大缴费额度是指农民每月或者每年能够承受的最大缴费额度。根据新农保方案的缴费及农村的实际情况，我们以月缴费额度为指标，设计了 10—100 元以上 10 个不等的月缴费档次让被调查对象进行选择。问题项是："农村社会养老保险需要缴纳保险费，每月您能接受的最大缴费额度是：10 元以下；11—20 元；21—30 元；31—40 元；41—50 元；51—60 元；61—70 元；71—80 元；80 元以上。"在被调查者中，340 人回答了该问题，回答率依次为:13.54%、15.50%、16.12%、14.31%、12.07%、11.05%、4.29%、5.31%、7.81%。被调查的农民中,回答率比较高的三个档次交费额分别为:21—30元,选择率为16.12%;11—20元,选择率为15.5%;31—40元,选择率为14.31%(见图6.9)。按照河北省年缴费的五个档次:100元、200元、300元、400元、500元,每个月的缴费档次分别为:8.33元、16.67元、25元、33.33元、41.67元。据调查显示,被调查的农民中有54.84%能够缴纳每月40元以上的保险额。根据河北省经济统计年鉴,2009年农村居民每年的人均纯收入4795.46元计算,超过一半的农民以人均纯收入的1/10缴费,显示农民是可以承受的。

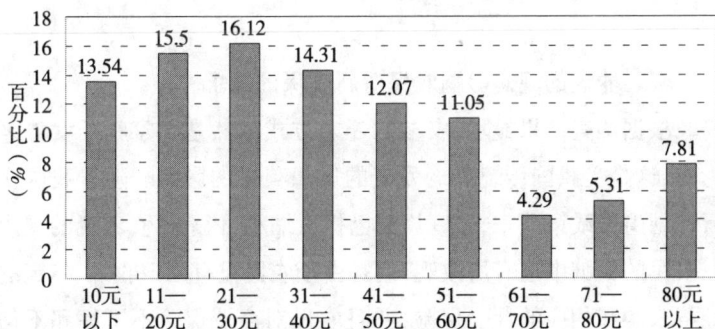

图6.9　被调查者能接纳的最大养老保险额

第三节　参合率的影响因素:结论分析

一、经济状况较差影响农民对新农保的需求

河北省农村经济发展水平不高,农村各地区之间发展很不平衡,农民个人收入差距也比较大,总体上农民的平均收入仍然很

低,2008年人均现金收入为4795.46元。随着我省经济的发展,土地保障的功能逐步的弱化,农民对于养老的需求愈加强烈。而农民单纯地依靠土地的收入生存非常困难,大部分的农民都依靠外出打工和经商的收入。在当前经济水平发展迅速,生活水平普遍提高的情况下,同时伴随着膨胀率也较高,农民的日常生活费用支出也相应提高,现金结余越来越有限。剩余有限的现金结余,还要用来支付子女教育费或者用来扩建房屋等;农民对于理财知之甚少,大都把每年的储蓄都存入银行,而存款基本没有增值的潜力。所以,对于养老保险这种非必需品,只有当农民收入提高后,需求才能够提高。可见,河北省低收入的硬性约束在很大程度上制约了农民对养老保险的需求。

二、养老的观念影响农民对新农保的需求

根据调查结果显示,农村的养老方式依然是以家庭子女养老为主,这是受我国传统尊老爱老的思想美德的影响。随着我国实行计划生育政策以来,家庭规模已极大缩小,依靠子女养老的观念在农民的头脑中也有所改观,但是由于农民没有固定收入、稳定的经济来源和相应的社会保险,并且农民对商业保险不了解和不信任,农民只能靠自己存钱和子女供给,因此在农村家庭养老仍旧占据主要地位。农民对养老保险的需求受到了农民养老观念的限制。

三、缴费的低期望和保费的高期望影响农民对新农保的需求

根据调查结果显示,大部分农民的缴费档次是200元以下,这说明农民对社会养老保险的缴费期望值较低,这主要是受农民收入水平的限制。农民期望政府提高补贴比例,可以领取更高的养

老金,保证老年人基本的生活费用。根据调查,目前农村老年人的月基本生活费用大概在 150—200 元左右。如我们按照新农保缴费的最低档 100 元和最高档 500 元计算以后可以领到的养老金,按照我省对参保人员每人每年补贴 30 元。国家补贴的基础养老金标准为每人每月 55 元,个人账户养老金的月计发标准为个人账户全部储蓄余额除以 139,养老金待遇由基础养老金和个人账户养老金组成。那么最低档 100 元的养老金待遇为每人每月 69 元,最高档 500 元的养老金待遇为每人每月 112 元。可见,农民领到的养老金待遇并不能完全满足他们的老年生活的每月基本费用。农民对新农保的期望和现实的差距影响了对新农保的需求。

四、对政策稳定性和补贴资金的可持续性的担心影响农民对新农保的需求

调查中发现,当前农村养老保险制度建立和实施过程中普遍存在的农民对保险制度不了解、担心、恐惧和疑惑心理等问题。调查问卷中,对于"您不愿意参加农村社会养老保险的原因是什么?"中,在没有参加新农保的被调查者中有 63.52%的农民选择了"怕不兑现,政策不可靠"。新农保政策刚实行不久,还处在试点阶段,制度和政策都还不完善和不成熟。

新农保是"个人缴费、集体补助、政府补贴"相结合的新型农村社会养老保险,按照国家补贴的基础养老金标准为每人每月 55元,目前我国 60 岁以上老年人约 1.5 亿,约 1 亿在农村。如果每年每人给予 660 元的基础养老金补贴,中央财政补贴的总额为498 亿元(其中东部地区地方政府承担 50%)。这笔补贴,按照我国现行财政规模及增长速度是完全可以承受的。而 2008 年河北省全部农村人口为 4061 万人,假定全部农村人口都进行补贴,总补贴为 121830 万元,仅占财政总收入 1824 亿元的 0.67%,我省财政也是完全有能力承受的。但是基础养老金资金能不能到位,不是有能力承受就能够到位,也不是领导说了就算,它需要制度为之保障。然而,到目前为止,尚未建立基础养老金资金来源的保障机制。可见,有稳定的制度保障将是农民参加新农保,提高他们有效需求的影响因素。

五、宣传的力度影响农民对新农保的需求

在以上的调查结果分析中,在"不愿意参加新型农村养老保险的原因"一题中,选择"不了解政策"的占到了 12.7%。通过调查我们还发现,农民在充分了解了这项制度的基础上,只要真正能使他们获得切实的利益且出资合理,大部分农民还是愿意参加新农保的。这说明农民的投保意识是农民参保的前提和基础,各级政府部门只有加强宣传教育,才能提高农民的投保意识和农民对养老保险的需求。

第七章　城乡居民养老保险制度中的
财政补贴效应研究

　　财政补贴是城乡居民养老保险制度取得成功的关键所在。财政补贴相当于政府的一种转移性支出,从理论意义上分析,对于提供补贴的政府而言,它有利于体现提供者的偏好,对于城乡居民养老保险而言,很多参保居民之所以参保就是看中了中央政府提供的每月55元的基础养老金。如果没有这55元的基础养老补贴,制度就缺乏足够的吸引力。正是借助政府的财政补贴,政府实现了"引导居民参保"的偏好。本章从理论视角和实践视角两个维度考察财政补贴的效应,需要说明的是由于城乡居民养老保险2014年刚刚由新型农村养老保险和城镇居民养老保险合并而来,而本章的数据是2014年以前的数据,参保群体为农村居民为了便于理解,我们沿用新型农村养老保险的称谓。

第一节　新型农村养老保险制度中财政
补贴效应分析——理论视角①

　　农村社会养老保险作为多层次农村养老保险体系的基础,为

---

① 参见王晓洁,王丽:《新型农村社会养老保险制度中财政补贴效应分析》,《价格理论与实践》2009年第12期。

农民提供最基本的生活保障,其建设的完整性、科学性直接关乎整体农村养老保障体系发展的成败。作为国家的一项长期社会政策,养老保险尤其是农村社会养老保险需要财政的大力支持。2009 年中央一号文件指出"建立个人缴费、集体补助、政府补贴的新型农村社会养老保险制度",表达出政府补贴农村养老保险的决心。

财政补贴,是指国家财政为了实现特定的政治经济和社会目标,将一部分财政资金无偿补助给企业或个人,以改变现有产品和生产要素的相对价格,从而改变资源配置结构、供给结构和需求结构,它是政府针对市场失灵或低效率领域实施激励的一种重要工具。明确财政补贴为筹资渠道是新型农村社会养老保险与传统农村社会养老保险的最大区别之一,它对于推进农村养老保险制度的构建有重要作用,其效应体现在多方面。

一、收入调节效应

收入调节效应是指在农村社会养老保险制度中,针对不同条件的投保对象,政府给予不同的财政补贴额度,从而带来的对投保人收入规模的影响。社会养老保险制度并非商业保险,属于基本养老保险的范畴,是一种收入再分配的制度安排,具有一定的收入调节作用。

我国城乡二元结构的经济背景,造成城镇居民和农村居民的可支配收入差距较大,农民收入水平普遍较低、经济负担较为严重。1991 年根据国务院决定,首先选取 5 个县(市)进行个人账户模式的农村社会养老保险的试点工作,并于 1992 年依据民政部制定的《县级农村社会养老保险基本方案》(简称《基本方案》)逐步推开了农村社会养老保险(简称老农保)工作。根据《基本方案》

的具体内容可以看出,老农保从制度设计之初就将待遇模式侧重于个人的缴费积累,即注重投保人的纵向收入调节,而非横向社会各个收入阶层的收入调节。这种制度模式不利于缩小城乡差距。2009 年 9 月,国务院发布《关于开展新型农村社会养老保险试点的指导意见》(简称《指导意见》),明确阐述了新型农村社会养老保险(简称新农保)实行的是"基础养老金和个人账户养老金相结合的养老待遇,国家财政全额支付最低标准基础养老金""个人缴费、集体补助、政府补贴的新型农村社会养老保险制度"。基础养老金的模式设计,很好地体现了新农保制度中的基金互济作用,且将政府补贴明确地作为农村社会养老保险的一种筹资渠道,不仅降低了农民个人的出资比例,减轻了农民的缴费负担,提高了农民的缴费能力,还是对农民一定程度上的收入补充。此外,通过政府补贴的形式对基础养老金进行资金支持,是对"基础养老金和个人账户"养老待遇模式的积极肯定和鼓励,有利于充分发挥基础养老金的统筹作用,体现财政补贴对农村社会养老保险的收入调节效应。

另外,新型农村养老保险制度的建立也有利于缩小城乡差距。城乡二元经济结构带来的是城乡社会保障的二元结构,农村的社会保障无论是保障项目还是保障水平上都低于城镇社会保障,更加大了城乡差距。新型农村养老保险制度中明确财政补贴的额度,可以有效地解决农民的养老问题。同时财政补贴有利于提高农民收入,缩小城乡之间的制度差距,缓解城乡二元经济结构矛盾。

二、乘数效应

乘数效应是指政府的财政补贴作为实现财政政策目标的方式

和手段,在农村社会养老保险的运用中,会对社会和经济上许多方面带来程度不同影响,引发连锁反应而产生乘数的扩大效应。新型农村养老保险制度中财政补贴的乘数效应可以体现在两个方面:一方面是对新型农村养老保险制度本身的影响;另一方面是对社会需求的影响。

就新型农村养老保险制度而言,财政补贴的运用可以推动新农保的尽快推广。新老农保制度相比,一大亮点就是新农保制度中的政府补贴,不单单有中央财政的补贴,还有地方财政的补贴;不单单是对中西部的补贴,还有对东部的补贴;不仅包括对基础养老金的补贴,还有对个人账户的补贴。这种全方位的财政补贴有利于发挥财政的乘数效应。在乘数效应的引导下,政府花少量的资金会提升制度对农民的吸引力,极大地提高农民参加养老保险的积极性,而且农民通过对新旧农保制度的对比,会充分认识参加新农保的好处,获得实实在在的利益,不仅有利于农民积极参与新农保,提高参保率,还能有效地提高对政府的信心。浙江省的情况表明:在没有财政补贴的情况下,40岁以上的中老年农民基本上缺乏缴费能力;而实施新农保后,财政补贴减轻了农民的缴费负担,提高了农民的缴费能力。而且在政府补贴的大力支持下,新农保可以较为迅速地广泛推广实施,确保"2020年前基本实现全覆盖目标"的实现。

对社会需求的影响主要表现为,在"老有所养"的预期目标安排下,可以有效地缓解农民对未来老年生活的担忧,从而增强农民的未来消费信心,可以在一定程度上增强农民的就业和消费预期。特别是在当前经济形势下,我国积极财政政策的一个重点就是如何刺激农村的消费需求,可以说随着"家电下乡"、"农机下乡"、"汽车、摩托车下乡"等工作的推动,农村市场消费需求得到极大的拉动,可是如果不能从根本上解决农民的后顾之忧,农民就不敢放手消费。而农村社会保障制度的完善则是根本之策。所以,新型农村养老保险制度的实施,既能够有力地拉动即期消费,又能够激发潜在的社会购买力,并以此带动农村市场,扩大内需。

三、激励效应

激励效应是指政府在推进新农保时,运用财政补贴的手段激励符合条件的农民更多地参加新农保。农村社会养老保险作为一项公共制度,待到条件满足时,可以给投保人提供基本的养老费用,与家庭养老、土地保障、社会救助等其他社会保障政策措施相配套,保障农村居民老年基本生活。

农村居民的收入较低,意识较为落后,这在一定程度上为农村养老保险制度的推行带来了困难。再加上老农保制度单纯依靠农民个人缴费,保障水平较低,实施效果不甚理想,更加打击了农民参保的积极性。因此,新农保中要求"政府对符合领取条件的参保人全额支付新农保基础养老金,其中中央财政对中西部地区按中央确定的基础养老金标准给予全额补助,对东部地区给予50%的补助。地方政府应当对参保人缴费给予补贴,补贴标准不低于每人每年30元……"这种要求,不但明确提出政府补贴作为资金筹集的方式,还对于补贴的额度有了严格的规定。

(一)对于低收入、年老农民的激励效应。《指导意见》指出"对农村重度残疾人等缴费困难群体,地方政府为其代缴部分或全部最低标准的养老保险费"、"年满60周岁、未享受城镇职工基本养老保险待遇的,不用缴费,可以按月领取基础养老金"。对于这些特殊群体,在没有给投保人带来任何经济负担的前提下,直接采取不缴或地方政府代缴的方式,有效地将困难群体和年老农民纳入到新农保的参保范围之内,保障了他们的权益。

(二)对中青年农民的激励效应。通过政策制定,引导中青年农民积极参与新农保。一方面鼓励选择高档次标准缴费,"对选择较高档次标准缴费的,可给予适当鼓励";另一方面,鼓励持续缴费。政策中说明"对于长期缴费的农村居民,可适当加发基础养老金,提高和加发部分的资金由地方政府支出"。所有这些规定都有利于调动农民的参保积极性,激发农民参与新农保的热情,不仅吸引更多的农民加入到新农保的行列中来,还激励农民在青壮年时期多投保。

(三)个人账户的激励效应。"个人缴费,集体补助及其他经济组织、社会公益组织、个人对参保人缴费的资助,地方政府对参保人的缴费补贴,全部记入个人账户。"由于个人账户具有自我储蓄的功效,将地方政府对参保人的缴费补贴也记入个人账户,有效地充盈了个人账户的额度,激励农民参与新农保,享受政府补贴,并鼓励农民加大个人账户的储蓄力度,为60岁后的老年生活做好经济准备。

(四)基础养老金的激励效应。新农保的养老保险待遇是基础养老金和个人账户的总额,较于老农保的完全个人账户或是以个人缴费为主,更具有参保的激励效应。因为新农保制度中的基础养老金是由国家财政全部保证支付,即农民60岁以后都将享受到国家普惠式的养老金。这相当于降低了农民参加新型农村养老保险的成本,成本降低,需求增加。从根本上讲,基础养老金的全额财政补贴,大大增强了农村养老保险制度的供给能力,提升了该制度对农民的吸引力,从而有利于新型农村养老保险制度在全国范围内的迅速推广。

四、公平效应

公平效应是指通过财政补贴的形式,有重点地加以扶持,弥补经济发展中存在的不公平。财政补贴作为政府调剂社会公平、促进社会资源合理配置的经济手段,有利于社会的公平和稳定。结合我国当前的经济状况,城乡差距较大,财政补贴不应选取"撒胡椒面"的方式,从而避免"马太效应"的发生。

新型农村养老保险制度中明确财政补贴农民养老的额度安排,有利于缓解原有制度安排的不公平。从我国历史传统上看,从医疗保险到养老保险,再到最低生活保障制度,这一系列的社会保障制度无论是从制度的构建,还是从资金的支持上,都优先考虑城镇,待到城镇社会保障达到一定水平之后再构架农村的社会保障制度。这种制度安排本身就存在着不公平。

国家的基本法中规定,公民享有物质帮助的权利。城镇职工养老保险从企业承担到社会统筹,无论哪个发展阶段都能体现出政府的各种物质帮助。但同样是政府组织的农村养老保险(老农保),在真正实践过程中,基本上没有享受到政府的物质帮助,以至于这种制度在很多地区基本陷于停顿状态。2009年推行的新型农村养老保险制度,明确了政府财政补贴责任,政府责任的到位,一定程度上弥补了城乡之间制度安排上的不公平。

总之,改革开放带来了经济的巨大发展,但传统制度安排的"二元"结构也带来了城乡经济发展的巨大差距。面对不公平,"基本公共服务均等化"的理念应运而生。这要求我们不仅要注重财政支出上的公平,也要在构建制度时充分考虑公平。结合当前我国的经济状况和财政收入水平,以及统筹城乡经济社会发展要求,城镇"反哺"农村的时期已经到来。在这种背景下,2009年我国推行的新型农村养老保险制度中明确了财政补贴的责任。这既是对处于弱势农民的政策倾斜,尽全力将其全部纳入到新农保制度之中来,又能防止把收入较低的农民排除在制度之外,充分体现公平性。从更长远的目标考虑,这也是实现城乡社会统筹社会保障的必经之路,有利于实现整体社会的公平。

第二节　新型农村养老保险制度中财政补贴效应分析——实践视角[①]

"普惠型"新型农村养老保险制度由 2020 年提前至 2012 年实现全覆盖,比预定目标提前了 8 年的时间。新农保"提速"关键看政府财政能力以及农民的缴费能力两个因素。本节选取 2012 年河北省 37 个县的经验数据,分析了"没有财政补贴、现行财政补贴、提高财政补贴"三种方案对农民有效缴费能力的影响,指出现行制度存在的问题,并提出了构建财政补贴的动态增长机制、提高最低缴费档次缴费额等可行的政策建议。

一、相关文献回顾

新型农村养老保险制度(简称"新农保")和传统养老保险制度(简称"旧农保")最大的区别就是明确了政府主导责任及补贴数额。新型农村养老保险制度具体实施方案出台后,国内外学者从财政补贴角度以及制度设计本身对新制度存在的问题进行了探讨。王晓洁、王丽(2009)从理论上概括了新型农村养老保险中的

[①] 参见王晓洁:《新型农村养老保险制度中财政补贴对农民有效缴费能力影响分析—基于 2010 年河北省 37 个试点县经验数据的考察》,《财贸经济》2012 年第 11 期。课题负责人指导的河北经贸大学研究生张宁同学也对本文做出了贡献,特此感谢。

财政补贴效应。邓大松、薛惠元(2010)对现有中央和地方财政支持能力分别进行了测算和模拟,提出中央财政有能力承担新农保财政补助,中西部贫困地区地方财政筹资难①。张瑞书,王云峰(2011)构建了新型农村社会养老保险适度给付水平的理论模型,并以河北省的武安市和肃宁为试点进行分析,得出了当前各试点方案确定的实际给付水平低于理论测算的给付水平的研究结论。贾宁、袁建华(2010),邓大松、薛惠元(2010)从定量角度测算了当前的新农保制度的养老金替代率水平,都得出了个人账户养老金替代率低的结论。OECD 国家(2010)针对新农保制度的融资和待遇,提出当前的保障水平较低,假设按照 55 元/月(相当于 8 美元)的标准给予所有农村老人,仅占 2009 年 GDP 的 0.18%,远低于巴西的 108 美元、南非的 109 美元、智利的 75 美元。

已有研究多采用定性研究方法对"新农保"制度中财政补贴的必要性、可行性、存在的问题、推行路径进行分析;又多采用定量分析方法对新农保的财政支持能力、养老金替代率、给付水平进行量化研究。但对于财政补贴究竟对农民的有效缴费能力产生何种影响,现行养老保险制度安排能否满足未来农民的养老需求则缺乏相对定量研究。因此本节选取 2010 年河北省 37 个试点县的经验数据,分析了"没有财政补贴、现行财政补贴、提高财政补贴"三种方案对农民有效缴费能力②的影响,指出现行制度存在的问题,

---

① 在邓大松、薛惠元这篇文章中存在一个误区,他把河北省作为了东部地区进行分析,而事实上河北在接受中央转移支付时一向是享受中西部地区的待遇,因此文章测算的河北省地方财政对新农保的补贴占地方财政收入的比重为 2.84% 是不符合实际情况的,特此提出。同时对本文提供的研究成果表示感谢。

② 有效缴费能力指的是在现有收入水平制约条件下农民能缴得起的能力。

并提出可行的政策建议。

二、河北省新型农村养老保险财政补贴方案

根据国务院出台的《指导意见》,河北省于2009年11月制定了《关于开展新型农村社会养老保险试点工作的实施意见》,规定:凡年满60岁的老年农民,只要家庭子女缴费参加新农保,就可每月获得55元的基础养老金,年满16周岁、不到60周岁的农村人口,每人每年自愿选择缴纳100元、200元、300元、400元、500元五个档次的养老保险费,有条件的村集体经济组织,可对参加新农保的农民给予适当补助。省对参保人缴费给予补贴,补贴标准为每人每年30元,由省、市、县(市、区)按1:1:1的比例分担;省直管县(市)由省、县(市)按1:1的比例分担。对农村重度残疾人等缴费困难群体实行特殊补贴政策,农村重度残疾人参保缴费的,由政府为其每年代缴81元养老保险费,省、市、县分担比例参照上述普通缴费群体标准。

表7.1 河北省新型农村养老保险制度的财政补贴方案

环节	补助对象		补助情况			
			中央财政	省财政	市财政	县(市、区)财政
缴费环节(入口)	参保农民养老保险个人账户	普通缴费群体	不补	10元	10元	10元
		农村重度残疾人		27元	27元	27元
给付环节(出口)	最低标准基础养老金(55元/月人)		中央财政全额补助	不补	不补	不补
	提高和加发部分基础养老金		不补	不补	不补	补助100%

注:本表根据河北省新型农村养老保险实施方案编制而成。

三、模型构建

（一）模型构建的基本思想及参数确定

1.模型构建的基本思想

新型农村养老保险制度采取的是"统账结合"模式,其中个人账户采用的是缴费预定计划,以缴费水平确定未来的给付水平。从已有学者研究发现,目前的养老支付远远不能满足未来农民的养老需求。所以,首先确定未来农民养老所需的目标给付水平,在一定精算假设下估计现在有效缴费水平①。根据未来给付精算现值等于未来缴费精算现值的思想,个人账户平衡公式为:

$$(Y_p + G_p)\left(\frac{P}{A}, i, r - p\right) = (C_r - G_c)\left(\frac{P}{A}, i, d - r\right)\left(\frac{P}{F}, i, r - p\right)$$

其中,p 为开始缴费的年龄;r 为开始退休的年龄;d 为死亡年龄,即个人账户保证给付的年龄终点;Y_p 为个人年缴费额;G_p 为地方财政在进口环节对个人账户的年补贴额,目前的标准为 30 元/年/人;C_r 为退休后每年所需的理论上的养老支出,即退休后每年领取的退休金;G_c 为中央财政对 60 周岁以上老年人在出口环节补贴的基础养老金,目前为 660 元/年/人;$\left(\frac{P}{A}, i, r - p\right)$ 和 $\left(\frac{P}{A}, i, d - r\right)$ 是以利率 i 计算相应年份在年初交付年金的年金现值系数;$\left(\frac{P}{F}, i, r - p\right)$ 是以利率 i 计算的复利现值系数。

2.模型成立的几个假设条件

（1）假设参保农民缴费年限从开始缴费算起一直缴到退休年龄,缴费档次已经选择不变更,连续参保,中途不退保。

---

① 有效缴费水平是指能够满足未来农民养老需求的缴费水平。

（2）由于河北省集体经济不发达,假设不存在集体补助。

（3）假设参保对象为农村普通缴费群体,而不考虑农村重度残疾人群。

（4）假定参保农民达到 60 周岁后,在每年的年初一次性领取全年的养老金。

3. 模型参数假定

（1）个人账户养老金平均计发年限。根据现行制度规定,个人账户养老金的月计发标准为个人账户全部储存额除以 139。由此可知参保农民个人账户养老金平均计发年限 $n = 139/12 \approx 11.58$,取整数为 12 年,故 $d = 72$ 岁。

（2）个人账户年计息利率 i。个人账户储存额可以参考中国人民银行公布的一年期同期存款利率计息,我们以 2001—2010 年 10 年间金融机构人民币一年期存款利率的平均值 2.5% 为计算参照物,考虑到未来通货膨胀因素影响,我们假定 $i = 3\%$。

（3）开始投保年龄划分为 20 岁、25 岁、30 岁、35 岁、40 岁、45 岁六档。

（4）退休后养老金的给付标准 C_r 的合理水平。合理给付水平受两方面因素的制约:一是要保证长期养老基金的收支平衡,主要考虑政府的财政负担能力,标准不能太高;二是还要能够满足老年农民未来的养老需求,维持基本的、必要的生活支出。因此,可以根据河北省 2012 年农村人均生活消费支出计算,主要包括食品、衣着、医疗保健、交通通讯、家庭设备等几个方面的支出共计 2613.21 元①,即 $C_r = 2613.21$ 元/年/人。

---

① 根据《2013 河北省经济年鉴》有关数据计算而来。

（二）三种方案对农民有效缴费能力影响分析

1. 不考虑财政补贴情况下农民的有效缴费能力分析

在没有财政补贴时，即中央政府和地方政府的财政补贴和 G_c 和 G_p 均为 0 时，将其与参数值代入个人缴费能力模型，可测出不同投保年龄下有效缴费的理论值（表7.2）。

表7.2　不考虑财政补贴时个人的有效缴费理论值

参保年龄（岁）	20	25	30	35	40	45
年缴费 Y_0（元）	341	425	540	705	956	1382

从表2估算值可以看出：在其他条件相同时，农民开始参保缴费的年龄越小，即缴费年限越长，所需年缴费标准就越低；参保年龄越大，年缴费标准就越高，负担越重。并且随着开始参保年龄增大，所缴保费标准上升的越快，25岁开始投保的缴费标准是20岁的1.25倍，30岁开始投保的缴费标准是25岁的1.27倍，35岁开始投保的缴费标准是30岁的1.31倍，40岁开始投保的缴费标准是35岁的1.36倍，45岁开始投保的缴费标准是40岁的1.45倍，其主要原因是40岁以后人的死亡率逐年递增。

以上缴费标准是根据参保农民将来领取的养老金能够"养得起"自己的标准计算出来的理论值，所以要想达到"养得起"的水平，农民的实际缴费额应该大于或等于该理论值，满足的条件应为：

$$Y_p \geq Y_0$$

但是"养得起"并不意味着农民"缴得起"，农民的投保能力直接取决于农民的人均纯收入。根据人寿保险经验，某一寿险是否能被人们接受，除了收益率等因素外，另一重要因素就是投保者的收入水平。对于年收入 10000 元以内的群体,购买寿险产品所缴纳的保费一般不超过年收入的 10%。假设 Y_n 为 n 县农民人均纯收入,则农民有效缴费的约束条件为:

$$Y_0 \leq Y_p \leq Y_n \times 10\%$$

只有满足这一约束条件,才能才能达到"养得起"和"缴得起"标准,参保农民可选择的缴费档次,见表 7.3。

表 7.3 不考虑财政补贴下农民可选择的有效缴费 Y_p（元）

试点县（区）	$Y_n \times$ 10%	20 岁投保 $Y_0 =$ 341	25 岁投保 $Y_0 =$ 425	30 岁投保 $Y_0 =$ 540	35 岁投保 $Y_0 =$ 705	40 岁投保 $Y_0 =$ 956	45 岁投保 $Y_0 =$ 1382
鹿泉	864	400、500 二档	500 一档	无	无	无	无
正定	814	400、500 二档	500 一档	无	无	无	无
藁城	860	400、500 二档	500 一档	无	无	无	无
遵化	802	400、500 二档	500 一档	无	无	无	无
迁安	1096	400、500 二档	500 一档	无	无	无	无
乐亭	847	400、500 二档	500 一档	无	无	无	无
迁西	817	400、500 二档	500 一档	无	无	无	无
唐海	894	400、500 二档	500 一档	无	无	无	无
昌黎	697	400、500 二档	500 一档	无	无	无	无
卢龙	610	400、500 二档	500 一档	无	无	无	无
抚宁	669	400、500 二档	500 一档	无	无	无	无
青龙	390	无	无	无	无	无	无
大名	429	500 一档	500 一档	无	无	无	无
曲周	594	400、500 二档	500 一档	无	无	无	无
武安	716	400、500 二档	500 一档	无	无	无	无
邯郸县	686	400、500 二档	500 一档	无	无	无	无

续表

试点县（区）	$Y_n \times 10\%$	20岁投保 $Y_0 = 341$	25岁投保 $Y_0 = 425$	30岁投保 $Y_0 = 540$	35岁投保 $Y_0 = 705$	40岁投保 $Y_0 = 956$	45岁投保 $Y_0 = 1382$
涉县	537	400、500 二档	500 一档	无	无	无	无
巨鹿	342	无	无	无	无	无	无
南宫	525	400、500 二档	500 一档	无	无	无	无
沙河	635	400、500 二档	500 一档	无	无	无	无
涞源	200	无	无	无	无	无	无
涿州	727	400、500 二档	500 一档	无	无	无	无
万全	394	无	无	无	无	无	无
怀安	399	无	无	无	无	无	无
隆化	374	无	无	无	无	无	无
滦平	350	无	无	无	无	无	无
肃宁	571	400、500 二档	500 一档	无	无	无	无
献县	476	400 一档	无	无	无	无	无
任丘	736	400、500 二档	500 一档	无	无	无	无
青县	647	400、500 二档	500 一档	无	无	无	无
孟村	470	400 一档	无	无	无	无	无
大厂	770	400、500 二档	500 一档	无	无	无	无
广阳	727	400、500 二档	500 一档	无	无	无	无
安次	752	400、500 二档	500 一档	无	无	无	无
安平	565	400、500 二档	500 一档	无	无	无	无
冀州	519	400、500 二档	500 一档	无	无	无	无
枣强	307	无	无	无	无	无	无

注：表中 Y_n 数据来源于《2013 年河北省经济年鉴》，"无"表示就目前五个缴费档次而言没有有效缴费档次可选择，即不具备有效缴费能力。

由表 7.3 分析可知,在不考虑财政补贴情况下:

(1)人均纯收入高的试点县(区)比人均纯收入低的试点县(区)农民可选择的有效缴费档次多。在人均纯收入 5000 元以下的孟村、献县、大名,农民基本不具备有效缴费能力;在人均纯收入 4000 元以下的青龙、巨鹿、涞源、万全、怀安县、隆化、滦平县、枣强,农民完全不具备有效缴费能力。

(2)开始投保年龄小的比开始投保年龄大的可选择的有效缴费档次多。投保年龄在 30 岁以上的农民完全不具备有效缴费能力;只有在人均纯收入 5000 元以上的试点县(市),25 岁开始投保的农民才具备极其有限的有效缴费能力,其余县(市)完全不具备有效缴费能力;除了青龙、巨鹿、涞源、万全、怀安县、隆化、滦平县、枣强以外[1],20 岁开始投保的农民都具备有效缴费能力。

因此,可以得出在没有财政补贴情况下,农民的有效缴费能力非常低。

2. 现行制度安排下财政补贴对农民有效缴费能力的影响

当有财政补贴时,将 G_c = 660, G_g = 30 以及其他假定参数重新代入个人有效缴费能力模型,可测出在不同投保年龄下的缴费理论值(表 7.4)。

表 7.4 现行财政补贴状况下个人的有效缴费理论值(元)

参保年龄(岁)	20	25	30	35	40	45
年缴费 Y_0(元)	224	286	372	494	682	998

同样要满足约束条件 $Y_0 \leq Y_p \leq Y_n \times 10\%$,要达到"养得起"和

---

① 这几个地区的人均收入水平都较低,有效缴费能力差。

"缴得起"标准,农民的有效缴费档次见表7.5。

表 7.5　在现有财政补贴政策下农民可选择的有效缴费档次 Y_p

(单位:元)

试点县（区）	$Y_n \times$ 10%	20 岁投保 $Y_0 = 224$	25 岁投保 $Y_0 = 286$	30 岁投保 $Y_0 = 372$	35 岁投保 $Y_0 = 494$	40 岁投保 $Y_0 = 682$	45 岁投保 $Y_0 = 998$
鹿泉	864	300—500 三档	300—500 三档	400—500 二档	500 一档	无	无
正定	814	300—500 三档	300—500 三档	400—500 二档	500 一档	无	无
藁城	860	300—500 三档	300—500 三档	400—500 二档	500 一档	无	无
遵化	802	300—500 三档	300—500 三档	400—500 二档	500 一档	无	无
迁安	1096	300—500 三档	300—500 三档	400—500 二档	500 一档	无	无
乐亭	847	300—500 三档	300—500 三档	400—500 二档	500 一档	无	无
迁西	817	300—500 三档	300—500 三档	400—500 二档	500 一档	无	无
唐海	894	300—500 三档	300—500 三档	400—500 二档	500 一档	无	无
昌黎	697	300—500 三档	300—500 三档	400—500 二档	500 一档	无	无
卢龙	610	300—500 三档	300—500 三档	400—500 二档	500 一档	无	无
抚宁	669	300—500 三档	300—500 三档	400—500 二档	500 一档	无	无
青龙	390	300 一档	300 一档	无	无	无	无

试点县（区）	$Y_n \times 10\%$	20岁投保 $Y_0 = 224$	25岁投保 $Y_0 = 286$	30岁投保 $Y_0 = 372$	35岁投保 $Y_0 = 494$	40岁投保 $Y_0 = 682$	45岁投保 $Y_0 = 998$
大名	429	300、400二档	300、400二档	400一档	无	无	无
曲周	594	300—500三档	300—500三档	400—500二档	500一档	无	无
武安	716	300—500三档	300—500三档	400—500二档	500一档	无	无
邯郸县	686	300—500三档	300—500三档	400—500二档	500一档	无	无
涉县	537	300—400二档	300—400二档	400一档	500一档	无	无
巨鹿	342	300一档	300一档	无	无	无	无
南宫	525	300—500三档	300—500三档	400—500二档	500一档	无	无
沙河	635	300—500三档	300—500三档	400—500二档	500一档	无	无
涞源	200	无	无	无	无	无	无
涿州	727	300—500三档	300—500三档	400—500二档	500一档	无	无
万全	394	300一档	300一档	无	无	无	无
怀安	399	300一档	300一档	无	无	无	无
隆化	374	300一档	300一档	无	无	无	无
滦平	350	300一档	300一档	无	无	无	无
肃宁	571	300—500三档	300—500三档	400—500二档	500一档	无	无

续表

试点县（区）	$Y_n \times$ 10%	20 岁投保 $Y_0 = 224$	25 岁投保 $Y_0 = 286$	30 岁投保 $Y_0 = 372$	35 岁投保 $Y_0 = 494$	40 岁投保 $Y_0 = 682$	45 岁投保 $Y_0 = 998$
献县	476	300、400 二档	300、400 二档	400 一档	无	无	无
任丘	736	300—500 三档	300—500 三档	400—500 二档	500 一档	无	无
青县	647	300—500 三档	300—500 三档	400—500 二档	500 一档	无	无
孟村	470	300、400 二档	300、400 二档	400 一档	无	无	无
大厂	770	300—500 三档	300—500 三档	400—500 二档	500 一档	无	无
广阳	727	300—500 三档	300—500 三档	400—500 二档	500 一档	无	无
安次	752	300—500 三档	300—500 三档	400—500 二档	500 一档	无	无
安平	565	300—500 三档	300—500 三档	400—500 二档	500 一档	无	无
冀州	519	300—500 三档	300—500 三档	400—500 二档	500 一档	无	无
枣强	307	300 一档	300 一档	无	无	无	无

注：表中 Y_n 数据来源于《2013 年河北省经济年鉴》，"无"表示就目前五个缴费档次而言没有效缴费档次可选择，即不具备有效缴费能力。

一是财政补贴普遍降低了农民的缴费负担，增强了农民的有效缴费能力。但在现有财政补贴力度下，40 岁以上农民投保仍不具备有效缴费能力。

二是财政补贴不仅普遍扩大了农民有效缴费档次的选择，还缩小了不同投保年龄农民之间的有效缴费能力差距。

三是人均纯收入 6000 元以上的鹿泉、正定、迁安、遵化、抚宁、唐海、任丘、武安、青县、邯郸县等 20 个县（区），农民有缴费能力，但没有有效缴费档次选择。

四是人均纯收入 4000 元以下的青龙、巨鹿、涞源、万全、怀安县、隆化、滦平县、枣强，30 岁以上的农民开始投保不具备有效缴费能力，但是 20 岁或 25 岁投保具备了缴费能力。

3. 提高财政补贴对农民有效缴费能力影响分析

即使在现有财政补贴条件下，40 岁以上农民投保仍不具备有效缴费能力，所以我们提高财政补贴水平来预估对农民有效缴费能力的影响。考虑到 2000—2012 年全国财政收入年平均增速为 20% 左右，我们假定中央政府和地方政府补贴在现有基础上提高 20%，则中央政府对 60 周岁以上农民在现有 660 元/年养老金补贴基础上提高至 792 元/年，地方政府在现有 30 元/年基础上提高至 36 元/年。则将 $G_c = 792$，$G_g = 36$ 以及其他假定参数重新代入个人有效缴费能力模型，可测出在不同投保年龄下的缴费理论值（见表 7.6）。

表 7.6　提高财政补贴状况下个人的有效缴费理论值

（单位：元）

参保年龄（岁）	20	25	30	35	40	45
年缴费 Y_0（元）	200	258	338	452	627	922

同样要满足约束条件 $Y_0 \leq Y_p \leq Y_n \times 10\%$，要达到"养得起"和"缴得起"标准，农民的有效缴费档次见表 7.7。

表 7.7 提高财政补贴状况下农民可选择的有效缴费档次 Y_p（元）

试点县（区）	$Y_n \times$ 10%	20 岁投保 $Y_0 = 200$	25 岁投保 $Y_0 = 258$	30 岁投保 $Y_0 = 338$	35 岁投保 $Y_0 = 452$	40 岁投保 $Y_0 = 627$	45 岁投保 $Y_0 = 922$
鹿泉	864	200—500 四档	300—500 三档	400—500 二档	500 一档	无	无
正定	814	200—500 四档	300—500 三档	400—500 二档	500 一档	无	无
藁城	860	200—500 四档	300—500 三档	400—500 二档	500 一档	无	无
遵化	802	200—500 四档	300—500 三档	400—500 二档	500 一档	无	无
迁安	1096	200—500 四档	300—500 三档	400—500 二档	500 一档	无	无
乐亭	847	200—500 四档	300—500 三档	400—500 二档	500 一档	无	无
迁西	817	200—500 四档	300—500 三档	400—500 二档	500 一档	无	无
唐海	894	200—500 四档	300—500 三档	400—500 二档	500 一档	无	无
昌黎	697	200—500 四档	300—500 三档	400—500 二档	500 一档	无	无
卢龙	610	200—500 四档	300—500 三档	400—500 二档	500 一档	无	无
抚宁	669	200—500 四档	300—500 三档	400—500 二档	500 一档	无	无
青龙	390	200—300 二档	300 一档	无	无	无	无
大名	429	200—400 三档	300、400 二档	400 一档	无	无	无

试点县（区）	$Y_n \times 10\%$	20岁投保 $Y_0 = 200$	25岁投保 $Y_0 = 258$	30岁投保 $Y_0 = 338$	35岁投保 $Y_0 = 452$	40岁投保 $Y_0 = 627$	45岁投保 $Y_0 = 922$
曲周	594	300—500三档	300—500三档	400—500二档	500一档	无	无
武安	716	200—500四档	300—500三档	400—500二档	500一档	无	无
邯郸县	686	200—500四档	300—500三档	400—500二档	500一档	无	无
涉县	537	200—500四档	300—400二档	400一档	500一档	无	无
巨鹿	342	300一档	300一档	无	无	无	无
南宫	525	200—500四档	300—500三档	400—500二档	500一档	无	无
沙河	635	200—500四档	300—500三档	400—500二档	500一档	无	无
涞源	200	200一档	无	无	无	无	无
涿州	727	200—500四档	300—500三档	400—500二档	500一档	无	无
万全	394	200—300两档	300一档	无	无	无	无
怀安	399	200—300两档	300一档	无	无	无	无
隆化	374	200—300两档	300一档	无	无	无	无
滦平	350	200—300两档	300一档	无	无	无	无
肃宁	571	200—500四档	300—500三档	400—500二档	500一档	无	无

188

续表

试点县（区）	$Y_n \times 10\%$	20岁投保 $Y_0 = 200$	25岁投保 $Y_0 = 258$	30岁投保 $Y_0 = 338$	35岁投保 $Y_0 = 452$	40岁投保 $Y_0 = 627$	45岁投保 $Y_0 = 922$
献县	476	200—400 三档	300、400 二档	400 一档	无	无	无
任丘	736	200—500 四档	300—500 三档	400—500 二档	500 一档	无	无
青县	647	200—500 四档	300—500 三档	400—500 二档	500 一档	无	无
孟村	470	200—400 三档	300、400 二档	400 一档	无	无	无
大厂	770	200—500 四档	300—500 三档	400—500 二档	500 一档	无	无
广阳	727	200—500 四档	300—500 三档	400—500 二档	500 一档	无	无
安次	752	200—500 四档	300—500 三档	400—500 二档	500 一档	无	无
安平	565	200—500 四档	300—500 三档	400—500 二档	500 一档	无	无
冀州	519	200—500 四档	300—500 三档	400—500 二档	500 一档	无	无
枣强	307	200—300 两档	300 一档	无	无	无	无

注:表中 Y_n 数据来源于《2013 年河北省经济年鉴》,"无"表示就目前五个缴费档次而言没有有效缴费档次可选择,即不具备有效缴费能力。

由表 7.7 分析可知,提高财政补贴后,对于 40 岁以上农民有效缴费能力的影响仍然是失灵的,这部分人群仍不具备有效缴费能力。同样对于 100 元的最低缴费档次,即使 20 岁就开始投保也属于无效缴费档次,不能满足未来农民的养老需求。但对于20岁投保农民有较大影响,其有效缴费档次增加了,尤其是对于人均纯收入低于4000元的地区,大大提高了其缴费能力。说明提高财政补贴对于经济落后地区的农民有更大的激励效应,即低收入地区对财政补贴的依赖性更强。

第三节　主要结论及政策建议

由上面分析可知,相对于"没有财政补贴"方案而言,"现有财政补贴"和"提高财政补贴"这两种方案无疑普遍增强了农民的有效缴费能力,降低了农民的缴费负担,扩大了农民有效缴费档次的选择,同时,还缩小了不同投保年龄农民之间的有效缴费能力差距。但是仍存在40岁以上投保为无效缴费能力,以及现有制度安排中最低缴费档次100元无效的状态。说明在现有财政支持力度下,农民可选择的有效缴费档次最低应该是300元,但目前农民的参保缴费档次一般是100—200元,低于有效缴费档次。因此,在现有财政支持力度下,已参保农民达不到"缴得起"并"养得起"的目标,不能满足未来的养老需求。如果不对现有新农保制度进行调整,则会留下制度隐患,直接影响到新农保制度的稳定可持续发展。因此建议:

(一)构建反映新农保发展变化的动态增长型财政补贴机制

据统计第一批新农保试点全部实施后,中央财政2009—2010年度增加的支出仅100亿元左右,仅占中央财政收入增加的1.5%①。可以看出中央完全有能力提高55元的基础养老金水

①　2010年中央财政收入为42488.47亿元,比2009年增加6572.76亿元,则100/6572.76=1.5%。

平。而通过前面的测算可知,目前的制度设计根本不能满足农民未来的养老需求。因此,随着我国经济发展水平的提高,持续加大对新型农村养老保险制度的财政投入,在保持存量不动的基础上,坚持增量基金的持续投入,并要有一个基本的增长目标,可以把财政增长率作为基本目标,这个增长目标可以以五年为一个周期。以我国的实际财政承受能力分析,目前也已基本具备了这个条件。如果再考虑到公共财政支出的优先性原则,在财政增量支出的结构分配中,对于关乎农民养老的新型农村养老保险应是财政倾斜的重点,则人均财政补贴数额还应提高。地方财政由于面临着较大的财政资金压力,在现行财政体制不变情况下,可以因地制宜适度增加补贴数额。

(二)提高最低缴费档次的缴费额

通过模型分析可知,目前大多数农民选取的100元缴费档次,不能满足未来维持基本生活支出需要。而在笔者所做的问卷调查中,在100—500五个缴费档次中,90%的农民选取的是100元的最低缴费档次。农民之所以选取100元的最低档次,是因为选择100元缴费档次能更快收回投资。鉴于100元的缴费档次根本无法"养得起"农民,建议可以把最低缴费档次缴费额提高至200元,以后随着财政补贴的不断增加,最低缴费档次缴费额也动态增加。

(三)在地方政府积极调整财政支出结构的基础上,中央、省级要加大对县级政府的转移支付力度

"地方财政压力较大,筹集补贴费用有困难"已成为各方共识。所以地方政府要及时调整财政支出结构,正如温家宝在新农保经验交流会上提出的"一些经济比较困难的地区压力会比较大,要调整财政支出结构,宁肯少上几个项目,也要确保这方面的

支出"。但是除了制度规定的财政补贴外,新农保有多种补贴需要县级财政承担,如对农村重度残疾人的补贴、给予参保人缴费的补贴、新农保工作经费等,而县级财力还需要支付其他众多项目的配套资金,如2012年财政性教育经费要达到4%的目标,地方政府也要配套大量资金。在增量资金有限的情况下,单纯依靠调结构已不能解决根本问题。因此,要加大中央财政转移支付力度,有效缓解地区间经济发展水平、农民收入水平和政府财力水平差异较大的矛盾;省级适当增加专项转移支付,以缓解县级财政补贴特殊群体负担过重的问题。

(四)健全保障机制,避免出现"大跃进"

目前,我国的新型农村养老保险制度的推广带有"运动式"突击的特征,从上到下各级政府都非常重视,基本上是把其当作一项政府业绩来抓。但一旦制度步入常态化之后,有一些问题就会凸显出来,最为紧迫的就是缺乏新农保推广的经费保障机制,经费保障主要包括公用经费、人员经费、培训经费等。由于新农保以县级管理为主,所以经费主要来源于县级财政,可是在当前我国"财力上收,事权下放"的体制安排下,经费来源非常不稳定。就人员经费而言,以村为例,多由村干部负责收缴,尤其是在每年的集中收缴期,工作任务繁重,可是村干部本身"多干活并没有多收入",积极性不高。而且,在基层实际工作中还雇用了很多村协管员协助收缴养老金,因为村协管员多为兼职,人员未定岗定编,只能象征性地发些补助。补助水平低,这就面临着村协管员大规模辞职的风险。因此在"全覆盖"背景下,最为迫切的是完善经费保障机制,避免新农保出现反复。

第八章　城乡居民养老保险政府财政支持能力分析

　　政府的财政支持是城乡居民养老保险制度建立和顺利实施的关键。城乡居民养老保险基金由个人缴费、集体补助、政府补贴构成,其中政府对于个人缴费进行一定补贴,即"入口补贴";对符合领取城乡居民养老保险待遇条件的参保人全额支付基础养老金,即"出口补贴"。由此可见,政府财政应该提供多大比例的资金支持、财政是否有能力提供这一支持是研究的关键问题。从分析方法上看,关于我国政府对城乡社会养老保险是否具备财政补贴能力的问题,目前的研究主要是采用简单计算和统计预测的方法进行论证。

　　城乡居民养老保险的政府财力支持主要涉及人口老龄化、养老金缺口、政府财政能力预测等几个方面。本章旨在前人研究的基础上,对财政支持城乡居民养老保险的能力进行了进一步研究。首先从理论上研究影响财政负担能力的因素进行分析,其次结合静态分析和动态预测对城乡居民养老保险的缺口进行分析,再研究测算了中央政府的整体财政负担水平,然后以河北省为例,对河北省财政对城乡居民养老保险的支持水平进行分析预测,最终得出结论并提出政策建议。

第一节　养老保险财政负担能力的影响因素分析

一、现行城乡居民养老保险财政负担模型分析

城乡居民养老保险作为新型农村社会养老保险和城镇居民社会养老保险的合并,基本继承了前两者的模式。为简化分析,下面利用目前被多数地区所采纳的最简化的国务院文件规定的制度模式,主要是财政补贴项目方面只保留一般缴费补贴和基础养老金最低标准两项,各级财政对各个补贴项目的分担比例按照国务院文件执行。

对于财政负担结构和财政责任分担机制,分别有以下几条假设①:

1. "入口补贴"方面实行一般缴费补贴,即无论参保农村居民选择哪一档次缴费,均补贴一个固定额;

2. "出口补贴"方面实行基础养老金最低标准补贴,假定没有其他形式的基础养老金财政补贴。也就是说,无论到达领取条件的参保人员选择何种缴费档次、参保缴费期限多长,享受的基础养老金财政补贴的额度是相同的;

3. 基础养老金财政补贴方面,东部地区由中央财政和地方财政各承担50%,中西部地区全部由中央财政承担;

4. 东部、中部、西部地区的一般缴费补贴均由地方财政负担;

5. 不考虑集体补助的具体化,可视为一个不变因素,不影响分析结果。经过上述简化的城乡居民养老保险制度模式是以下基本

---

① 参见王成鑫:《中国新型农村养老保险财政负担水平研究》,辽宁大学博士学位论文。

分析框架,分析中使用的缴费补贴和基础养老金补贴的概念,分别指一般缴费补贴和基础养老金最低标准。

城居保作为一项社会保险制度,遵循社会保险精算的一般原理,即保障需求和保障供给要实现平衡。而保障需求取决于保障制度设计时给付结构及水平的确定,保障供给则来源于参保人员的缴费和政府财政的投入。

从保障需求的角度来看,以上年农村人均纯收入作为基数,按照一定的替代率来确定保障水平。如果设养老金需求量为 S,替代率为 R,上年农村人均纯收入为 Y,农村人均纯收入年均增长率为 g,当年待遇领取人数为 Q_2,则可以定义某一年养老金需求量 S 的表达式,即:

$$S = R \times Y \times (1 + g) \times Q_2 \tag{8.1}$$

从保障供给的角度来看,个人账户收入和统筹基金账户收入之和,构成了养老金支付能力。为便于分析,需要做几个假定:

1. 由于城乡居民养老保险参保人员缴费是分成若干档次的,选择各个档次的实际人数难以确定,特别是要满足与养老金需求量对比分析的要求,这里有必要引入缴费比例和缴费基数的概念,来替代计算参保人员全年缴费总额;

2. 参保人员参保过程不中断,而且一旦参保并选择缴费档次后也保持不变,目的是减少分析的复杂性;

3. 以上年农村人均纯收入作为缴费基数;

4. 把政府缴费补贴标准和政府基础养老金补贴标准与上年农村人均纯收入对应起来,引入政府缴费补贴系数和政府给付补贴系数的概念,即政府缴费补贴标准等于上年农村居民人均纯收入乘以政府缴费补贴系数,政府基础养老金补贴标准等于上年农村居民人均纯收入乘以政府给付补贴系数。

基于上述这些假定,如果设:养老保险费收入为 T,缴费比例为 K,上年农村人均纯收入为 Y,政府缴费补贴系数为 m,政府给付补贴系数为 n,当年实际缴费人数为 Q_1,当年领取待遇人数为 Q_2,则可以定义某一年的养老保险费收入 T 的表达式,即:

$$T = (K \times Y + m \times Y) \times Q_1 + n \times Y \times Q_2 \tag{8.2}$$

根据社会保险供求平衡的精算原理,可以得到:

$$S = T \tag{8.3}$$

把(7.1)和(7.2)带入(7.3)之中,可以得到:

$$R \times (1 + g) \times Q_2 = (K + m) \times Q_1 + n \times Q_2 \tag{8.4}$$

$$R \times (1 + g) = \frac{(K + m)}{\dfrac{Q_2}{Q_1}} + n \tag{8.5}$$

而政府财政负担总量来源于政府缴费补贴和政府基础养老金补贴之和。如果设:政府财政负担为 G,上年农村人均纯收入为 Y,政府缴费补贴系数为 m,府给付补贴系数为 n,当年实际缴费人数为 Q_1,当年领取待遇人数为 Q_2,则可以定义政府财政负担 G 的表达式,即:

$$G = m \times Y \times Q_1 + n \times Y \times Q_2 = (m \times Q_1 + n \times Q_2) \times Y \tag{8.6}$$

二、影响现行城乡居民养老保险财政负担能力的因素分析

根据前面构建的现行城乡居民养老保险制度财政负担模型,可以看出影响政府财政负担的因素主要有:

1. 人口结构 Q_1、Q_2 和 Q_2/Q_1。包括参保缴费人数 Q_1 和领取待遇人数 Q_2,两者均与财政负担呈现正相关的影响。尤其值得注意的是,制度抚养比 Q_2/Q_1 是重要的制度参数,对政府财政负担

的影响非常大。

2.经济发展水平 Y 和 g。主要体现在农村人均纯收入及其年均增长率上,两者均与财政负担呈现正相关的影响。

3.制度替代率 R。这个参数通过影响基础养老金给付标准来影响政府财政负担。前面的分析中使用了经济收入作为分析基数,也可以使用消费支出作为分析基数,而且就城乡居民养老保险而言后者更接近现实。如果从研究城乡居民养老保险适度水平或者其动态调整机制角度出发,有的学者也采用了将经济收入和消费支出按照不同比例进行组合作为分析基数,来观察经济发展水平、生活水平、物价水平对待遇水平的综合影响。

4.缴费比例 K。这个参数与财政负担是负相关的,参保人员选择较高的缴费档次,在政府缴费补贴水平不变的条件下是最有利的,也是制度期望看到的。

5.政府补贴系数 m 和 n。从(8.6)可以看出,这两个参数对政府财政负担是正相关的影响,但是两者之间是相互制约的,在其他参数不变的情况下,式子(8.5)构成了约束条件。这两个参数的意义很大,是调控政府财政负担的重要手段。具体的调控方案有三个:一是单独调 m,也就是强化"入口补贴",增加对参保人员特别是年轻参保人员的吸引力;二是单独调 n,也就是强化"出口补贴",增加对参保人员特别是大龄参保人员的吸引力;三是同时强调 m 和 n,求得制度的平衡。

政府财政补贴是城乡居民养老保险制度的核心和特色。现行城乡居民养老保险制度从参保缴费和待遇享受两个环节实施财政补贴,在适龄参保人员和老龄参保人员之间、在提高参保缴费吸引力和提高保障水平之间寻找平衡点。从以上分析研究可以看山,影响政府财政负担的因素很多,除财政负担结构以外,还受总待遇水平设定、参保人员结构、经济发展水平等制度参数制约。现行城乡居民养老保险制度要求各级财政共同承担财政补贴,需要研究各级财政在其承受范围内的合理负担水平问题,以保证制度的可持续性。

第二节　城乡居民养老保险制度
财力供求缺口分析

一、城乡居民养老保险供求的静态分析①

2013 年全国的绝对贫困线标准是人均收入 2300 元,如果以此为标准实施农村社会养老保险的保险金发放标准,60 岁以上的农村老年人口约为 10508.81 万人(样本 92581 人,抽样比为 0.0887%)。那么,对于年龄为 60 岁以上的农村老年人进行养老金的发放,总的养老金需求为 2300 元×10508.81 万人 = 24170263 万元≈2417.03 亿元。而在 2013 年,我国的财政收入为 60198.48 亿元,只需拿出 4.01% 的财政收入就足以实现农村社会养老的保险金的发放标准达到绝对贫困线水平。

二、城乡居民养老保险需求的动态预测分析——结合人口老龄化

人口老龄化是当今世界人口发展的普遍趋势,既是社会发展进步的重要标志,也成了未来发展的突出瓶颈。一个国家或地区进入人口老龄化发展阶段的国际公认标准,就是 60 岁以上人口占

---

① 城乡居民养老保险的参保对象包括农村居民和城镇居民,由于城镇居民难以单独统计,考虑到其参保人数占总人数的比重为 1.6%,可以考虑忽略不计,仅考虑农村参保人员的变动情况,以下分析均按照这一方法。

总人口的比重达到10%,或者65岁人口占总人口的比重达到7%。2000年是中国进入人口老龄化社会的重要时间节点,在这一年中国60岁以上老年人口占当年总人口的比重达10%,绝对人数达到1.3亿。中国的人口老龄化现象与世界其他国家相比,有一些显著特点:第一,中国的老龄人口绝对数量世界第一,这是其他国家都没有面临的问题;第二,中国人口的老龄化速度很快。虽然中国与最早进入老龄化社会的法国相比晚了一个世纪,与最晚进入老龄化社会的发达国家日本相比也晚了30年,但是西方发达国家人口结构由成年型进入老年型大都经历了100年左右时间,转变最快的日本也用了50年左右的时间,而中国进入这一阶段只用了20年时间;第三,中国的老龄化阶段与并不发达的经济阶段处于同一时期,给国家的经济社会发展带来巨大挑战;第四,中国的人口众多,并且主要集中于农村地区,农村的老龄化问题比城镇更加严峻。根据2010年中国第六次人口普查数据显示,中国人口总数为13.39亿,其中农村居民6.74亿,占总人口的50.32%。

辽宁大学人口研究所关于中国人口老龄化问题的研究表明,我国人口老龄化过程分成三个阶段:

第一阶段:初显老龄化阶段(1982—2000年)。截至2000年,我国已经步入老年型社会,但仍然处于人口老龄化早期。在这一阶段,少儿人口比重开始下降,中老年人口在总人口中所占比例和人口年龄中位数都在上升,人口老龄化由此显现。其中65岁及以上的老年人口系数增长非常迅速,由1982年的4.9%上升到2000年的7.1%,60岁及以上的老年人口系数则从8.1%上升到10.5%;老龄化指数也由1982年的14.6%上升到2000年的33.5%,上涨了一倍之多;少儿人口系数则稳步下降至22.9%,其结果是老龄化指数以更大的幅度上升;年龄中位数也在2000年超过了 30 岁。以上指标数值都达到了老年型社会的划分标准,这标志着我国在 20 世纪末已经进入了老年型社会,并且老龄化趋势还在进一步增强。在这段时间里,70 年代生育率下降对总体年龄结构的影响作用刚刚开始,因此,老龄化速度不是很快,老龄化程度也不是很高,但却完成了人口由成年型向老年型的转变。

第二阶段:急速老龄化阶段(2000—2035 年)。计划生育政策导致的生育率下降对人口年龄结构造成的影响已经充分显示出来,使这一阶段成为老年人口增长最快、老龄化速度最快的时期。在这 35 年里,总人口一直在缓慢增长,从 2000 年的 123987.8 万人增加到 2035 年的 145141.5 万人,上涨了 17.1%,年均增长 604万人;与此同时,老年人口规模一直在飞速扩大,65 岁及以上的老年人口从 2000 年的 9498.8 万人增加到 2035 年的 26861.1 万人,大约上涨了 1.8 倍,年均增长约 496 万人,而 60 岁及以上的老年人口则从 12969.1 万人增加到 37204.2 万人,大约上涨了 1.9 倍,年均增长约 692 万人;总人口的缓增与老年人口的激增并存使老龄化速度指数的增长趋势非常明显,老年人口的增长速度总是远远大于总人口的增长速度(老龄化速度指数大于 1),致使人口老龄化水平大幅度攀升;少儿人口系数稳步下降,至 2035 年已降到17.3%,35 年内下降了 5.6 个百分点;年龄中位数持续增长,到2035 年已达到 42.3 岁,上涨了 37%;社会总抚养比则呈现出先减后增的发展趋势,在 2035 年达到了 55.8%,其中老年抚养比快速增长,由 10.5%增长到 25.6%,这主要是源于老年人口的突增和少儿人口与劳动年龄人口的骤降。仅用了 35 年的时间,我国人口类型就急速从轻度老龄化转变成重度老龄化。

第三阶段:高度老龄化阶段(2035—2050 年)。2035 年以后,总人口增长非常缓慢,甚至在 2045 年以后出现了负增长,然而,老年人口数量和老龄化水平仍然在持续增加,但增加幅度明显下降,老年人口系数的缓慢增长使老龄化水平居高不下;由于21世纪初期生育政策的调整,少儿人口系数呈现出明显的回升趋势,这将导致21世纪后期人口老龄化水平的降低;年龄中位数也在逐渐下降,但下降幅度不是很大。①

以上三个阶段的部分老龄化指数预测结果如表8.1所示,通过比较可以看出,无论在哪个阶段,老年人口规模、老龄化水平均呈现出先突增、后缓增的发展态势,老龄化水平与总和生育率呈反向变动,总和生育率越低,老年人口系数越高,总和生育率的高低直接影响总人口数量,进而影响老年人口系数。如果总和生育率在现阶段仍然维持较低的水平,将会加重人口老龄化趋势,如果从现在开始逐渐上调总和生育率,无疑将会减缓人口老龄化进程。

表 8.1 2050 年三个阶段部分老龄化指标数值

阶段	60 岁老年人口数(万人)	60 岁老年人系数(%)	65 岁老年人口数(万人)	65 岁老年人系数(%)	少儿人口系数(%)	年龄中位数(岁)
第一阶段	43293.1	27.1	3198.1	20.0	21.6	38.4
第二阶段	42827.3	29.3	34121.8	21.6	18.5	41.5
第三阶段	43293.1	33.0	31981.1	24.4	14.3	46.0

资料来源:穆怀中等:《国家统计局人口老龄化与社会保障研究报告》,2003。

我们还需要对未来近50年的老年人口数量进行测算,本文在这里参考了辽宁大学人口研究所课题组的数据,以下是2015—2050年中国农村人口60岁以上人口数以五年为间隔,如表8.2

---

① 参见刘晴晴:《新型农村社会养老保险的财政支持力度研究》,南京财经大学硕士学位论文。

所示。

表 8.2　2015—2050 年中国农村人口 60 岁以上人口数

单位:万人

年份	60 岁以上人口数	年份	60 岁以上人口数
2015	10508. 81	2035	17556. 03
2020	11386. 48	2040	16682. 64
2025	13519. 53	2045	16054. 58
2030	16321. 09	2050	17600. 7

资料来源:穆怀中等:《国家统计局人口老龄化与社会保障研究报告》,2003。

　　根据上述表格可以绘制折线图 8.1。由图中可以看出,中国 60 岁以上人口在 2015 至 2035 年间持续增长,2035 年到 2050 年间基本维持在 17000 万人左右。需要养老金的人数是逐年上升的,在 2034 年时,需求人数达到了最多,从 2035 年开始出现下降的趋势,随后一直处于一个相对稳定的下降趋势,下降的幅度非常小。造成这一现象的主要原因是,20 世纪六七十年代出生的那一代人,在 2036 年基本上已经步入领取养老金的行列。而又由于计划生育政策的实施,80 后、90 后出生的人数越来越少,相应的缴费人数越来越少,则相应财政负担加重。

　　人口老龄化已经成为研究中国经济社会发展的一个基本国情,当然也是建立农村社会养老保障体系过程中不容回避的重要问题。分析现行城乡居民养老保险制度的财政负担水平,需要预测中央财政和东部、中部、西部地区地方财政的收入和支出情况,也需要预测未来中国人口总量和结构及其变动趋势,即农村人口总量、农村老年人口总量和农村抚养比是重要的考虑因素。

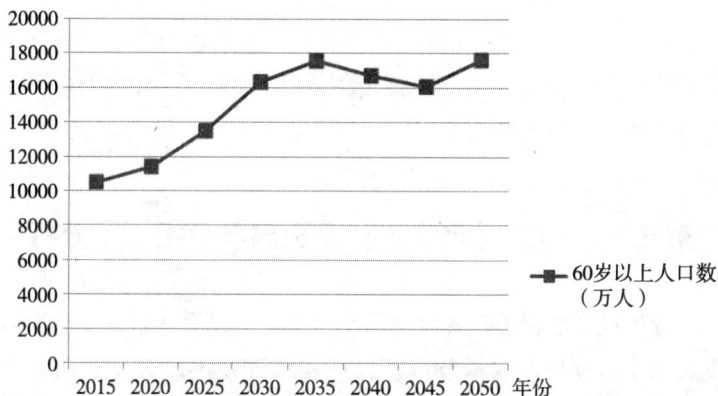

图 8.1　2015—2050 年中国农村人口 60 岁以上人口数

注：根据表 8.2 用 Excel 绘制而成。

三、城乡居民养老保险财政供给的动态预测分析

　　根据辽宁大学人口研究所报告的人口老龄化的预测结果，我国在 2035 到 2050 年农村 60 岁以上人口数基本维持在 17000 万人左右。仍以全国农村绝对贫困线标准是人均收入为发放标准，贫困线标准动态增长与农村人均收入增长挂钩，财政收入与 GDP 增长率挂钩。根据经济发展速度、农村老龄化、城镇化水平和人均收入增长情况，我们可以将农村人均纯收入增长率 g 设定为高、中、低三个值，分别为 2.04%、4.08%、6.12%[①]，我们选取最高值 6.12% 进行测算。我国目前处于一个经济高速发展时期，但是不可能一直持续保持高增长的发展态势。有学者经过研究发现：从我国 GDP 中长期潜在增长率的自身发展趋势看，未来我国经济的

[①]　贾宁，袁建华：《基于精算模型的"新农保"个人账户替代率研究》，《中国人口科学》2010 年第 3 期。

中长期潜在增长率将呈下降趋势①,可将财政收入的平均增长率设定为 6% 比较符合实际情况。根据养老金支出占财政收入的比例来测算供给缺口,我们可以大致测算出到 2050 年,养老金支出占财政收入的比例约为 3.9%。

第三节　中央财政收支状况预测与负担水平分析

分析城乡居民养老保险财政支持水平必须首先预测未来财政收入和支出规模。在本节以及以后各章涉及财政收支预测内容时,需要利用数理统计模型得到初始预测值,由于初始预测值所参照的变动率不可能完全符合未来实际变动率,一般趋势是在目前高速增长的基础上缓慢下降,因此需要对初始预测值进行一定修正。修正的依据有两个:其一是中国经济在 21 世纪中叶达到中等发达国家水平,届时年均经济增长率回落到 6%;其二是假设财政收支增速与宏观经济增长率保持一致,由目前的实际增长率线性回落,增速在 2050 年亦下降到 6%。

一、中央财政收入状况预测

首先建立一个中央财政收入的回归预测模型,基础数据来源于《中国统计年鉴》2014 年版上列出的中央财政收入数据,跨期为 1994—2013 年,跨度 20 年。将上述数据记为序列 Y,具体数据如表 8.3 所示。

---

① 李建伟:《我国经济增长的内在趋势及其周期性波动特征》,调查研究报告 2006 年。

表 8.3　1994—2013 年中央财政收入　　　单位:亿元

年份	财政收入	年份	财政收入
1994	2906.50	2004	14503.10
1995	3256.62	2005	16548.53
1996	3661.07	2006	20456.62
1997	4226.92	2007	27749.16
1998	4892.00	2008	32680.56
1999	5849.21	2009	35915.71
2000	6989.17	2010	42488.47
2001	8582.74	2011	51327.32
2002	10388.64	2012	56175.23
2003	11865.27	2013	60198.48

资料来源:《中国统计年鉴(2014)》,中国统计出版社 2014 年版。

　　将表 8.3 中的数据绘制成折线图,如图 8.2 所示。

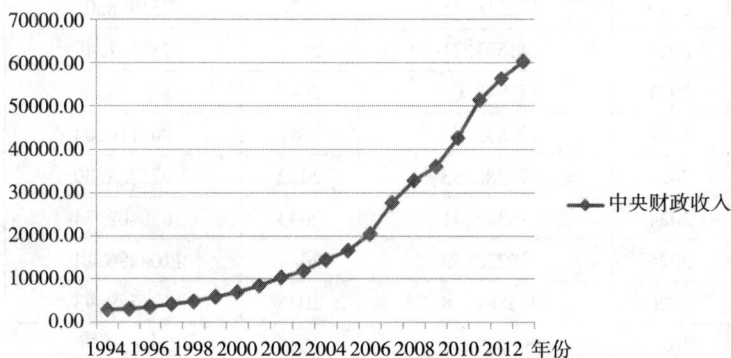

图 8.2　1994—2013 年中央财政收入

注:根据表 8.3 用 Excel 绘制而成。

　　由图 8.2 可以看出,序列 Y 有明显的上升趋势,因此有必要先

205

检验变量的平稳性,否则会出现伪回归的情况。首先,为消除趋势,对序列的自然对数进行单位根检验。t 统计量大于显著性水平 10% 的值,因此序列为非平稳,为单位根过程。而后,为消除趋势对序列做一阶差分,t 统计量小于显著性 5% 的值,序列平稳,可以进行模型的建立和参数估计。其次,对序列绘制自相关图,通过对偏自相关图的分析,由参数估计可知多项式倒数根落入单位圆内,满足过程平稳要求,模型可用。模型估计结果见表 8.4。

表 8.4 2014—2050 年中央财政收入预测   单位:亿元

年份	中央财政收入预测	年份	中央财政收入预测
2014	69448.67	2033	494648.13
2015	78721.93	2034	536888.22
2016	88989.01	2035	581669.28
2017	100325.26	2036	629057.32
2018	112808.44	2037	679114.3
2019	126518.48	2038	731898.01
2020	141537.21	2039	787461.49
2021	157948.09	2040	845853.08
2022	1755835.93	2041	907116.04
2023	195286.53	2042	971288.39
2024	216386.41	2043	1038402.74
2025	239222.39	2044	1108486.14
2026	263881.28	2045	1181559.93
2027	290449.50	2046	1257639.70
2028	319012.68	2047	1336735.20
2029	349655.30	2048	1418850.30
2030	382460.32	2049	1503982.98

续表

年份	中央财政收入预测	年份	中央财政收入预测
2031	417508.75	2050	1592125.35
2032	454879.33		

注:根据表8.3进行自回归预测计算得出。

二、中央财政支出状况预测

跟上一节相似,建立一个中央财政支出的回归预测模型,基础数据来源于《中国统计年鉴(2014)》上列出的中央财政支出数据,跨期为1994—2013年,跨度为20年。将上述数据记为序列Ⅰ,具体数据如表8.5所示。

表8.5 1994—2013年中央财政支出   单位:亿元

年份	财政支出	年份	财政支出
1994	1754.43	2004	7894.08
1995	1995.39	2005	8775.97
1996	2151.27	2006	9991.40
1997	2532.50	2007	11442.06
1998	3125.60	2008	13344.17
1999	4152.33	2009	15255.79
2000	5519.85	2010	15989.73
2001	5768.02	2011	16514.11
2002	6771.70	2012	18764.63
2003	7420.10	2013	20471.76

资料来源:《中国统计年鉴(2014)》,中国统计出版社2014年版。

将表8.5中的数据绘制成折线图,如图8.3所示。

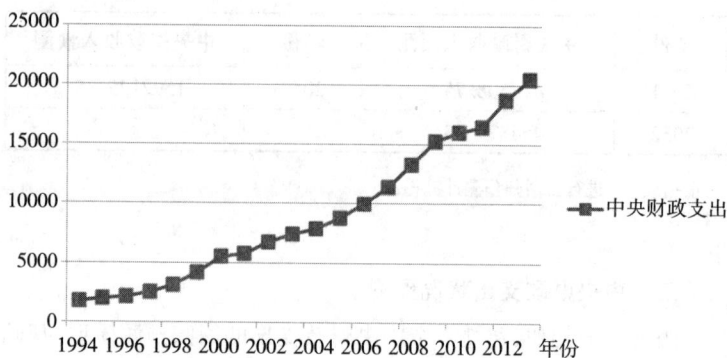

图 8.3　1994—2013 年中央财政收入

注:根据表 8.5 用 excel 绘制而成。

同理,参照中央财政收入的预测,同样可推算中央财政支出的模拟结果。预测结果见表 8.6。

表 8.6　2014—2050 年中央财政支出预测　　单位:亿元

年份	中央财政支出预测	年份	中央财政支出预测
2014	43099. 09	2033	685043. 04
2015	53406. 44	2034	757362. 93
2016	63305. 36	2035	834361. 94
2017	75984. 23	2036	916053. 41
2018	90639. 87	2037	1002427. 66
2019	107475. 97	2038	1093452. 02
2020	126701. 35	2039	1189071. 30
2021	148527. 95	2040	1289208. 36
2022	173168. 71	2041	1393764. 91
2023	200835. 35	2042	1502622. 52
2024	231736. 06	2043	1615643. 83

续表

年份	中央财政支出预测	年份	中央财政支出预测
2025	266073.11	2044	1732673.84
2026	304040.57	2045	1853541.36
2027	345822.00	2046	1978060.53
2028	391588.27	2047	2106032.45
2029	441495.53	2048	2237246.81
2030	495683.34	2049	2371483.54
2031	554272.97	2050	2508514.51
2032	617365.98		

注:根据表8.5进行自回归预测计算得出。

三、中央财政对现行城乡居民养老保险制度基础养老金负担水平

基础养老金实质上是一种普惠制给付,即只要农村居民达到60岁以上的某个年龄,就有权利享受普惠式养老金,而不论其以前是否缴费、就业历史和收入现状。根据城乡居民养老保险试点政策规定,中央财政以中央确定的基础养老金最低标准为基数,对中西部地区给予全额补助,对东部地区给予50%的补助。现行城乡居民养老保险制度下中央确定的基础养老金最低标准为每人每月55元。如果按照年来计算为660元/人/年,即对中西部地区中央财政补助660元/人/年,对东部地区中央财政补助330元/人/年。

测算中央财政城乡居民养老保险财政负担水平,主要是针对基础养老金部分,可以从财政收入和财政支出两个口径来进行。对基础养老金占中央财政收入比例进行测算,主要目的是从财力

上判断中央财政是否有能力承担对农村养老保险基础养老金的给付;而对基础养老金占中央财政支出比例进行测算,主要目的则是对支出中应有多大比例养老金给付预算作出判断。

由于现行城乡居民养老保险制度下中央财政对东部和中西部地区基础养老金补助政策不同,因此某一年度的中央财政基础养老金负担总额由对东部地区补助总额和对中西部地区补助总额两部分组成。而中央财政对东部地区、中西部地区的年补助额,分别由该地区中央财政补助年均标准乘以该地区 60 岁以上老年人口数获得。基于此,可以用公式来定义收入和支出口径的中央财政负担水平,即中央财政补贴总额占同期中央财政收入和支出的比重。

(一)以收入口径定义的中央财政负担水平

中央财政补贴总额占同期中央财政收入的比重的公式为:

$$BS_i = \frac{Q_i^k \times T_k \times (1 + r_{基})^{(i-2015)}}{S_i}, 其中 i = 2015, 2016 \cdots 2050,$$

$$k = 1, 2 \tag{8.7}$$

上式中,BS_i 表示中央财政收入的基础养老金负担水平;T_k 表示中央财政对基础养老金的补贴额,当 k = 1 时,表示中央从财政对东部地区基础养老金人均年补贴额,当 k = 2 时,表示中央财政对中西部地区基础养老金人均月补贴额;i 表示 2015—2050 年期间的具体年份;Q_i^k 表示 2015—2050 年期间 60 岁以上老人数[1],其中当 k = 1 时表示东部地区,当 k = 2 时表示中西部地区;S_i 表示2015—2050 年期间中央财政收入额,$r_{基}$ 表示基础养老金的年增长率。其中根据基础养老金从 2009 年的 55 元涨到了 2015 年的 70

---

① 本书的 60 岁人口数据预测均使用辽宁大学课题组提供的数据。

元,可计算出基础养老金的年增长率约为 0.04。因此将 $r_{基}$ 设定为
0.04 比较符合实际情况。

（二）以收入口径定义的中央财政负担水平

中央财政补贴总额占同期中央财政支出的比重的公式为:

$$BZ_i = \frac{Q_i^k \times T_k \times (1 + r_{基})^{(i-2015)}}{Z_i},\text{其中 i} = 2015, 2016 \cdots 2050,$$

k = 1

(8.8)

上式中, BZ_i 表示中央财政支出的基础养老金负担水平; Z_i
表示 2015—2050 年间中央财政支出额,其他参数均和(8.7)一样。

为了简化分析,我们以 5 年为一个单位测算,即 i 的取值为
2015、2020⋯2050。表 8.7 即是按照现行城乡居民养老保险制度
确定的中央财政补贴负担项目和中央财政、地方财政分担比例进
行测算的结果,包括给付总额、财政收入口径负担水平、财政支出
口径负担水平。图 8.4 对中央财政对现行城乡居民养老保险制度
基础养老金的财政收入口径和支出口径的负担水平进行了比较。

表 8.7　现行制度下 2015—2050 年中央财政对基础养老金负担水平

年份	农村老年人口数（万人）	基础养老金总额（亿元）	以收入口径定义的中央财政负担水平(%)	以支出口径定义的中央财政负担水平(%)
2015	10508.81	859.22	1.09	1.61
2020	11386.48	1180.10	0.83	0.93
2025	13519.53	1671.20	0.70	0.63
2030	16321.09	2404.24	0.63	0.49
2035	17556.03	3116.33	0.54	0.37
2040	16682.64	3849.48	0.46	0.30
2045	16054.58	4725.13	0.40	0.25

年份	农村老年人口数（万人）	基础养老金总额（亿元）	以收入口径定义的中央财政负担水平(%)	以支出口径定义的中央财政负担水平(%)
2050	17600.7	6155.46	0.39	0.25
均值	—	2995.14	0.63	0.60

资料来源,根据公式(8.7)和(8.8)计算得来。

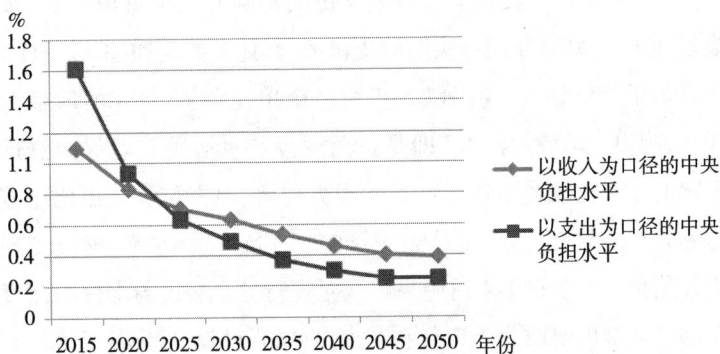

图 8.4 现行制度下 2015—2050 年中央财政对基础养老金负担水平

资料来源:根据表 8.7 用 excel 绘制而成。

根据以上的测算可知:(1)城乡居民养老保险政策中给予每位农村老年人每月 55 元的基础养老金,由此所构成的农村老年人基础养老金总需求由 2015 年的 859.22 亿元逐渐递增到 2050 年的 6155.46 亿元,在 35 年的跨期中基础养老金均值为 2995.14 亿元;(2)以收入口径定义的中央财政负担水平由 2015 年的 1.09%逐渐下降到 2050 年的 0.39%,而同期以支出口径定义的中央财政负担水平虽然初期要高于以收入口径定义的中央财政负担水平,但在后期其下降速度快于财政收入负担水平,由 2015 年的 1.61%

逐渐下降到 2050 年的 0.25%；(3) 2015—2050 年间中央财政收入的城乡居民养老保险基础养老金负担水平均值为 0.63%，而中央财政支出的城乡居民养老保险基础养老金负担水平均值为 0.60%；可知养老金负担水平均在 1.5% 以下，参考新型农村养老保险的财政供给(财政供给＝财政补贴＋基础养老金支出)占财政收入的 0.5%—1.5% 不会形成财政负担(华黎，郑小明，2010)，因此养老金支出在财政负担合理承受范围之内。(4) 中央财政支出口径的负担水平的绝对值比同期中央财政收入口径的负担水平的绝对值要高很多，原因在于现行税收体制下中央财政自身处于收大于支的格局，但是会随着中央财政收支结构变化而逐步缩小差距。

第四节　城乡居民养老保险地方财政负担水平——以河北省为例

一、河北省农村养老保险的发展历程和现状

河北省农村社会养老保险工作开始于 1987 年，此后开始在部分地区开展试点工作，重点是探索建立现代意义的农村社会养老保险制度。在试点的基础上，根据 1992 年民政部下发的《县级农村社会养老保险基本方案》，以及国务院办公厅在 1995 年 10 月转发的民政部《关于进一步做好农村社会养老保险工作意见的通知》开展了农村社会养老保险工作。截止到 1996 年，全省共有 300 多万农民参加养老保险，积累基金 5 亿元，形成了省、市、县、乡、村上下贯通的管理体系。

1997 年 7 月，农村社会养老保险作为农民负担被列入清理之列；1998 年 9 月，国务院体制改革，将民政部门管理的农村社会养

老保险划归劳动和社会保障部门管理。1999 年 3 月,河北省省级农村社会养老保险机构顺利划转到了劳动保障厅;1999 年 7 月,国务院批准并转发了《整顿保险业工作小组保险业整顿与改革方案的通知》,对农村社会养老保险"要进行清理整顿,停止接受新业务,区别情况,妥善处理,有条件的地方可以逐步将其过渡为商业保险"。政策的改变使大多数地区出现混乱,许多农民纷纷退保,近一年多时间,全省退保 100 余万人。2000 年,省政府下发文件,确定了省级管理为主,分级管理,分散风险的基金管理模式,保险基金全部清理到了存银行、买国债的增值渠道上来,各项工作逐步规范。

至 2003 年,全省共有 59 个县(市、区)开展了农村社会养老保险工作,230 万人参加养老保险,积累资金 4.8 亿元,35000 人开始领取养老金。党的十六大报告提出"有条件的地方探索建立农村养老、医疗保险和最低生活保障制度"后,各级劳动和社会保障部门努力探索农保新模式,部分地区在筹集资金的模式上取得了重大突破,农保工作呈现出了崭新的面貌。

截止到 2005 年,共有 165 个县(市、区)、3000 多个行政村和乡镇企业建立了农村社会养老保险制度;1347 个乡镇的农村社会养老保险业务转到了社保机构管理,初步形成了比较系统的管理服务网络;参保总人数达到 236 万人,基金积累总额达到 5.6 亿元,5 万多农民开始领取养老金,农村社会养老保险的保障功能初步显现。

2009 年,根据国务院出台的《指导意见》,河北省于当年 11 月制定了《关于开展新型农村社会养老保险试点工作的实施意见》(下文简称《实施意见》),并确定在鹿泉市、沙河市、涿州、怀安、枣强、滦平、大厂、青龙、抚宁、迁安、遵化、唐海、任丘、青县、肃宁、武安、涉县、邯郸县等 18 个县(市)开展新农保首批试点工作。《实施意见》规定:凡年满 60 岁的老年农民,只要家庭子女缴费参加新农保,就可每月获得 55 元的基础养老金;年满 16 周岁、不到 60 周岁的农村人口,每人每年自愿选择缴纳 100 元、200 元、300 元、400元、500 元五个档次的养老保险费,有条件的村集体经济组织,可对参加新农保的农民给予适当补助。省财政对参保人缴费给予补贴,补贴标准为每人每年 30 元。对农村重度残疾人等缴费困难群体实行特殊补贴政策。农村重度残疾人参保缴费的,由政府为其每年代缴 81 元养老保险费。政府对参保人缴费补贴和重度残疾人代缴养老保险费所需资金,由省、市、县(市、区)按 1:1:1 的比例分担。省财政直管县(市)由省、县(市)按 1:1 的比例分担。非省财政直管县(市)改为省财政直管县(市)后,按省财政直管县(市)的政策执行。

　　2014 年新型农村社会养老保险和城镇居民社会养老保险合并为城乡居民社会养老保险。个人缴费由之前的 10 个档次调整到 13 个档次,缴费标准目前设为每年 100 元、200 元、300 元、400元、500 元、600 元、700 元、800 元、900 元、1000 元、1500 元、2000元、3000 元 13 个档次。参保人可自主选择档次,按年缴费,多缴多得。对选择 100—400 元档次标准缴费的,政府补贴标准为每人每年 30 元;对选择 500 元及以上档次标准缴费的,补贴标准为每人每年 60 元。政府为参保的重度残疾人每人每年代缴 100 元养老保险费。缴费补贴和为重度残疾人代缴养老保险费所需资金,由省、设区市、县(市、区)按 1:1:1 的比例分担,省财政直管县(市)所需资金设区市负担部分由省级财政负担。鼓励设区市、县(市、区)政府为长期缴费、选择较高档次标准缴费的参保人和重度残疾人适当增加政府补贴金额。

按照意见,政府对符合领取城乡居民基本养老保险待遇条件的参保人全额支付基础养老金;鼓励中青年城乡居民长期缴费,对缴费超过 15 年且符合领取条件的参保人,每多缴费 1 年,其月基础养老金增加 1 元。

二、河北省现行城乡居民养老保险制度保障水平测算

替代率是表征社会养老保险保障水平的重要指标,本节拟采用替代率来分析和测量现行城乡居民养老保险制度的保障水平。按照现行城乡居保制度关于养老金待遇给付结构的设计,养老金给付分为基础养老金和个人账户养老金两个部分。因此,现行城乡居保制度的保障水平也由上述两个部分的给付水平共同决定。从替代率角度来看,现行城乡居保制度的总替代率是基础养老金替代率和个人账户养老金替代率之和。

由于"城乡居保"是由新型农村养老保险和城镇居民养老保险合并而来,我们仍在新农保制度下测算替代率水平。

下面对城乡居保制度保障水平的测算,将以国务院印发的《关于开展新型农村社会养老保险试点的指导意见》为依据,并做出如下基本假设:

1. 将全国开始进行新农保试点的 2009 年,作为制度开始的基准年,并将参加新农保的农村居民分为"老人"、"中人"、"新人"三类。其中:"老人"是指截至 2009 年已经达到规定的养老金待遇领取年龄的参保农村居民,"中人"是指截至 2009 年距离规定的养老金待遇领取年龄不足 15 年的参保农村居民,"新人"是指截至 2009 年距离规定的养老金待遇领取年龄超过 15 年的参保农村居民。

2. 农村居民参保时,按照新农保试点政策规定的 100 元、200

元、300 元、400 元、500 元五个缴费档次向个人账户供款。而且假定:在直到领取养老金待遇的整个参保缴费过程中,缴费档次不改变且缴费不中断。

3. 集体补助和政府补贴标准无动态调整机制,始终保持不变,而且在农村居民缴费的同时记入农村居民个人账户。

4. 达到规定领取养老金待遇年龄的"老人",在每年年初领取养老金。"老人"的符合参保条件的子女都已入保,即"老人"均具有领取基础养老金的资格。

5. 对"中人"不再有补缴满 15 年的要求。这主要是考虑由于对补缴部分不给予政府补贴,"中人"补缴的积极性不会很大。

6. 政府根据经济和物价变动情况,每年对新农保制度的基础养老金水平进行调整。

基于此,可以用如下几个公式来定义"老人"的基础养老金替代率 R_1、"中人"和"新人"未来的养老金替代率 R_2、个人账户养老金替代率 R_3 和现行新农保制度总替代率 R,即:

(一)"老人"的基础养老金替代率为

$$R_1 = P_0 / Y_0 \tag{8.9}$$

P_0 为新农保试点开始实施年份(2009 年)的基础养老金,按规定即为 55 元/月,一年的养老金为 660 元。Y_0 为新农保试点开始实施年份上一年度(2008 年)的河北省农村居民人均纯收入。

(二)"中人"和"新人"未来的基础养老金替代率 R_2 的测算公式为

$$R_2 = \frac{P_0 (1 + f)^{60-a}}{Y_0 (1 + g)^{60-a}} \tag{8.10}$$

上式中,P_0 为新农保试点开始实施年份(2009 年)的基础养老金,Y_0 为新农保试点开始实施年份上一年度(2008 年)的河北省农村居民人均纯收入,f 为基础养老金调整系数,g 为农村居民人均纯收入增长率,a 为缴费时年龄。

(三)个人账户养老金替代率 R_3 的测算公式为

$$R_3 = \frac{B \sum_{i=1}^{60-a} (1+g)^{60-a-i} (1+r)^i + (A+T) \sum_{k=1}^{60-a} (1+r)^k}{Y_0 (1+g)^{60-a} \sum_{j=1}^{m} \frac{1}{(1+r)^{j-1}}}$$

(8.11)

上式中,B 为新农保试点开始实施年份(2009 年)的年缴费标准,r 为个人账户的年收益率,A 为集体的年补助标准,T 为政府对参保农村居民的年缴费补贴标准,m 为个人账户养老金平均预计计发年限,i 为缴费年限,k 为缴费补贴年限。

(四)新农保制度下的总替代率测算公式为

$$R = R_2 + R_3 \tag{8.12}$$

在测算替代率之前,需要对上述公式(8.10)、(8.11)、(8.12)中的各个参数作符合实际的取值:1. 根据新农保试点政策,可以得到:a 为 15—59 岁,B 为 100 元至 500 元共五个缴费档次,A 为 0 元(假设没有集体补助),T 为 30 元,P_0 为 660 元,m 为 11. 58 年(139 个月);2. 根据 2008 年河北省农村人均纯收入的有关统计数据,Y_0 为 4795 元;3. 基础养老金调整系数、农村居民人均纯收入增长率两个指标的数值影响着替代率的测算。考虑到基础养老金水平与农村人均纯收入原则上应当保持同步增长,这样才能保证参保的农村居民分享到经济发展的成果,因此,可以设定 g=f。从公式(8.10)可以看出,g 和 f 的实际取值多少,并不影响对"中人"养老金替代率的测算;4. 根据历史数据和现行金融机构利率情况,暂定 g 为 5. 5%(f 亦为 5. 5%)、r 为 3%。

将上述赋值参数带入以上公式(8.10)、(8.11)、(8.12),可以得到不同参保年龄和不同缴费档次下的新农保制度的替代率,见表8.8。

表8.8　新农保制度下不同参保年龄和不同缴费档次下的替代率

单位:%

年龄	100 元档次	200 元档次	300 元档次	400 元档次	500 元档次
16	33.94	39.61	45.28	50.94	56.61
20	33.66	39.02	44.39	49.75	55.12
25	33.18	38.20	43.14	48.08	53.02
30	32.80	37.26	41.72	46.19	50.65
35	32.26	36.19	40.11	44.03	47.95
40	31.63	34.95	38.26	41.57	44.89
45	30.89	33.52	36.15	38.77	41.40
50	30.01	31.87	33.72	35.57	37.43
55	28.97	29.95	30.93	31.92	32.90
59	27.99	28.19	28.40	28.61	28.81

资料来源:根据公式(8.10)、(8.11)和(8.12)计算得来,对于缴费年限不足15年的参保人不要求补缴满15年,按实际缴费年限测算。

由上表可以得出如下结论

1.经测算得到基础养老金的替代率中,由于 g 和 f 设定相同,所以 $R_1 = R_2$,该值是一个常数为 13.86%。因此决定养老金总替代率的关键就在于个人账户养老金替代率。

2.从测算的个人账户养老金替代率来看,第一,参保人员选择的缴费档次越高,个人账户养老金的替代率越高;第二,对于不同年龄开始参保的农村居民而言,参保时的年龄越大或者说参保缴费时间越晚,其个人账户养老金的替代率越低;第三,对于参保时年龄较大的农村居民而言,如果由低到高选择不同档次的缴费水平,其获得的个人账户养老金替代率上升幅度不大,因此存在年龄越大、选择缴费档次越高反而获得的收益率相对更低的问题。

3. 设定 g = f,即基础养老金水平与农村人均纯收入保持同步增长,只是设计新农保制度的理念,并没有成为实际政策。因此,存在基础养老金水平和农村人均纯收入两者增长不同步的问题。如果这样,"中人"的养老金替代率就不再与"老人"的养老金替代率一致。

4. 农村基本养老金替代率应当控制在 50% 左右(郑功成,2008),由上表可以看出 30 岁以前的农民选择缴费档次 500 则均可达到 50% 的替代率。那我们应该鼓励农民尽量选择较高的缴费档次,并且较早缴费,这样能够保证农村在老年时享受较高的养老水平。

以上基于新农保制度下测算替代率水平得到的结论对于现行城距保有很大的借鉴意义。因为城居保制度基本继承了新农保的制度框架,只是缴费档次由 5 档变为了 13 档,缴费标准目前设为每年 100 元、200 元、300 元、400 元、500 元、600 元、700 元、800 元、900 元、1000 元、1500 元、2000 元、3000 元 13 个档次。由上述结论,缴费档次越高,个人账户养老金替代率就越高,则在目前制度下,同等年龄的人选择 3000 元档次的替代率最高。那么政府应该鼓励居民尽量选择较高的缴费档次。同时缴费年龄也对替代率水平有一定影响,越早缴费替代率水平越高,因此政府首先要完善落实城居保政策,尽早全面覆盖,其次要加大城居保政策的宣传力度,并在一定程度上提高政府补助,让更多的城乡居民加入城乡居民养老保险。

三、河北省现行城乡居民养老保险制度财政负担模型的构建及测算

构建地方财政负担模型,要根据中央对地方政府具体政策来考虑。河北省在在城乡居民养老保险制度中被划分到了中西部地区,中央全额补助基础养老金,因此河北省政府所需补助的只有入口补助。根据河省的补助标准,500元以下缴费档次均给予每人每年30元补贴,500元以上缴费档次给予每人每年60元补贴。

我们基于财政负担模型(8.6),建立河北省财政负担模型,其中(8.6)中政府给予补贴系数 n 为0(因为河北省只负担入口补贴,基础养老金由中央全额负担),政府缴费补贴即入口补贴与农村人均纯收入挂钩,设置一个与农村人均纯收入增长率相同的增长率 $r_{补}$。

根据政府补贴占财政收入的比例,我们建立如下的地方财政负担模型。

$$B(t) = \frac{G(t)}{R(t)} = \frac{【30 \times \alpha c(t) + 60 \times \beta c(t)】 \times (1 + r_{补})}{R(t)}$$

$$(8.13)$$

其中 $B(t)$ 是地方财政补贴占财政收入的比例,$G(t)$ 是地方政府财政负担,$C(t)$ 为16—59岁人口数,α 为选择500元以下缴费档次的人数,β 为选择500元以上缴费档次的人数,$r_{补}$ 为与农村人均纯收入挂钩的增长率,$R(t)$ 为年度财政收入,t 为时间(以年为单位)。

基本假设如下:(1)城乡居民养老保险仍以农村居民为主,我们所用测算的数据仍然基于农村。(2)根据河北省某县的抽样调查数据显示①,河北省农民有95%选择500元以下的缴费档次。

---

① 笔者在邯郸、保定、沧州等地的调查显示,95%以上农民选择100元的缴费档次。

我们考虑未来政策宣传效果,将会有更多的人选择较高的缴费档次,这里设定 20% 会选择 500 元以上缴费档次,剩下 80% 将选择 500 元以下缴费档次。(3)根据经济发展速度、农村老龄化、城镇化水平和人均收入增长情况,将农村人均纯收入增长率设定为 2.04%、4.08%、6.12% 三个值,我们仍然选取最大值 6.12% 来进行测算。(4)参考新型农村养老保险的财政供给(财政供给 = 财政补贴 + 基础养老金支出)占财政收入的 0.5%—1.5% 不会形成财政负担(华黎,郑小明,2010),我们设定,财政补贴占地方财政收入的 0.5% 不会形成财政负担。

下面我们首先对河北省农村人口进行预测。我们用的是 CPPS 人口预测软件。CPPS 软件人口预测的高质量是基于一系列模型所支持的,本文人口预测采用的主要是分要素人口预测方法。分要素人口预测法实际上是采用系统仿真的思想,可以对人口的年龄结构的动态变化趋势和过程进行模拟分析,既可以根据需要给定不同参数进行人口预测,也可以进行政策分析和仿真实验。

运用 CPPS 人口预测软件,以 2010 年河北省分年龄段分性别人口、死亡率和女性生育率为基数,对 2050 年前河北省人口规模和结构进行预测,以 5 年为一个阶段,基础数据来自《河北省 2010年人口普查资料》。预测结果见表 8.9。

表 8.9 2010—2050 年河北省农村人口分年龄段预测

单位:万人

年份	农村人口数	16—59 岁农村缴费人口数	60 岁以上农村领取养老金人口数
2015	4062	2898	487

续表

年份	农村人口数	16—59 岁农村缴费人口数	60 岁以上农村领取养老金人口数
2020	3831	2827	597
2025	3695	2828	720
2030	3518	2553	837
2035	3286	2249	922
2040	2959	2018	842
2045	2742	1796	872
2050	2437	1510	879

资料来源:根据河北省 2010 年人口普查数据,利用 CPPS 人口预测软件和 Excel 预测。

　　城市化发展一般都会出现农村劳动力逐渐减少的现象,农村中一部分农民都转移到城市中。在表 8.9 可以看出,2015—2050 年河北省农村人口由 4062 万减少到 2437 万,35 年里一共减少了 1625 万人,就是说平均每年减少的人数为 46 万。农村劳动人口的流动,一方面为城镇的发展做出卓越的贡献,填补城镇劳动力市场的空白,促进了一部分经济增长,提高了全体人民的生活水平,为社会繁荣锦上添花;另一方面由于城里的薪酬待遇比较农村有大幅度地提高,也使得农民到城里后的收入有了显著增加,从而消费能力得到大大地提高,同时也增强了社会保险的参保能力,也增加了参加保险的意愿。而那些在城里打工,最后仍然回到农村生活的流动居民,当他们返回到农村的时候,由于收入的增加,使得缴费能力也增强了,对参保意识会有进一步的提高,从而推动了新农保的积极发展。

　　由图 8.5 可见,2015—2050 年,有大量的农村人口迁入城里,

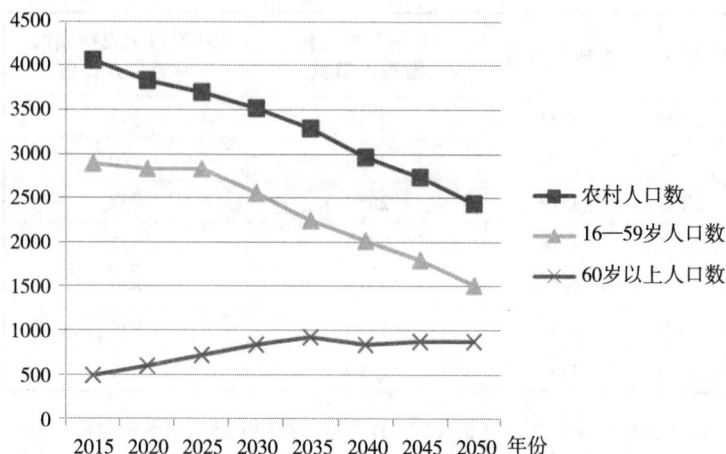

图 8.5　2010—2050 年河北省农村人口分年龄段预测

注:表格用 Excel 根据表 8.9 绘制而成

但是农村农民的人口自然增长速度却是保持相对平稳,这就造成了农村人口数量不断地减少。2015 年河北省农村人口数为 4062 万人,到 2050 年农村人口数为 2437 万人,这期间总共减少了 1625 万人。但由于农村人口老龄化发展的影响,农村老年人口将从 2015 年的 487 万人增加到 2050 年的 879 万人。16—59 岁农村缴费人口数从 2015 年的 2898 万人减少到 2050 年的 1510 万人。

　　下面我们来预测河北省财政收入水平,首先建立一个河北省财政收入的回归预测模型,基础数据来源于《河北省统计年鉴》2013 年版上列出的河北省财政收入数据,跨期为 1991—2012 年,跨度 22 年。将上述数据记为序列 Y,然后建立自回归模型,对河北省进行预测,记为序列 YF。下表为 2015—2050 年河北省财政收入预测,以 5 年为一个间隔。

表 8.10 2010—2050 年河北省财政收入水平预测

单位:亿元

年份	财政收入预测	年份	财政收入预测
2015	4878	2035	15731
2020	6537	2040	21079
2025	8761	2045	25506
2030	11739	2050	30861

资料来源:2013 年版《河北省统计年鉴》,并通过 Eviews5.0 建立自回归预测模型。

由上表可以看出从 2015 年开始河北省财政收入基本保持稳定增长,增长率保持在 6%左右,到了 2040 年之后增长略有下滑。

根据地方财政负担模型进行测算,可以得到表 8.11。

表 8.11 2010—2050 年河北省财政收入负担水平测算

年份	财政收入(亿元)	财政补贴(亿元)	财政负担水平 B(%)
2015	4878	10. 43	0. 21
2020	6537	13. 74	0. 21
2025	8761	18. 43	0. 21
2030	11739	22. 42	0. 19
2035	15731	26. 57	0. 17
2040	21079	32. 27	0. 15
2045	25506	38. 61	0. 15
2050	30861	43. 20	0. 14

资料来源:根据表 8.9 和表 8.10,利用(8.13)测算。

由表 8.11 可以看出,地方财政补贴逐年下降,财政负担水平 B 也由 2015 年的 0.21%降到了 2050 年的 0.14%,基本稳定在 0.2% 左右。根据之前的假定,地方财政补贴占财政收入 0.5%以下不会造成财政负担,所以,河北省财政承担城乡居民养老保险的财政补贴是完全有能力的。由此,可以得出城乡居民养老保险制度的财政补贴对财政负担水平较低,完全在河北省财政的承受范围以内,并且河北省可以在一定基础上增加补贴额度,从而鼓励更多居民选择更高的缴费档次,以达到更高层次的养老水平。

第五节　主要研究结论分析

通过以上对中央和地方对城乡居民养老保险财政支持能力的分析和预测,可以得出以下基本结论。

(一)控制人口结构,适度提高制度替代率和财政补贴系数。影响政府财政负担的因素很多,如人口结构、财政补贴系数、经济发展水平、制度替代率等等,因此需要政府多方位进行控制,在保证经济持续发展的基础上,控制人口结构,尽量提高制度替代率和财政补贴系数,让城乡居民养老保险可持续发展。

(二)人口老龄化要求财政加大投入力度。人口老龄化已经成为中国经济社会发展的一个基本国情,是建立城乡居民社会养老保障体系过程不能回避的重大问题。要保证政府财政能够持续支持,必须正视人口老龄化这个问题,加大财政投入力度。

(三)中央财政有能力满足城乡居民养老保险对财政补贴的需求。通过对中央财政负担水平预测分析,可以发现中央财政负担逐年降低,中央有能力负担城乡居民养老保险的基本养老金供给,并且可以适时提高基础养老金供给。如2015年中央就将基础养老金从55元/月提高到了70元/月,体现了中央对于建立健全城乡居民养老保险的支持力度在不断加大,中央财政也有信心保证城乡居民养老保险的持续发展。

（四）在当前制度背景下,地方政府对城乡居民养老保险的财政补贴是可持续的。通过对河北省地方财政补贴的测算及预测,河北省仅需拿出财政收入的 0.2% 即可承担城乡居民养老保险的财政补贴,在一定基础上提高财政补贴额度,还可以鼓励居民选择更高的缴费档次。并且由替代率分析可以看出,更高的缴费档次可以使居民在退休后达到更高的替代率水平,从而提高居民退休后的养老水平。

第九章 财政分权、城镇化对城乡居民养老保险全覆盖影响的实证分析

第一节 研究综述

国务院于 1997 年颁布了《关于建立统一的企业职工基本养老保险制度的决定》、2009 年颁布了《关于开展新型农村社会养老保险试点的指导意见》、2011 年又颁布了《关于开展城镇居民社会养老保险试点的指导意见》，至此我国已将城镇企业职工（"职保"）、农村居民（"新农保"）、城镇居民（"城居保"）全部纳入到社会基本养老保险体系之中，我国建成了世界上包含人数最多的养老保障体系，标志着我国已经实现了社会基本养老保险的"制度全覆盖"，为我国新型城镇化的推进打下了制度基础。但"制度全覆盖"并不意味着"实际全覆盖"，为了有效提高社会养老保险的规模效益，更大发挥基本养老保险的共济性，"实际全覆盖"（赵亚平,2012）成为我国社会基本养老保险制度推行的下一个工作核心。"实际全覆盖"并非指某个时点相关人员的全部参保，而是指在既定"制度全覆盖"的社会基本养老保险体系的运营过程之中，符合参保条件的人员长期、稳定处于参保状态，而鲜有养老保险新参保人员主动不参保或已经参保人员主动放弃养老保险的行为，是基本养老保险制度真正得以贯彻和实施，并可持续、健康、低成

本发展下去的有力保证。由此,社会基本养老保险"实际全覆盖"的实现则是一个需要长期关注、维持、经营以及管理的过程。

国务院于 2014 年 2 月颁布了《关于建立统一的城乡居民基本养老保险制度的意见》,明确合并"新农保"、"城居保"为城乡居民基本养老保险("城乡居保"),7 月推行了《城乡养老保险制度衔接暂行办法》,以解决"职保"、"新农保"和"城居保"之间的制度接续问题,8 月又推出了《关于进一步推进户籍制度改革的意见》,我国实行了半个世纪的"农业"和"非农业"的二元户籍管理模式退出历史舞台,农民和市民的边界被打破,有助于加速城乡基本公共服务均等化的进程。虽然政府推出的一系列改革对城乡居民以及农村居民参与社会基本养老保险的积极性都具有有效地激励作用,有利于基本养老保险全覆盖的尽快实现。但一方面养老保险参保率既会受到经济水平、市场化程度、就业率、城市化率等宏观条件的制约影响,如地区的经济发展水平和市场化程度与基本养老保险覆盖面呈正比(张光、杨晶晶,2007),就业率和城市化率与养老保险参保率间存在高度正相关关系(安华,2010),且其中的非正规就业人数与养老金覆盖率还呈现出较为显著的负相关关系(王小鲁,2013);另一方面,养老参保率还会受到参保人收入水平、受教育程度、年龄结构、参保意识、个人账户的投资收益率等微观条件的影响,如农村参保人的收入水平与养老保险参保率呈显著正相关关系,但受教育程度与参保率却呈现出负相关关系(王永礼等,2012),投资收益率显著影响养老保险覆盖率并通过了 Granger 因果检验(李升,2010);而养老风险意识、对养老保险政策的了解程度等参保意识对养老保险参保率的影响也非常显著(封铁英,2010);再者,加上养老保险的缴费周期较为漫长,对于一般参保人都要求其有效缴费年限不低于 15 年,都加大了养老保险全覆盖长期有效实现的难度。而就农村居民参加养老保险而言,其相关人员的参保行为还会受到参保手续的便捷程度、经办人员的服务态度(穆怀中、闫琳琳,2012)、对新农保政策的信心(王小春等,2011)以及村域信任、村域规范和村域互动等社会资本(吴玉锋等,2013)等方面的影响,参保干扰因素更为繁杂。

财政补贴也是影响城镇居民养老保险覆盖率的重要因素。勘查城乡居民养老保险制度的发展史,学者们通过反思旧制度的缺陷,取得一个共识:政府责任和必要的财政补贴在农村基本养老保险制度中是不可或缺的,公共财政应全过程参与农村社会养老保障建设(朱俊生、庚国柱,2005;卢海元,2006),离开政府的财政支持只能重蹈旧农保的覆辙。有学者从技术层面借助于数理人口学、精算学、计量经济学进行了新农保推进中制度覆盖率的政策仿真验证了财政补贴是影响新农保覆盖率的重要因素(米红,2008);也有学者构建了保险精算平衡模型论证了财政补贴提高了农民的有效缴费能力,从而有利于提高农民养老保险的参保率(王晓洁,2012)。

综观已有的文献资料,对城镇居民养老保险覆盖率的研究多采用抽样调查问卷,结合 logit 模型、Probit 模型和时间序列等分析方法从微观视角展开,虽然也有学者从宏观角度对城镇化与社会养老保险间的关系做了一些理论分析和研究论证,如蒋占峰(2007)提出乡镇企业人员社会保险的缺乏会阻碍城镇化进程;而徐元明、刘远(2010)认为我国农村土地流转机制的不完善致使城镇化的进程会侵害农民的合法权益,进而激发对社会养老保险的需求;王筱欣、杨臣(2013)通过实证研究更是得出城镇化与养老保险两者间具有相互制约与相互影响的互动关系这一结论。但是将城乡居民养老保险的"实际全覆盖"问题置于我国财政分权以及新型城镇化进程的宏观背景之下共同进行考察,目前却鲜有研究,尤其是"中国式"财政分权对城乡居民养老保险制度覆盖率影响的量化研究更是鲜见。

　　基于此,本章拟从宏观角度分析我国城乡居民基本养老保险制度与当前财政制度以及新型城镇化战略的契合程度,从定性和定量两个层面展开。定性分析财政分权、新型城镇化与城乡居民基本养老保险全覆盖的逻辑机理,构建理论分析框架;量化分析财政分权、新型城镇化等基本因素以及其他因素(诸如失业率、市场化程度、经济开放度等)对城乡居民基本养老保险覆盖率的影响程度,由此探究切实可行的长效策略以实现城乡居民养老保险由"制度全覆盖"向"实际全覆盖"的尽快转换,切实保障城乡居民的养老福利水平。

第二节　财政分权、新型城镇化与城乡居民 养老保险全覆盖的逻辑机理

一、新型城镇化与城乡居民养老保险全覆盖

　　国际上多采用城市化概念来表达人类生产和生活方式从乡村向城市的转化。而在中国,由于农村人口规模庞大,占比达到全国人口的 49.18%①,在历经三十多年的改革进程中,随着我国市场经济的快速发展、工业化进程的逐步加速、农业科技水平的迅速提高,众多的农业劳动力从土地上得以释放,大规模人口向城镇迁移,选择"城镇化"发展道路而非"城市化"更符合我国的基本国情。而十五届三中全会上做出的《关于农业和农村工作若干重大

---

① 根据 2010 年我国第六次人口普查数据公报,我国总人口为 13.705 亿,农村人口为 6.74 亿。

问题的决定》中就已提出"小城镇，大战略"思想；十五届五中全会通过的《关于制定国民经济和社会发展第十个五年计划的建议》中，又倡导"积极稳妥地推进城镇化"，从而首次采用了"城镇化"这一表达方式；十八届三中全上的《关于全面深化改革若干重大问题的决定》中，则提出"中国特色新型城镇化"、"以人为核心的城镇化"理念，强调农业转移人口市民化问题的解决，进一步明确了我国未来城镇化发展的具体目标和准则。由此，当前推行的新型城镇化，其"新"的体现主要在于核心对象由城市经济建设转至为"为人民服务"的全方位城市发展，即通过城镇基础设施的建设、区域产业结构的优化、户籍制度的改革、社保体系的完善等措施，以消除行政、制度等带来的劳动力生产要素自由流动障碍，并提供便利条件，破除城乡二元结构，缩小城乡间的基本公共服务差距，稳步推进城镇基本公共服务的均等化。

虽然我国近些年的城镇化水平增长迅速，1978 年城镇化率①仅为 17.9%，2003 年增至 40.9%，2013 年则达到 53.7%，近十年已长期稳定维持在 3% 的上涨水平（见图 9.1）。但与欧美等发达国家相比仍处于较低水平，如英国 1891 年城市化率已高达 72.05%，美国 1920 年城市化率虽为 51.2%，但 1970 年就已达 73.6%，当前其非农业人口更是高达 90% 以上。又由于我国劳动力空间转移与身份转移的不一致（赵玉红、陈玉梅，2013），若按照户籍进行城镇化率的统计，我国 2012 年的城镇化率仅为 35.27%，与发达国家的差距更为明显。因此，有效推动新型城镇化的进程将会是我国较为长期的发展规划和目标。

---

① 国外多采用城市化率作为衡量城市化水平的指标。城市化率为一地区内的城市人口所占该地区全部人口的比重。此处，采用城镇化率，即一地区内城镇人口数量所占该地区的全部人口数量的比重。

（一）新型城镇化是城乡居民养老保险全覆盖的内在要求

随着我国城镇化进程的逐步推进，更多的农村居民步入城市，融入城市的生活，"共同分享现代化成果"。首先，日益提高的城镇化水平对我国基本养老保险制度提出了更高的要求，我国已经提前8年实现了养老保险的"制度全覆盖"，为实际全覆盖扫清了制度障碍；其次，城镇化尤其是"新型城镇化"理念的提出和宣传，促使愈来愈多的农民对城乡基本公共服务均等化的范围和程度有了更加深入地了解和迫切地诉求，更有助于新型城镇化进程中农民向市民角色主观意识的尽快转化。作为公共服务的基本养老保险将会吸引更多的非就业城乡居民进入到城乡居民基本养老保险体系之中，从而最终真正实现城乡居民养老保险的全覆盖。

（二）新型城镇化将有效拓展城乡居民养老保险全覆盖的广度

新型城镇化的发展会长期引致包括资本、劳动力等各种生产要素向各个城镇的汇聚，进而有效解决本地区的就业问题，推动本地区经济的快速发展，充实本地区的财政收入能力，提高本地区的居民收入水平，为城乡居民养老保险的地方财政补贴和个人缴费提供更好的物质条件，缓解各地方财政为充分保证各项基本养老保险的财政补贴而承载的财政压力（李俊，2012）以及扫除和降低因个人无力缴费而无法参加城乡居民基本养老保险的可能性。自我国"新农保"全面推行以来，其实际参保率呈现逐年递增的趋势，2009年全国平均实际参保率仅为 10.62%，2012年与"城居保"合并实际参保率平均已达 76.58%①（见图9.1）。新型城镇化

---

① 此实际参保率根据《中国统计年鉴》参加新型农村养老保险人数和城乡居民养老保险人数推算得出。

的不断推进为城乡居民养老保险全覆盖的有效实现起到保驾护航的作用。由此，"以人为核心"的新型城镇化应有之义就是建立无差别的社会保障体系，统一社会保障体系，给予农民以及没有固定收入的城镇居民均等的社会公共服务，这将成为我国带动农村经济以及促进社会发展的必然选择路径和长期发展规划，整体有助于我国养老保险全覆盖的实现。

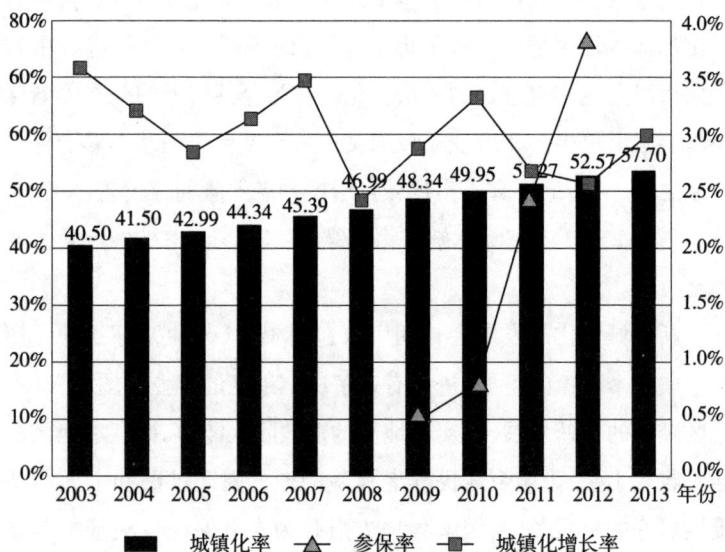

图 9.1

资料来源：根据《中国统计年鉴》相关数据整理计算得到。

二、财政分权与城乡居民养老保险全覆盖

分权一般包括管理分权、财政分权和市场分权，而财政分权是从分权演化而来的概念，主要指为实现资源的最优配置明晰各级政府间的收入与支出安排的权利分配，而进行的责任与利益的划

分。政府和市场作为社会经济的两大资源配置系统,依据效率、公平标准和公共财政的基本原理,政府相较于市场具有满足公共需求和提供公共服务的职责,而公共服务又可以按照受益范围,划分为全国性公共服务和地方性公共服务,且各级次政府对公共服务具有不同范围和程度的责任。但与以公共产品理论与古典财政理论为基础的传统财政分权理论不同,当前的财政分权理论承认信息的不对称,并以此作为先决条件,研究如何架构政府结构以实现公共政策制定者激励机制与公共服务有效供给制度的契合。而具有典型财政体制分散性和政治管理体制集中性特点(Blanchard and Sheleifer,2001)的"中国式分权"(Qian and Rolan,1998)则导致我国构建了以 GDP 为导向的绩效考核机制,形成了基于上级政府评价的自上而下的标尺竞争(张晏、龚六堂,2005)。我国现有的"中国式分权"对城乡居民养老保险全覆盖的有效实现也造成一定程度的影响,难以有效调动地方财政参与城乡居民养老保险覆盖推行的自主积极性。

（一）地方政府的趋利性

虽然养老问题是一个全民问题,但鉴于我国各地区的经济发展水平差距较大,又存在长期的人口流动问题,致使我国的基本养老保险制度是一种中央与地方政府共同承担的架构模式。而从长期看,养老保险的需求弹性较小,作为典型的民生需求,政府具有为每个公民提供基本养老保险服务的职责。但在提供基本养老保险的过程中,由于我国财政分权体制本身存在分权不彻底、分权不合理等问题,作为更注重经济效益和当期效益的地方政府,对具有社会效益以及长期效益特点的养老保险,地方政府为保证和促进当地经济增长,在社会保险管理运行中基于自身利益的行为逻辑,易造成激励扭曲以及征缴懈怠(彭宅文,2010),对全国普惠性的养老保险难以表现出自主积极性。

(二)地方财政支出压力的增加

现有的财政分权体制不仅影响了地方财政的自给率,还形成了较为明显的"两极分化式"地方财力水平差异。虽然"新农保"与"城居保"的合并符合基本公共服务均等化的理念,且政府具有提供养老保险服务的职责和义务,但以个人缴费与政府补贴为主要筹资渠道的城乡居民养老保险的推广在一定程度上会造成地方财政支出压力的增加,带来地方财政支出规模的膨胀,给"中国式分权"背景下的地方政府带来更大的财政负担,从而抑制地方政府容纳更多参保人员的积极性,削弱地方政府实现城乡居民养老保险全覆盖的经济动力。

此外,对于地方政府而言,在支出责任没有变化的情况下,随着财政支出规模的上涨,若地方财政的自给率下降,还会造成地方财政支出对中央财政转移支付的依赖,从而受中央财政意愿的牵制,牺牲地方财政的自由裁量权,这进一步约束了地方财政支出扩张的可能性,致使我国基本养老保险制度的全面推行以及制度衔接与地区衔接面临新的难题,城乡居民基本养老保险的实际全覆盖障碍仍存在。

(三)地方公共服务成本的提高

从成本收益的理论角度,若地方涌入人口为地方政府创造的收益价值高于地方政府由此所承担的补贴增加和支出责任增加的成本之和,地方政府则对于城乡居民基本养老保险的全面推行表示积极;但反之,若涌入人口所创造的价值较低,不仅增加了地方政府的财政补贴负担,还提高了地方政府公共服务的支出成本责任,地方政府则难以表示出积极。而提高养老保险统筹层次既是养老保险基金高效管理的需要(王晓军、赵彤,2006),又是尽快实现"城乡一体化"的有效催化剂,但由于我国特殊的财政分权体制影响了中央与地方政府的行为选择,以致影响了我国养老保险统筹层次的快速提高(刘德浩,2010),难以更高层次实现养老保险的规模效应,更加有效降低公共服务提供的成本,给整个养老保险全覆盖的实现都造成了一定的阻碍。

由此,综合以上新型城镇化、财政分权与城乡养老保险全覆盖的逻辑分析,我国的财政分权、新型城镇化水平都会一定程度上对城乡居民基本养老保险的参保造成影响(见图 9.1)。基于此,提出以下两点假说:

1. 城镇化水平的提高对城乡居民基本养老保险的参保率有促进作用。随着我国城镇化水平的逐步提高,城乡居民养老保险的参保率也将会有所提高,城镇化水平对参保率具有正向影响关系。

2. 中国式的财政分权对城乡居民基本养老保险参保率的提高会产生影响。由于财政分权的不合理、不彻底造成我国地方财力的不足,对于城乡居民养老保险参保率的提高具有抑制性的作用。

下面,将通过计量模型来验证上述两个假说。

第三节 财政分权、新型城镇化对城乡居民养老保险全覆盖影响实证检验

根据现有对养老保险宏观制约因素的研究文献,这里采用回归方法围绕两个递进实证计量模型,对财政分权、新型城镇化对城乡居民养老保险全覆盖问题进行探析与论证。其中,模型(1)为基本模型,主要刻画宏观因素城镇化水平对城乡居民养老保险全覆盖的影响,模型(2)则在模型(1)的基础上又加入用以表示财政分权这一宏观背景因素的财政分权程度和地方财政收入丰裕度,

以进一步检验财政分权、城镇化对城乡居民养老保险全覆盖的影响。模型中,$endowment_{it}$ 表示第 i 省在第 t 年"城乡居保"参保情况,用参保人员所占比重即参保率来衡量;$township_{it}$ 表示第 i 省在第 t 年的城镇化水平,用城镇人口所占总人口的比重即城镇化率来衡量;$decentralization_{it}$ 表示第 i 省在第 t 年的财政分权程度,用省级财政支出占全国财政总支出的比重来衡量;$fisicalburden_{it}$ 表示第 i 省在第 t 年的财政收入丰裕度,用各省的省级财政收入与各地区的 GDP 比重衡量,以此判别地方政府对城乡居民养老保险全面推行的财力反应;X_{it} 是一组影响 i 省参保率的控制变量,以降低和消除遗漏变量对模型的影响,ω 为 $K \times 1$ 的参数向量,α_0 为常数项,β_0、β_1、β_2、β_3 为待估参数向量,ε_{it} 为残差项,μ_t、λ_t 分别捕获个体和时间固定效应或随机效应。

$$endowment_{it} = \alpha_0 + \beta_0 * township_{it} + \omega * X_{it} + \mu_t + \lambda_t + \varepsilon_{it} \quad (1)$$

$$endowment_{it} = \alpha_0 + \beta_0 * township_{it} + \beta_1 * fisicalburden_{it} + \beta_2 * decentralization_{it} + \omega * X_{it} + \mu_t + \lambda_t + \varepsilon_{it} \quad (2)$$

此外,客观评价城镇化水平对城乡居民养老保险全覆盖的影响,除考虑财政分权因素、城镇化水平因素外,还需考虑其他潜在影响参保情况的宏观因素,这些因素将反映在控制变量 X_{it} 之中。主要包括:

1. 失业率变量(unemployment)

随着农业现代化水平的提高,越来越多的农民从土地上得以释放,迁入城镇开始工作和生活,而此种生活的真正融入需要以迁徙人员的就业作为基础,甚至是先决条件。但不同的地区其对外来务工人员的容纳程度不同,通过考核各个省份失业率水平的高低,有利于判断迁徙人员成功迁徙的可能性。

2. 人口密度变量(density)

人口密度是指单位面积土地上居住的人口数,这里采用各省份每平方公里人数表示。一个地区人口密度的高低往往与该地区的经济发达水平有关,经济较为发达的地区,其人口密度较高,而经济欠发达的地区人口密度较低。此外,人口密度还反作用于经济发展,并影响区域内公共服务的供给数量和质量。

3. 市场化程度变量(market)和经济开放度变量(openness)

市场化程度是指市场在资源配置中起作用的程度,这里用第三产业所占 GDP 的比重来度量。经济开放度则用进出口总额所占 GDP 的比值来度量,反映经济全球化程度。一个地区的市场化程度越高,其经济越发达,市场意识也更加明显;经济开放程度越高,表明该地区的对外依赖程度越高,与其他地区的联系较多。通用地区的市场化率和经济开放度来度量生活在本地区居民的社会保险意识。

由此,实证模型选取了参保率为被解释变量,城镇化水平、财政分权程度、地方财政收入丰裕程度作为解释变量,经济发展水平、失业率、人口密度、经济开放度和市场化程度作为模型的控制变量。由于"城乡居保"的参保门槛很低,且对于贫困人群,政府给予特殊的财政补贴,参保费一般情况下不会成为阻碍投保的关键因素,因此,模型中并未纳入家庭或者个人收入变量。

(一)数据来源及估计方法选择

由于我国正式全面推行新农保在 2009 年,且西藏和青海 2009 年参保率数据存在缺失,为了保证数据的完整性、连续性以及面板数据的平衡,最终将西藏和青海进行了剔除,选取 29 个省份自 2009 年至 2012 年的相关数据进行详细分析。所有数据来源除无特殊说明外均来自于《中国统计年鉴》《中国农村统计年鉴》《中国人口与就业统计年鉴》,并经整理、计算得出。运用 Stata12

软件进行数据的统计和分析,得到各个变量的统计性描述如下(见表9.1):

表 9.1 主要变量的统计性描述

Variable	Label	Obj	Mean	Std.Dev.	Min	Max
endowment	参保率	116	3.1760	1.1190	-1.8326	4.6500
township	城镇化率	116	-0.6717	0.2434	-1.2076	-0.1131
unemployment	失业率	116	1.2375	0.2320	0.2390	1.4816
decentralization	财政分权	116	-3.6786	0.5005	-5.1732	-2.7897
fiscalburden	财政收入水平	116	-2.3274	0.2684	-2.8507	-1.6847
density	人口密度	116	5.5449	0.1312	2.5623	8.2307
openness	经济开放程度	116	-1.6733	0.9869	-3.2133	0.4373
market	市场化程度	116	-0.9182	0.1824	-1.2512	-0.2685

资料来源:数据以2009年为基期进行了 CPI 指数平减,且所有数据已取自然对数。其中,2009、2010年参保率数据根据《中国统计年鉴》参加新型农村养老保险人数推算得出,2011、2012年则是根据《中国统计年鉴》参加城乡居民养老人数推算得出。

通过考察各变量的相关系数矩阵(见表9.2),各个变量大部分通过了 1%、5%、10%的显著性检验,各个变量之间存在较为显著的相关性。

表 9.2 各变量的相关系数

	endowm~	township	unemploy~	decentrali~	fiscalbur~	density	openness	market
endowment	1							
township	0.24***	1						
unemployment	-0.27***	-0.39***	1					
decentrali~	0.13	0.18*	-0.06	1				

续表

	endowm~	township	unemploy~	decentrali~	fiscalbur~	density	openness	market
fiscalburden	0.30***	0.48***	−0.45***	−0.125	1			
density	0.15	0.56***	−0.29***	0.37***	0.27***	1		
openness	0.16*	0.78***	−0.54***	0.31***	0.47***	0.60***	1	
market	0.03	0.61***	−0.59***	−0.05	0.70***	0.47***	0.63***	1

注：***、**、*分别表示通过显著水平1%、5%、10%检验。

由于研究对象为29个省份，时间跨度为4年，为典型的短面板数据，且由于每个省份的省情不同，可能存在不随时间而变的遗漏变量，Ftest、豪斯曼检验值均通过1%显著性检验（见表9.3），拒绝使用混合回归和随机效应模型，最终选择固定效应回归模型，并采用聚类稳健标准差估计方法对模型(1)和模型(2)进行修订。

表9.3 模型的回归结果

Variable	模型(1) endowment				模型(2) endowment			
	(a)	(b)	(c)	(d)	(e)	(f)	(g)	(h)
township	20.61***	20.41***	20.76***	20.70***	12.24***	12.11***	11.57***	19.64***
	(8.47)	(9.15)	(9.57)	(8.9)	(3.63)	(3.67)	(3.2)	(7.53)
unemplo~	−2.44***	−2.37***	−2.42***	−2.10***	−1.47***	−1.32***	−1.33***	−2.3***
	(−3.88)	(−3.71)	(−3.37)	(−3.27)	(−3.06)	(−3.27)	(−2.81)	(−3.48)
density	−2.85	−2.84	−3.26		−5.83**	−5.81**	−5.00**	−2.77
	(−1.3)	(−1.3)	(−1.57)		(−2.61)	(−2.61)	(−2.35)	(−1.27)
market	−3.28	−3.28			−4.42*	−4.42*	−4.13*	−3.26
	(−1.18)	(1.18)			(−1.79)	(−1.54)	(−1.72)	(−1.17)
openness	−0.14				−0.36			

续表

Variable	模型(1) endowment				模型(2) endowment			
	(a)	(b)	(c)	(d)	(e)	(f)	(g)	(h)
	(−0.32)				(−0.73)			
decentra~					−3.07	−3.44		0.93
					(−1.48)	(−1.54)		(0.63)
fiscalbur~					6.76***	6.72***	5.32***	
					(3.98)	(3.92)	(3.11)	
_cons	32.59**	32.54**	38.17***	19.68***	45.31***	44.08***	44.88***	34.99**
	(2.42)	(2.43)	(3.17)	(14.93)	(3.83)	(3.62)	(3.72)	(2.7)
R2	0.7148	0.7145	0.7054	0.6989	0.7948	0.793	0.7803	0.7157
Ftest	$F_{(5,28)}$=37.88***	$F_{(4,28)}$=46.96***	$F_{(3,28)}$=57.88***	$F_{(2,28)}$=85.32***	$F_{(7,28)}$=38.97***	$F_{(6,28)}$=43.63***	$F_{(5,28)}$=33.03***	$F_{(5,28)}$=35.51***

注:***、**、*分别表示通过显著水平1%、5%、10%检验。模型(1)、(2)豪斯曼检验值分别为:chi2(2)=63.82***,chi2(8)=61.07***。

(二)实证结果分析

通过表9.3模型(1)、模型(2)的实证回归结果可以看出,城镇化及其财政分权对城乡居民养老保险的全覆盖确实具有一定的影响作用。

1.城镇化率与城乡居民养老保险的参保率具有正向关系,对其全覆盖的实现具有促进作用。无论是模型(1)还是模型(2),在不断调整的解释变量和控制变量过程中,township系数保持正值,其影响程度维持在11.57—20.76之间,且均通过1%的检验,高度显著。表明城镇化率对城乡居民养老保险的参保率具有正向影响,各省城镇化水平每提高1%,其参保率会相应提高11.57%—

20.76%,有利于养老保险全覆盖的实现,符合我们前面的理论假说。

2. 财政分权对城乡居民养老保险的参保率没有直接影响,间接影响城乡居民养老保险全覆盖的实现。依据表 9.3 的实证结果,表示财政分权的两个变量 decentralization、fisicalburden 中,代表地方财政所占全国财政比重的 decentralization 的系数在模型(e)、(f)为正,而在模型(h)中则为负,且均未通过 10% 的显著性检验,表明财政支出分权对城乡居民养老保险参保率没有显著的直接影响效果。与此同时,代表地方收入丰裕程度的 fisicalburden 系数在模型(e)、(f)和(g)中一致为正,影响系数为 5.32—6.76,且均通过了 1% 的显著性检验,表明地方财政收入水平对城乡居民养老保险参保率具有显著的正向影响。地方财政收入丰裕程度每提高 1%,城乡居民养老保险的参保率则会有 5.32%—6.76% 的增长。由于地方财政收入的丰裕程度往往与财政分权有着密切地联系,因此,可以将其理解为财政分权对城乡居民养老保险参保率具有间接影响。即地方所分享的税收收入越多,其地方财政收入越丰厚,城乡居民养老保险的参保率也会越高,和我们的理论假说相一致。

3. 失业率对城乡居民养老保险的参保率具有负向影响关系。表 9.3 中的 unemployment 系数均为负值,且绝对值处于 1.32—2.44 之间,并全部通过了 1% 的显著性检验,表明失业率与参保率之间具有显著负向关系,失业率越低,其参保率越高,失业率每降低 1%,农村养老保险的参保率就会有 1.32%—2.44% 的提高。此外,失业率的系数明显小于城镇化率的系数,表明城市的就业情况对该地区的参保率影响程度低于城镇化水平与财政分权对参保率的影响程度,尤其是随着自由职业者和灵活就业者也已被纳入到

"职保"范围,失业率对城乡居民养老保险参保率虽然有影响,但影响程度有限。

4. 人口密度、经济开放程度和市场化程度对参保率具有负向影响关系。表 9.3 中模型(1)、模型(2)的 density、market、openness 系数均为负,其中 density 系数在模型(e)、(f)、(g)中通过了 5% 的显著性检验,表明地区人口密度与参保率存在负相关关系,且人口密度每增加 1%,会造成城乡居民养老保险参保率 5% 左右的下降,从而影响全覆盖的实现;而 market 系数在模型(e)、(f)、(g)中通过了 10% 的显著性检验,市场化程度每提升 1%,城乡居民养老保险参保率会相应有 4% 左右的下降,表明市场化程度的提高不利于提高城乡居民养老保险的参保率;而 openness 系数虽也为负,表明地区开放程度越高越不利于提高城乡居民养老保险的参保率,但其却未通过显著性检验。究其原因,人口密度大、经济开放程度高、市场化程度越高的地区多是发达地区,而发达地区人员的参保意识比较强,更多倾向于参加保障水平更高的城镇职工养老保险,反而参加城镇居民养老保险制度的人员就相应减少,所以表现为负向影响关系。

第四节　主要结论及政策建议

根据上述基于我国 29 个省份 2009—2012 年城乡居民养老保险相关统计数据资料的实证分析,我国城镇化发展与城乡居民养老保险全覆盖之间存在着紧密地联系,城镇化水平的提高对全覆盖的实现有正向拉动作用,城镇化水平每提高 1%,其参保率会相应提高 11.57%—20.76%,且就业率也具有显著而较强的正向影响;而在我国"中国式分权"的特殊背景下,财政分权对城乡居民养老保险全覆盖的实现起间接影响作用,地方政府的财政收入越丰裕,其城乡居民养老保险参保率越高,地方财政收入丰裕程度每提高1%,城乡居民养老保险的参保率则会有 5.32%—6.76%的增长,越有利于全覆盖的长期实现。此外,城乡居民养老保险全覆盖还受到该地区就业水平、人口密度、市场化程度等方面的影响。由此,为了长期而有效地实现城乡居民养老保险的实际全覆盖,鉴于以上结论,提出以下政策建议:

（一）加快新型城镇化进程,提高城市承载力

新型城镇化是我国解决"三农"问题的主要途径,是我国走向现代化的必由之路。应依据《国家新型城镇化规划》中"两横三纵"的主体城镇化战略格局,加快推进我国有序、健康的新型城镇化发展,缩小户籍城镇化与常住人口城镇化的差距,快速提高城镇化水平。但在加速城镇化的进程之中,还需考虑各个城市的公共承载力水平,不能一味追求人口数量以及城市规模的不断扩张与升级,前面实证分析表明,人口密度和城乡居民养老保险覆盖率呈负相关关系。这就需要根据各个城市自身特点及未来发展规划,适度控制人口增长以及城市规模,从而实现城镇化水平与城镇化质量的双提升。

（二）推进地方财税体制改革,充沛地方财力

实证分析表明,地方财政收入水平对城乡居民养老保险参保率具有显著的正向影响,无疑提高地方政府财力是不二选择。而鉴于当前中国经济迈向了新常态发展阶段,我国的经济增速由超高速增长转为中速增长,在现行税制体系下,70%以上的税收收入来自于增值税、营业税和消费税等间接税,这样一种"向间接税一边倒"的格局意味着当经济高速增长时,税收收入的增速可能高于经济增长,而当经济增速放缓或低于以往增长时,税收收入的增

速便可能低于经济增速（高培勇，2014）。2014 年，全国财政收入增速为 8.6% 左右，自 2003 年以来首次回落至个位数增长，为 23 年来收入增速新低，进一步验证了上述说法，而这种财政收入增长格局将成为今后包括"十三五"期间的常态模式，财政支出压力陡增。尤其是养老保险等社会福利项目具有"刚性"支出的特征，如何有效化解收支矛盾，为相对稳定的社会制度和社会福利水平提供基本支撑？

鉴于我国当前财政收支面临的压力与现行财税体制安排的不合理密切相连，这就意味着下一步的财税体制改革进程必须正视并突破来自政府内部的既得利益格局的阻碍。由于现代城镇化并非单向的人口流入，相对于不同的城市，面对的可能是人口的流入，也可能是人口的流出，我国实行属地税收管辖权，这导致税源会随着人口的迁徙而相应发生流动，造成地区间的税收竞争和人力资本结构性掠夺；而另一方面，我国财政分权造成了地方政府财政主体收入的逐渐缩水，且随着"营改增"的全面推进，地方财力变得愈发紧张。因此，应推进地方财税体制的深入改革，明晰地方税收主体税种：一是加快消费税改革，征税环节尽快由生产环节调整为消费环节；二是推动房产税的税收立法进程，为房地产税开征打下立法基础，将房地产税打造成一个相当重要的地方税源。通过一系列税制改革以充沛地方财力，保证让人民群众分享改革发展成果，通过社会保障制度的发展与完善，不断提高社会福利水平，为我国养老保险制度体系的构建和改革提供可持续的财力保障。

（三）尽快构建事权与财政支出责任相匹配体制

十八届三中全会明确提出建立"事权与支出责任相适应"的制度，并把社会保障作为中央和地方共享事权。"普惠"型城乡居民养老保险本身就是中央政府和地方政府共同履行财政出资责任的制度安排,其中中央政府负责基础养老金的"出口"补贴,地方政府负责个人缴费补贴的"入口"补贴。而中国式分权造成中央政府和地方政府间事权和支出责任的不一致,严重影响着地方政府可持续提供养老保险制度的能力。而我国当前地方政府必须要依赖中央政府大量的转移支付才能完成收支平衡,必要的转移支付是不可或缺的,但如果一级政府财政中,50%都依赖上级政府转移支付,它肯定不会有长远考虑的,其行为也不会理性。有两种路径可以实现事权和支出责任的匹配:一是中央上收事权,覆盖全国人民的大事,尽量少交给地方完成。比如说基础养老金要尽快实现全国层面的统筹。二是下放支出责任,可以是中央通过转移支付,将一些事权委托给地方;也可以把一些收不了的财权,直接留给地方,同时把支出责任也留在地方。

(四)加大政府补贴及引导,提升就业率

实证分析表明,失业率对城乡居民养老保险的参保率具有负向影响关系,降低失业率有利于养老保险覆盖率的提高。随着我国经济增长速度的放缓,其对就业的负面影响也开始逐渐显现。政府应在加大职业培训力度、鼓励自主创业、降低小微企业融资成本等方面,通过税收优惠、财政补贴等多元化手段给予政策倾斜支持,以降低就业门槛和缓解我国目前严峻的就业形势,增强求职者、创业者应对危机的能力,避免城镇登记失业率的提高,促进整个社会的和谐发展,有效维持基本养老保险实际全覆盖的长期性。

(五)提倡企业年金、职业年金"硬性标配",完善补充养老保险制度

由于我国人口基数大,我国对于养老保险的定位是基础性养老保险,主要体现"保基本",因此制度的设计更加注重公平性。

但为了提高养老保险整体保障水平，除了加强政府的基础性养老保险体系的构建外，政府还应促进养老保险职业年金、企业年金、商业保险制度的完善，帮助劳动者通过市场实现对养老更高地追求。而为保障企业年金、职业年金制度的尽快推行，应对企业单位提出"硬性标配"要求，既可有效解决当前机关事业单位与企业之间的养老保险双轨制问题；从长远看，还有助于实现我国"职保"与"城乡居保"的合并，进一步完善基本养老保险制度，降低多套制度的运行成本。

第十章　城乡居民养老保险财政保障机制约束分析

　　财政保障是政府为履行职能和满足社会公共需要而进行的资源配置行为,包括财政直接配置资源和利用财税手段引导和带动社会资源配置,体现政府的发展目标、发展战略、政策重点和调控取向,影响着经济社会发展的方向、路径和速度①。城乡居民养老保险中财政保障机制的约束主要体现为纵向政府间财政责任和财政保障能力不匹配,横向政府间财政保障标准差异大,财政补贴激励效应不足,经费保障机制的非制度化,基金衔接保障机制不健全,基金统筹层次低、保值增值差等多方面。

第一节　纵向政府间财政责任和财政保障能力不匹配

　　纵向政府间财政责任主要指中央政府和省政府之间的财政责任,以及省与省以下政府间财政责任。财政责任的内涵十分广泛,主要指财政部门行使财政管理职权,对国家承担的职责和义务。包括组织财政收入安排财政支出、实现财政收支平衡、促进资金合

---

① 欧文汉:《完善财政保障与约束机制的几点思考》,《行政管理改革》2014 年第 1 期。

理配置和财力合理使用以及监督管理社会经济生活和财政分配全过程等责任。具体到城乡居民养老养老保险制度,则是指中央政府、省级政府、市级政府、县级政府各自承担的筹资责任、支出责任以及相互之间配合的责任。本章分析两种纵向政府间财政责任和保障能力匹配度问题:一是中央政府和省级政府之间的匹配度;二是省级政府以下之间的匹配度。

（一）中央政府和省级政府之间的匹配度问题

在城乡居民养老保险制度中,纵向政府间财政责任分担主要表现为"出口"补贴和"入口"补贴。中央政府负责"出口"补贴,即养老金给付环节的补贴,也称基础养老金补贴,最低基础养老金补贴为 55 元/月;地方政府负担"入口"补贴,即养老金缴费环节的补贴,最低标准为 30 元/年(见表 10.1)。从表面分析,中央政府负责最低标准为 55 元/月,远远高于地方政府最低 30 元/年的补贴标准。但是,我们可以发现,除了中央政府负担最低基础养老金外,弹性部分,比如多缴多补、长缴多得、对重度残疾人等困难群体的补贴、高龄补贴等全部由地方政府负担。这和地方政府较弱的财政保障能力是不匹配的。

对于发达地区而言,地方政府的补贴可能会超过中央政府,一方面中央政府仅补助基础养老金的 50%,另外发达地区的基础养老金标准远远高于中央 55 元的养老金标准,如北京地区的基础养老金为 350 元/月,意味着 322.5 元[①]属于加发部分,按照政策规定,由北京财政负担。对于中西部财政能力较弱地区,虽然中央政府补助全部 55 元的基础养老金,但由于地方财力薄弱,基本上也没有能力提高基础养老金。由第 4 章分析可知,中西部省级政府

---

① 350−27.5＝322.5,笔者注。

规定提高基础养老金的很少,因为基础养老金是每月发放,如果补贴标准提高,则意味着财政成本增加较大。所以东部省份提高基础养老金的省份高于中西部,如上海、天津基础养老金高达 540元、220元,而中部80%的省份选取的最低基础养老金。当然,一般省级政府都规定,有条件的市县可以提高基础养老金的发放标准,但是提高部分由当地政府负担。

表 10.1 城乡居民养老保险中财政责任分担机制

补贴类别	补贴项目	补助对象	补助范围	负担主体	补贴标准
入口补贴	一般缴费补贴	全部参保对象	东、中、西部	地方财政	补贴
	多缴多补	高缴费对象	东、中、西部	地方财政	地方政府自定
	长缴多补	长期缴费对象	东、中、西部	地方财政	地方政府自定
	特殊补贴	重度残疾人	东、中、西部	地方财政	地方政府自定
出口补贴	基础养老金	60 岁以上参保老年人	东部	中央财政+地方财政	中央政府50%地方政府50%共 55 元
			中西部	中央财政	55 元
	基础养老金+加发部分	60 岁以上参保老年人	东、中、西部	地方财政	地方政府自定
	基础养老金+特定补贴	高龄参保人员	东、中、西部	地方财政	地方政府自定

资料来源:根据有关政策整理。

（二）省及其以下政府间财政责任和保障能力匹配度问题

对于省及其以下地方政府在城乡居民养老保险中的财政责任同样也存在配置不科学，财政责任和财政保障能力不匹配问题。表4.2、4.4、4.6显示了全国30个省及其以下政府间的财政补贴分担责任，在第4章分析中得出了基本结论：在最低缴费补贴和"多缴多得"政策中，中、西部地区的省份省级财政担负了更大的责任；而东部地区的省份省级财政担负的责任较小，市、县级分担了更大的财政责任。市、县政府间财政责任相比，东、中、西部均呈现市、县共担机制，而且县级财政负担责任较大，如中部地区最低缴费补贴中有30%省份的市级政府不承担责任；又如西部地区"多缴多得"财政补贴激励政策中，20%省份的市级政府没有承担补贴责任。

就全国情况来看，对于东部地区而言，由于中央政府只负担基础养老金的50%，省级政府负担基础养老金的50%后，财政压力较大，所以地方缴费补贴一般采用省、市、县三级负担机制。其中，省级政府承担责任较轻，县级政府负担较重，很多地方的市级政府负担很少或者不负担养老缴费补贴。对于中西部地区，由于基础养老金全部由中央政府负担，相对而言，省级政府财政负担压力较小，所以在省、市、县三级负担机制中，省级政府负担相对较多，一定程度上缓解了基层地方政府的财政压力。

由上面分析可知，省、市、县及政府之间的责任分担基本呈现出养老保险的基础部分由较高级别政府承担，弹性部分多由较低级别政府承担的特征，如高于省级标准的部分基础养老金，"多缴多补"部分，"长缴多得"部分由市县级政府承担得较多。这就容易导致财政能力和财政保障责任不匹配问题，这是由我国财政体制决定的。

以河北省为例,在城乡居民养老保险财政投入中,省、市、县三级的负担结构不合理,基层政府负担加重。按照省财政直管县和非财政直管县分类,河北省将地方补助30元中省、市、县三级财政的分担比例为:省财政直管县按照1:1比例分担,省级财政和县级财政各负担15元;非财政直管县按照1:1:1比例分担,即省、市、县财政各负担10元。表面上看起来各级政府承担的财政补贴数大致相当,但是推广此项制度的成本,比如印制各种表格、宣传品及大量票据等费用、工作人员的工资及办公经费也基本上由县级财政负担,也就是说县级政府除负担制度内支出,还要负担制度外支出、意外支出等,县级财政负担比例还是非常重的。

第二节　横向政府间财政保障标准差异过大

城乡居民养老保险制度呈现出"顶层设计+地方弹性"的典型特征,既体现了中央政府"普惠型"的最低标准,也体现了地方政府财政能力的弹性大小,即高财政能力高保障标准的模式。这种制度设计有其优势,体现效率原则,但有悖公平原则,不利于公共服务均等化的实现。全国各地经济差异巨大,地方财政能力更是千差万别,极易造成横向政府间财政保障标准差异过大,有失社会公平。在养老保障水平上可能会产生"一尺距离,万丈差距"的局面,两个临近地区由于所属地域不同,造成财政保障能力差异过大,养老保障水平过分悬殊。比如北京的最低基础养老金发放标准为350元,而河北省仅为55元[1],相差近7倍。

---

[1]　目前正在推进的京津冀一体化,张家口地区紧邻北京地区的村民就盼望和北京的养老金标准看齐,享受每月350元的补贴标准。

　　就全国来看,东部地区由于具有强大的经济实力和财政能力,无论在地方政府缴费补贴、基础养老金的发放标准,还是"多缴多补"、"长缴多得"的财政激励政策方面都具有明显优势。其次是西部地区,虽然经济实力和财政能力较弱,但是地方政府重视程度较高,其保障水平也较高。只有中部地区在客观上和主观上都没有优势,其城乡居民养老保险的财政保障能力较弱,养老保险的福利水平较低。

　　而中国老百姓的心理存在"不患寡而患不均",这种区域间的不公平容易造成人们的心理落差,而我国的城乡居民养老保险统筹层次又低,居民无法通过市场化的"用脚投票"来实现自身养老保障水平提高,只能依靠地方政府的力量改变。而地方财政能力的改善和观念的转变短期内是无法达成的,虽然中央政府可以依靠转移支付提高支付标准,但毕竟作用有限。这种横向不公平会阻碍城乡居民养老保险制度可持续、健康发展。

第三节　财政补贴的激励效应失灵

　　国务院关于城乡居民基本养老保险制度规定,地方人民政府应当对参保人缴费给予补贴,对选择最低档次标准缴费的,补贴标准不低于每人每年30元;对选择较高档次标准缴费的,适当增加补贴金额;对选择500元及以上档次标准缴费的,补贴标准不低于每人每年60元。由国家政策可以看出,激励机制的主体是地方政府,主要表现为对城乡居民选择较高缴费层次和长期缴费的激励。这种规定的意图是激励城乡居民尽可能选择高档次缴费,选择长期缴费,以提高未来的养老金待遇,也意味着地方政府财力负担会加重。而财政补贴激励效应如何呢?

　　以河北为例,在 2010 年 37 个试点县中,对选择较高档次缴费实施鼓励政策的有 7 个县,占全部试点县的 19%,主要是地方政府财力较为雄厚的县,如唐山市的迁安市、唐海县,邢台市的沙河市,廊坊市的大厂县等。在 37 个县市中,基础养老金高于 55 元标准的有 10 个县市,也大多是经济条件较好、财力较充裕地区,如迁安市、唐海县、武安市、大厂县等。在 37 个试点县市中,对长期缴费实施鼓励政策的有 12 个地区。即使有的地区地方政府实施了激励政策,可是我们通过问卷调查的结果显示,大部分农民还是选择了最低 100 元的缴费档次,这说明目前的补贴激励政策还不足,刺激性不强,有待进一步完善。金刚、柳清瑞(2013)对东北三省的调研数据发现,辽宁省实行"一刀切"的地区选择最低缴费档次的比例为 87.58%,吉林省和黑龙江省实行"差别化"补贴方式的地区选择最低缴费档次的比例为 87.12%。[①] 这说明"差别化"的激励补贴方式是无效的。

　　我们再以河北某地区 26 个县市的真实缴费情况分析,表 10.2 为 2014 年河北省某地区城乡居民养老保险缴费情况表。

表 10.2　河北省某地区 2014 年城乡居民养老保险缴费情况表

某县	缴费总人数	缴费档次(元)												
		100	200	300	400	500	600	700	800	900	1000	1500	2000	3000
1	179799	165921	5790	1454	85	4778	45	4	12	5	1378	27	79	221
2	105376	101581	1804	369	47	1371	6	0	0	1	197	0	0	0
3	251222	236432	5104	1401	62	7358	15	5	1	0	741	0	24	72
4	108009	101563	2977	635	42	2621	41	0	4	0	89	2	6	29

---

① 87.58%和 87.12%相比,差异可以忽略不计。

续表

某县	缴费总人数	缴费档次（元）												
		100	200	300	400	500	600	700	800	900	1000	1500	2000	3000
5	114538	110344	1669	577	42	1761	8	2	4	16	86	1	12	16
6	234714	218484	6323	1706	91	7389	32	5	6	10	602	13	21	32
7	200188	179183	8036	3664	190	8882	7	1	3	0	222	0	0	0
8	153746	138398	5434	1735	68	6499	22	7	10	7	1319	17	68	182
9	229366	115119	3892	1376	98	4635	9	3	6	1	314	9	34	55
10	187618	176922	4368	1269	53	4379	16	1	4	2	533	7	22	42
11	77600	73897	1481	367	47	1642	4	2	2	0	110	7	10	31
12	139653	133456	2497	609	22	2815	3	0	0	1	239	0	0	0
13	41920	29750	1425	379	24	3018	45	6	25	4	6601	42	159	442
14	31284	25914	991	269	20	1514	15	9	9	3	2540	0	0	0
15	21619	18737	528	234	13	518	10	3	9	5	1476	8	26	52
16	137238	128960	3190	452	52	2394	27	5	11	2	2145	0	0	0
17	211116	204054	2320	487	46	2560	31	1	9	4	1576	1	13	14
18	156181	142431	7004	1292	99	3919	36	6	18	7	1308	4	17	40
19	141069	127046	6023	1322	87	4540	19	5	15	4	1970	2	29	7
20	68103	63550	1842	284	36	1062	16	1	13	5	1288	1	2	3
21	133278	123907	3693	779	100	2629	32	3	1	6	2045	10	17	56
22	151749	136687	6966	1237	81	4335	61	6	13	4	2251	5	45	58
23	189583	125010	44500	5340	3304	9504	58	15	26	639	1076	7	28	76
24	70491	64464	2381	399	43	1975	22	2	6	6	1149	4	16	24
25	12246	10845	467	71	6	411	4	0	1	0	441	0	0	0
26	12616	15339	316	100	8	215	9	0	1	1	215	0	3	9
合计	3363922	2967994	131001	27807	4777	92724	593	92	209	734	31911	173	631	1461

资料来源：根据实际调研资料整理。

　　由表10.2可以发现，城乡居民在100—3000元的13个缴费档次中的缴费比例分别为 88%、3.89%、0.8%、0.014%、2.76%、0.017%、0.0027%、0.006%、0.02%、0.95%、0.005%、0.001%、0.04%,可见选取最低 100 元缴费档次的人数为 2967994 人,占全部缴费人数的 88%;其余档次的人数加总占 12%。而在除最低缴费档次 100 元外,选择 200 元、500 元缴费档次的人数较多,占比分别为 3.89%、2.76%,这大概和 500 元是激励政策的临界点有关,说明财政激励政策还是发挥了些许作用。如果我们再对选择 100 元缴费档次的县市进行深入剖析,发现选取 100 元缴费档次占比最高的为 96%,而最低的为 64%。

　　究其原因,地方政府对城乡居民缴费的激励补贴符合农民的思维惯性,契合于居民"看得见"、"摸得着"、"现得利"的实际情况,所以客观上有一定的激励作用。但是,由于补贴激励力度太小,尤其是地方政府缴费补贴是以"年"为单位计算,补贴到参保人员个人账户所能带给城乡居民在养老金最终待遇方面收益是相当有限的,实际上对城乡居民的吸引力不大。以参保人 16 岁投保为例,政府补贴 30 元的缴费补贴按照最长缴费年限 43 年计算,60 岁时因政府补贴形成的个人账户储存额是 1290 元,再加上利息 41 元,按照现行城乡居民养老保险制度个人账户养老金计发办法的规定,用这个储存额除以人均预期寿命月数 139 后,每个月增加的个人账户养老金只有不到 10 元,如果考虑到通货膨胀因素,几乎可以忽略不计。

　　作为理性经济人,多数城乡居民更看重的是当期的缴费与未来的收益之间的联系。赵建国、海龙(2013)年研究发现,即使选择差别化的财政补贴政策,①选择最低 100 元的缴费档次对应的

---

① 　即参保人缴费 100 元、200 元、300 元、400 元、500 元,政府补贴 30 元、35 元、40 元、45 元、50 元。

收益率是最高的,为 7.336%;而最高缴费档次标准 500 元对应的收益率是最低的,仅为 4.118%。这也从一个视角为我们解释了财政激励政策失灵的原因。

除此之外,很多学者从参保人的经济能力、认知程度等视角对财政激励和参保人的缴费选择档次之间的关系进行了分析。对于参保人的经济支付能力和缴费档次的选择,学者的共识是:我国农村居民普遍具备选择较高缴费档次的支付能力,参保人的经济支付能力和缴费档次的选择有弱相关关系。农民对养老保险制度的认知程度是否影响农民缴费档次的选择呢? 金刚、柳清瑞(2012)以东北地区的抽样调查数据为基础,采用 Probit 模型实证分析了农民对政策的认知程度对缴费档次选择的影响,得出在较高的政策认知程度下,差别化的财政激励政策能显著提高农民选择较高的缴费档次。

信任度是否影响农民的缴费档次选择呢? 目前没有实证研究。从理论上分析,参保人对养老保险制度信任度越高,其选择较高缴费档次的可能性就越大。而从目前的缴费现状分析,90%以上参保人选择最低缴费档次。这是否能从侧面反映出农民对目前的养老保险制度缺乏一定的信任呢? 尤其是旧农保制度给农民造成了一定伤害,对新制度自然不会那么信任。作为一个理性的经济人,农民的最优选择就是先交 100 元试试看,作为"试错成本"。如果制度可行,以后会提高缴费档次;如果不行,尽量做到损失最小化。

另外,通过调研,我们发现农民参保中普遍存在"羊群效应",影响着农民缴费档次的选择。"羊群效应"是指人们经常受到多数人的影响,而将自己的意见默认否定,从而跟从大众的思想或行为,也被称为"从众效应"。它是心理学上从众心理的表现,指个人受到外界人群行为的影响,而在自己的知觉、判断、认识上表现出符合于公众舆论或多数人的行为方式。很多实验表明,只有很少的人在做决策时表现了独立性。新农保中的"羊群效应"体现为两个方面:一是农民跟风参保,即看大多数农民参保也参保,别的农民不参保也不参保,而不是根据自己的实际情况做具体分析;二是缴费水平普遍选择缴纳 100 元的最低档次。

第四节　缺乏基础养老金的科学
合理的动态调整机制

国务院《关于建议统一的城乡居民基本养老保险制度的意见》提出建立基础养老金最低标准正常调整机制,根据经济发展和物价变动等情况,适时调整全国基础养老金最低标准。这为今后基础养老金的调整提供了政策依据和操作空间。当然在此基础上,地方政府可以根据实际需要提高本地的基础养老金,但是提高的部分由当地政府负担。由第 4 章分析可知,全国约有43%的省份选择提高基础养老金。而且我们通过实地调研发现,很多农民参加城乡居民养老保险制度看中的就是获得基础养老金的资格问题。所以基础养老金在城乡居民养老保险制度的筹资结构中发挥着举足轻重的作用,甚至关系到整个制度的成败。

基础养老金的大小还直接决定着城乡居民养老保险制度的养老金替代率的高低。我们以河北省为例,目前河北省领取养老金的人群分为两部分:一部分是"老人",即新农保制度实施前就已经年满 60 周岁的老年人,这部分老人没有个人账户,养老金替代率更低,仅靠中央财政每月 70 元的基础养老金计发,这连最起码的温饱问题都解决不了。二是"中人"和"新人"①,这两部分人群的共性特征是有个人账户。而对于有个人账户的参保人而言,按照国务院城乡居民养老保险制的规定,"国家为每个城乡参保人建立终身记录的养老保险个人账户,个人账户养老金的月计发标准为个人账户全部储蓄额除以 139"。以一个 45 岁参保农民为例,他需要缴费 15 年,他选择的缴费档次为 100—1000 元、1500元、2000 元、3000 元共 13 个缴费档次,选择 100—400 元缴费档次的地方政府财政补贴每年 30 元,选择 500 元及其以上缴费档次的政府补贴 60 元。基础养老金 2014 年还是 55 元的标准,但我们选取 2015 年提高后的养老金 70 元为基础。所以方法上我们以 2015年为基期,采用年金折现法计算,则 60 周岁以后参保人每月领取养老金及替代率如表 10.3 所示。

表 10.3 不同档次城乡居民缴费的养老金替代率

缴费档次(元)	地方财政补贴(元)	折现(元)	基础养老金(元)	领取养老金(月)	消费支出(月)	替代率(%)
100	30	1245	70	79	408	19
200	30	2205	70	86	408	21
300	30	3165	70	93	408	23
400	30	4123	70	100	408	24
500	60	5370	70	109	408	27
600	60	6329	70	116	408	28
700	60	7288	70	122	408	30

① "中人"指参加新农保时不满 60 周岁,但距离领取年龄不满 15 年的,对于这部分人群国家规定"应逐年缴费,也允许补缴,累计缴费不超过 15 年";"新人"是指参加新农保时距离领取年龄超过 15 年的,这部分人群应按年缴费,累计缴费不少于 15 年。

缴费档次（元）	地方财政补贴（元）	折现（元）	基础养老金（元）	领取养老金（月）	消费支出（月）	替代率（%）
800	60	8247	70	129	408	32
900	60	9206	70	136	408	33
1000	60	10165	70	143	408	35
1500	60	14960	70	177	408	44
2000	60	19754	70	212	408	52
3000	60	29344	70	281	408	69

注：消费支出我们以 2010 年每月 320 元为基础，以 5% 的增长率计算出 2015 年的消费支出；折现利率选取一年期银行存款利率 3.25%。

由表 10.3 可以看出，按照不同的缴费档次计算，养老金替代率大致在 19%—69% 之间，按照国际经验，当养老金替代率低于50% 的时候，老年人生活便很困难。与各类福利国家中政府管理的公共养老金支出占养老金总支出比率的 50% 以上相比，城居保的替代率水平明显较低，基本上无法满足养老的生活消费需求，更无法抵御通货膨胀对其生活的影响。只有当城乡居民缴费在1500 元以上才能满足 50% 的养老替代率，或者政府提高基础养老金的标准。再来分析养老金替代率结构，在 100—1000 元缴费档次中，基础养老金的替代率占整体替代率的 50% 以上。所以说在当前个人缴费档次无法有效提高的前提下，提高基础养老金是一个不错的选择。而目前对基础养老金的调整基数、调整期限、调整幅度以及政府的调整能力都缺乏一个科学合理的测算，比如说2015 年基础养老金调整至 70 元，它的调整依据是什么？缺乏一个合理的解释。给参保人员的印象就是，调整的随意性，不利于参保人员形成一个明确的预期，也不利于城乡居民养老保险制度的可持续发展。

第五节　经费保障机制非制度化特征明显

我国新型农村养老保险制度的推广带有"运动式"突击的特征,从上到下各级政府都非常重视,基本上是把其当作一项政府业绩来抓。当前,新农保已经由试点阶段转至"全覆盖"阶段。一旦制度步入常态化之后,有一些问题就会凸显出来,最为紧迫的就是缺乏新农保推广的经费保障机制,经费保障主要包括公用经费、人员经费、培训经费等。

由于新农保以县级管理为主,所以经费主要来源于县级财政,可是在当前我国"财力上收,事权下放"的体制安排下,经费来源非常不稳定。就人员经费而言,以村为例,多由村干部负责收缴,尤其是在每年的集中收缴期,工作任务繁重,有的省份专门建立了对村干部的养老保险制度,如宁夏对于村干部,个人按照全区上年度农民人均纯收入的 16% 缴费,自治区和县(市、区)财政按照24%的比例给予补贴。而且对于已经离职的村支部书记、村主任,任职 20 年以上的,每月增加基础养老金 15 元。[①] 但是大部分地区村干部本身"多干活并没有多收入",积极性不高。

在基层实际工作中还雇用了很多村协管员协助收缴养老金,因为村协管员多为兼职,人员未定岗定编,只能象征性的发些补助。补助水平低,这就面临着村协管员大规模辞职的风险。一些地方乡镇社会保障管理人员匮乏,负责经办的人员稳定性差、工作变动频繁,不利于新型农村社会养老保险试点的开展。由于这部

---

① 这是全国唯一的对村干部建立专门养老保险制度的地区。

分人群流动性大,会出现可能刚刚熟悉工作流程就辞职的现象,农保经办机构就要重新培训新的人员,无疑加大了培训成本。虽然国务院《关于城乡居民养老保险统一实施办法》规定:"地方人民政府要为经办机构提供必要的工作场地、设施设备、经费保障。城乡居民养老保险工作经费纳入同级财政预算,不得从城乡居民养老保险基金中开支。"但对于工作经费而言,很多县只安排了养老保险启动专项经费,对以后的工作经费来源则缺乏长远安排。

第六节　衔接保障机制没有构建起来

城乡居民养老保险的衔接保障机制包含宏观微观两个层面。

从宏观层面上看,我国政策规定:在"十二五"末,在全国基本实现新农保和城居保制度合并实施,并与职工基本养老保险制度相衔接,并且出台了《城乡养老保险制度衔接暂行办法》(以下称《暂行办法》)。《暂行办法》规定,参加"职保"缴费年限满十五年(含依据有关规定延长缴费年限)的,可以申请从新农保或城居保转入职保;职保缴费年限不足十五年的,可以申请从"职保"转入新农保或"城居保"。但是《暂行办法》对"职保"向"新农保"或"城居保"转移的,没有规定转移"职保"统筹基金。只适用于尚处于缴费期、未领取养老保险待遇的人员;已经退休或者按规定领取养老保险待遇的,不需要重新计算待遇。

《暂行办法》实质上主要是为解决重复参保问题的。比如说,原来在农村参加新农保,后来进城到工厂上班,改投城镇基本养老保险,但是原先缴纳的新农保只能封存或办理一次性退保手续。随着城镇化的推进,越来越多的养老保险参保人面临类似的问题,尤其是流动人口。

由于职工养老保险制度的缴费标准、待遇均高于"新农保"和"城居保",对于由于各种原因在职保缴费不足15年的,按照社会保险法的规定从职保转入新农保或城居保的,由后者发挥"兜底"功能,也避免因职保缴费年限不足而造成参保人员的权益损失。但由于统筹基金不能转移,实践中由"职保"转入"新农保"或"城居保"的很少;而"新农保"或"城居保"的待遇低于职保,如果转入职保,相当于由"低转高",形成了事实上的不可能,所以实践中转移的也很少。

另外,城乡居民养老保险制度与职工基本养老保险、优抚安置、城乡居民最低生活保障、农村五保供养等社会保障制度以及农村部分计划生育家庭奖励扶助制度的衔接机制也有待完善、细化。

从微观层面分析,要保障新农保制度健康可持续发展,还需要考虑的一个问题是如何保障新旧农保制度有效衔接。众所周知,旧农保制度是一个失败的制度安排,它没有很好地解决农民的养老问题,从一定程度上还造成了对农民的伤害。那么如何使新旧农保制度有效衔接?《国务院关于开展新型农村社会养老保险试点的指导意见》中指出,原来已开展以个人缴费为主、完全个人账户农村社会养老保险(以下称老农保)的地区,要在妥善处理老农保基金债权问题的基础上,做好与新农保制度衔接。对已参加老农保、未满60周岁且没有领取养老金的参保人,应将老农保个人账户资金并入新农保个人账户,按新农保的缴费标准继续缴费,待符合规定条件时享受相应待遇。但是对于具体做法,没有作出详细规定,而是各地因地制宜,自我解决。

尤其是对于老农保制度下的个人账户资金,如果简单地并入新农保个人账户,其实是对农民的又一种伤害。由于当时政府承诺老农保制度下个人账户资金的增值率比较高,而实际上由于银行利率的不断下调,与农村社会养老保险基金增值要求相比,实际均为负差。如果再加上基金管理和使用上的违规损失(比如河北省农保资金就出现了违规挪用的问题),负差将更大。这部分资金缺口如何弥补,如果不管这部分资金缺口,把老农保制度下农民的个人账户资金简单并入新农保个人账户,政府将再次失信于农民,这将为新农保制度的实行蒙上一层阴影。

第七节　基金管理层次低,缺乏
有效的资金增值渠道

一、基金的统筹层次、管理层次低

目前城居保基金管理以县级为主,基金统筹层次、管理层次低,会产生四方面的问题:

一是降低了风险防范能力,根据保险的大数法则,参保人越多,保险资金池越大,抗风险能力越强。而以县级管理为主,基金调剂只能在县级内部进行,基金规模小,不利于基金的稳定,抗风险能力弱。

二是资金安全性差。由于基金管理可能长期停留于县级层次,在目前的公共治理结构和状况下,基金管理和统筹层次过低,不仅给县级财政造成了较大的压力,也很难保证基金安全,不利于基金的保值增值,不利于覆盖群体的人口流动。

三是政策结构碎片化。目前城居保制度建设方式是由中央政府制定统一的《指导意见》,各地因地制宜地制定不低于国家标准的具体的《实施办法》,县级主管部门具有与资金调度权相适应的政策制定权。这一方式适应我国地区差异大的特点,各地不需整齐划一的执行中央规定,体现了地方政府的灵活性。但是不可避

免地造成政策过于"碎片化"的现象,"一地一策"甚至"一地多策"多种政策共存,容易造成政策不规范的问题。统筹层次越低,政策框架就被切割的越细,大大小小、层次不等的"统筹范围"将参保人员划入不同的管理范围。

四是不利于基金调剂。由于经济、社会和自然条件的差异,我国各地的平均寿命差异较大,且人口年龄结构不同,老龄化程度不一。受我国地区人口平均寿命和老龄化人口结构差异的影响,实施城居保的地区之间必然存在养老金支付压力不均衡的状况。人口平均寿命短、老龄化人口占比少的地区财政支付压力小,反之则大。而城居保基金实行县级统筹,基金只能在小范围内管理、自我运转,区域间的调剂性大大降低。

二、缺乏有效的基金保值增值渠道

城居保中个人账户将会积累起大量的养老保险基金,县级统筹首先要确保资金安全。县级统筹这种过于分散的基金管理很难进行基金保值增值工作。国务院在《指导意见》中规定:"城乡居民基本养老保险基金按照国家规定投资运营,科学设置购买国债、定期存储的档次和比例,实现保值增值,确保城乡居民基本养老保险基金的收益不低于个人账户的计息总额。"所以,目前城居保资金的主要投资渠道只有两种方式,即存银行、买国债。在当前通货膨胀的背景下,会造成城乡居民个人缴费的大量资金在银行闲置,使本来就不丰厚的养老金不断贬值。这也是居民大多选择最低缴费档次的原因之一。

第十一章　完善我国城乡居民养老
保险财政保障机制的思路

第一节　坚持的原则

一、政府主导,由自愿参与原则逐渐过渡为强制原则

在我国,由于城乡差异、地区差异的存在以及工业反哺农业等原因,政府财政在农村社会养老保险方面的责任已不能局限于介入,而应转变为主导,其职能主要表现为:确定财政支持农村社会养老保险的总体水平与规模,划分各级财政的农村社会养老保险责任,制定政策法规约束政府财政责任的履行,实行财政补贴保证所有农民都能获得基本的养老保障,对无力承担个人责任的困难群体,由政府代为缴费,帮助他们参加保险。

我国目前城乡居民养老保险实施的是"政府主导,自愿参加"原则,在明确个人获得保障的基本前提是承担缴费义务的基础上,加大财政补助力度,充分运用补助引导,吸引更多居民参保,努力扩大覆盖面。但是这与社会养老保险的强制性原则不符,制度运行成本较高,而且总是有一部分群体参加养老保险后由于各种原因退保,尤其是取消"捆绑机制"后,很多45岁以下的人选择暂不参保。为了保证参保率,事实上,在实践中地方政府在把握原则时采取的是"强制性"[1],这

---

[1] 笔者在地方调研时发现有的地方政府规定参保率必须达到85%,显然和"自愿参保"原则不一致。

容易给老百姓造成"政府说话不算数"的心理误区，不如采取社会保险的征收原则，逐渐由"自愿性"演化为"强制性"。而且城乡居民养老保险自从 2009 年开始试点，实行了 6 年的时间，很多老年农民已经开始享受养老保险收益，其社会效果已经显现，实施强制性原则也可以容易被人们接受，而且养老保险的制度运行成本大大降低，有利于城乡居民养老保险制度可持续进行。

二、财政支持与经济发展水平相适应，要适度、有弹性

社会保障是经济发展的产物，同时也是现代经济健康、稳定、持续发展的客观要求，一定的经济条件是社会保障发挥作用的物质基础和客观条件，而经济发展以后必然会对社会保障产生新的要求，要求社会保障发生相应的变化。可以说，社会保障与经济发展相互制约、相互促进。城乡居民基本养老保险制度中政府责任的定位同样需要一定的经济实力做保障，经济发展的程度与水平直接决定了政府对城乡居民基本养老保险的投入力度，进而影响到整个制度能否正常运行下去。要切忌养老保险"绑架"财政，在欧洲特别是希腊有过深刻教训。中国虽非高福利国家，养老保险待遇水平亦有较大提升空间，但养老保险与财政的天然联系表明，明确政府责任边界，在养老保险与财政之间建立一道"防火墙"十分必要。

当然，财政责任适度的具体设定是一个技术性非常强的课题，不仅需要综合分析和揭示制度安排的相关参数、环节和筹资模式与我国未来可能的城乡人口规模、结构、分布和经济发展水平、财政收入水平变化以及不同城乡地区的经济发展水平变化等诸多因素之间复杂的关联特征，更要借鉴国外发达国家构筑和管理农村社会养老保险的成熟经验，综合运用社会保障精算方法技术等成

熟的分析手段进行运作方式的标准化、规范化以及可操作性的研究。从总体来看,目前我国财政支持责任下限应该是满足社会成员的基本生存需要,而上限应该是政府的财政负担能力。

要有弹性,切忌整齐划一的"一刀切"。所谓弹性,是指在资源配置上要留有空缺以增强适应性和灵活性,用以适应系统外部环境和内部条件千变万化的形式,预留自我调整、自我选择、自我管理的空间。我国区域广阔,地方经济发展千差万别,各地经济实力、财政能力也不同。弹性原则保障了在底线基础上的灵活性,这一点在我国城乡居民基本养老保险实践中得到了充分体现。但本文认为,弹性也要适度,过大的弹性容易造成地区间社会保障资源配置的巨大差异,为未来改革增添难度。

三、公平与效率相结合的原则

社会保障本质上是通过对收入再分配进行调节,实现全体社会成员的基本保障,保持社会分配的相对公平。从财政支持方面来讲,国家在农村实行社会养老保险制度,就是要使社会保障资金逐步向农村倾斜,渐进实现用于社会保障的财政支出城乡相对均衡,使农村劳动者到年老时,按照政策规定获得必要的帮助和补偿,以保障劳动者的基本生活,促进生产和经济的发展。

在实施保险过程中,还要注意农村社会养老保险财政支持的效率,按照效益最大化的原则进行配置,尽可能提高补贴资金的使用效率,保证农村社会保障的实施效果。这就要求,首先必须实行差别待遇办法,即养老保险待遇标准,不是采取平均主义的分配方式,而应根据农村劳动者本人的经济收入、缴费年限、国家有关方面的财政承受能力、需要程度,采取区别对待的办法。保障劳动者基本生活需要,实行差别待遇办法,不仅可以增强劳动者参与农村养老保险的积极性,而且激励劳动者的劳动积极性,增强农村劳动者的凝聚力,提高劳动生产率,促进社会经济的蓬勃发展。其次,农村社会养老保险不能发展过快,保险待遇不能过高,否则就会超越国家的财政承受能力,降低农民生产的积极性,出现"道德风险"。

四、财政支持责任的法定性原则

财政支出法定原则的理论依据在于,财政资金主要来源于纳税人让渡的财产,财政支出涉及财政资金的支配和使用,与国民利益关系重大。财政支出过程需要政府部门参与,预算的编制、执行过程包含了诸多的权力特征,政府权力渗透到财政资金的配置、使用规模以及使用方式等领域中。权力一旦缺乏法律规制,就可能被滥用,所以规范政府财政资金使用权与保护纳税人权利,是财政支出"法定"的原因和意义所在。

法定原则的核心在于民主、法治。日本和韩国都比较重视通过推动福利政治的民主化,使更多的民众参与社会福利政策的制定、实施、监督和评估。比如,在各级政府部门中都设有各种社会福利审议会和专业委员会,福利财政规划、福利事业计划、福利政策实施的评估等,都由这些委员会操作,政府的责任主要是宏观控制。体现在城乡居民基本养老保险制度上,就是要求在合理界定各级政府对城乡居民基本养老保险支持责任和标准的基础上,通过法律法规将其约定,将城乡居民基本养老保险财政责任法定化,对政府形成约束力,依法定标准、以法定方式为城乡居民基本养老保险进行资金支持,从而保障城乡居民基本养老保险资金的来源,保障财政支持资金足额、及时到位。

第二节　完善城乡居民基本养老保险
财政保障机制的基本思路

一、坚持强制性制度变迁方式,加大政府对城乡居民基本养老保险制度的推进力度①

建立农村社会养老保险制度是从农村家庭养老到社会养老的一次重大制度变迁,其成功与否,制度变迁方式的认识和选择至关重要。所谓制度变迁方式(改革方式),是指制度创新主体为实现一定的目标所采取的制度变迁形式、突破口、路径等的总和。制度变迁的类型有两种,一是诱致性制度变迁;二是强制性制度变迁。诱致性制度变迁是指现行制度的变更或替代,或者新制度安排的创造,是由个人或一群人在响应获利机会时自发倡导、组织和施行。诱致性制度变迁要发生,首先要有创新主体;其次,制度创新者从新制度中获得的预期收益要大于它的预期成本;最后,这些创新主体要达成一致性。只有符合这三个条件,诱致性制度变迁才会发生。而在农村社会养老保障制度变迁中,作为变迁主体的农民并不具备创新主体的资格。由于农民的有限理性,其从新的社会养老保障制度中获得的预期收益是否大于预期成本,也不可能判断清楚。由于不同的农民具有不同的经验,他们对原有的养老保障制度供求不均衡的程度和原因认知不同,要使一套新的行为规则被接受或采用,个人之间就需要讨价还价地谈判并达成一致性的意见,而结果可能是很难达成一致。

---

① 参见王晓沛、张晋武:《农村养老保障制度变迁研究》,《经济与管理》2006年第6期,建议农村养老保险制度的参保原则应该逐渐由"自愿性"向"强制性"过渡。

强制性制度变迁,也称供给主导型制度变迁,是指新制度的产生由政府命令和法律引入而实现。强制性制度变迁的制度供给主体是国家。我国以建立社会养老保障为目标的农村养老保障制度改革实际上就是政府主导的结果。政府主体利用其政治上的力量拥有资源配置的绝对权利,它的制度供给能力和意愿决定着制度变迁的方向、深度、广度和具体形式。但由于在以前的农村养老保障制度改革中,政府无意改变制度变迁中权益的重新配置,其意愿制度供给和实际制度需求并不一致。事实上,我国在政府主导的农村社会养老保障制度改革中一直存在着严重的制度供给不足。1999 年国务院决定停办农村社会养老保险的一切新业务,主要是原有的制度设计和养老保险管理存在问题,但并不意味着以后不可以继续实行强制性制度变迁方式。

2003 年各地方政府开始了新型农村养老保险制度的探索;2009 年,新型农村居民社会养老保险制度开始启动试点。在政府行政部门的强力推动下,农村各项社会保障事业的覆盖面迅速扩大,继新型农村合作医疗实现全覆盖后,新型农村社会养老保险于2012 年实现全面覆盖;2012 年城镇居民养老保险制度建立,养老保险范围覆盖至全体国民;2014 年城居保和新农保合并实施,覆盖城乡的社会保障体系建设取得重大成就。这一系列改革都是政府主导的结果,只不过 2009 年以前的变革方式是地方政府"自下而上"的强制性变迁,2009 年之后则是中央政府"自上而下"的强制性变迁。中国城乡居民养老保险制度建立的经验证明,这种变迁方式是适应中国的现实的。

继续实行强制性制度变迁方式,要求进一步加大政府对建立城乡基本养老保障制度的推进力度。其一是加快城乡居民基本养老保障立法建设。实现制度的法制化。从全国来讲,应尽快制定关于城乡居民基本保障的基本法,明确城乡居民享有与城镇职工一样的社会养老保障的基本权利和相应的义务,并使这种权利和义务具备法律保障。从河北省来讲,目前出台的相关方案对各地大都只具有指导性,不具备有效地约束力。而各地在此基础上制定的细则和操作办法参差不齐,具体实施中基层政府和农民的随意性都很大,规范性很差。这不仅不利于全省的统一管理和监督,也不利于各地农村社会养老保障制度的完善和扩大农村社会养老的覆盖面,甚至使社会养老保险工作举步维艰。河北省人大应会同政府有关部门广泛调查研究,总结经验,力争尽快出台一套适用全省、较完备统一的基本法律法规,以规范农村社会养老保障行为。其二是加强省级统一规划,实行强制为主并与一定政策条件下的自愿相结合的原则,提高政府对农村社会养老保险的强制程度。

新型农村社会养老保险政策虽有一定的强制要求,但实际实施中绝大程度上是自愿的①。农村养老保险属于社会养老保险,应统一实行强制性原则。但考虑到农民在地域、经济收入及对社会养老保险的思想认识上的差别,为避免强行一刀切而引起和激化社会矛盾,可以有一定的自愿性和灵活性。为此,河北省人大和政府有关部门首先应在缜密调查和测算的基础上,切实摸清各地

---

① 为了保证自愿基础上的参保率,规定以家庭为参保单位,家庭中年轻子女加入新农保,达到60周岁的老年人才能领取国家55元的基础养老金,这实质上带有一定的强制性。而2012年7月实施全覆盖后,取消了这种规定,只要农村老年人达到60周岁,不管子女是否参保都能领取55元养老金,这对农民的参保率肯定会有影响,但是新政策的实施效果还没有显现出来。据课题负责人2012年暑期调研发现,县里执行农民自愿参保的新政策,而上级政府又行政命令规定参保率不低于90%,矛盾的悖论结果就是名义上"自愿"实际上"强制"。

各类农民的经济条件底数,然后制定出统一规划和适合不同收入层次的不同保障水平的养老保险政策与实施方案。达到一定人均收入的地区,必须强制实施一定保障水平的社会养老保险。未达到规定人均收入水平的地区实行群众自愿。但同时必须规定,其随着经济的发展,一旦达到规定的人均收入水平,就必须进入强制实施社会养老保险的行列。

二、从宏观上把握好财政保障的"度",避免"不足"与"过度"补贴

财政保障水平不是越高越好,政府主导的社会保障水平越高,意味着政府集中参与配置的资源越多,征税也越高。西方高福利国家越来越呈现出财政的不堪重负,福利膨胀困扰着西方国家经济。日本的教训是深刻的,2014 年日本的财政支出 100 万亿日元①,其中社保支出占 31.8%。日本在养老保险运作上的失误,也值得借鉴。比如,由于对高龄化发展速度及其所带来的冲击并没有足够的认识,制度设定阶段把养老保险给付水准定得太高,导致入不敷出,财政压力过大。为解决保险财政财源,不得不逐步提高缴纳率,使国民对养老保险的稳定性产生怀疑,致使不少年轻人不愿参加养老保险,参保率急剧下降。2014 年中国社保支出占政府支出的 13.5%,但占一般支出的 20%。由于福利和社会服务的扩大造成民众的税收负担大幅度增加,可支配收入较少,从而削弱了个体和家庭的自我保障能力②。因此,我们要汲取教训,不能单向认为福利越高越好。

---

① 100 万亿日元中有 50 万亿元是靠发债筹集的。

② 朱俊生:《福利与自由的冲突及其自洽》,《财经杂志》2012 年 6 月。

从中国的福利语境分析,由于长期以来城乡二元经济导致社会保障的"二元"化,中国农村的福利水平低于城镇,大多数研究偏重于"福利"方向。正是在这种理念指导下,进入 21 世纪以来,中国政府针对弱势群体采取了一系列强有力的措施,社会保障水平明显改善。2009 年新型农村社会养老保险制度启动试点,2012年实现了全覆盖。这些制度和政策实施,无疑有助于提高农村居民的社会保障程度,有利于促进整个国家的社保公平。

而且从现有的文献研究看,大多数学者认为,新农保的福利保障水平比较低,政府财政投入不足,建议政府加大财政投入,构建稳定的财政投入增长机制。这种观点容易为大众所接受,毕竟大家都愿意享受高福利。但目前理论上对于福利所可能出现的负面效应考量不够,实践中也注重覆盖面和保障水平的提高,而对其的不利后果考察不够。

尤其是 2012 年新农保实现全覆盖后,地方政府将社会保险覆盖面作为政绩考核的一个标准,虽然名义上新农保遵循自愿性的原则,但在实践中,由于政府间的福利竞争,往往也作为官员升迁的考核标准,因此强制要求农民参保,追求覆盖率的倾向也导致了地方政府财政(尤其是经济欠发达地区)不堪重负。按照中国人民大学公共管理学院李珍教授等人的调研,山东临沂市兰山县,由于人均财政收入不足 200 元,新农保所需补贴资金达到了县级财政的 12%。

目前我国的新农保改革的一种重要思路是,通过扩大政府责任,向福利国家迈进。这种设想是美好的,但是我们要考虑高福利的代价和成本,未雨绸缪,在福利水平还较低的情况下,要防止一味地提高福利,从宏观上把握好财政保障在新农保投入中的"度",既要避免投入不足,更要注意过度补贴。

三、完善财政保障机制,逐步提高养老金替代率水平

(一)设定最低缴费档次的限制

如何解决 90% 以上居民选取最低 100 元缴费档次,更好地发挥财政补贴的激励效应?我们建议在当前财政激励效应不明显情况下,可以另辟蹊径,从提高最低缴费档次入手。目前,全国只有东部地区的北京、上海、天津地区实行了最低缴费档次的限制,如北京地区城乡居民参加养老保险,制度供给的最低缴费是 1000元,远远高于中央规定的 100 元的最低缴费档次,从一定程度上保证了较高水平养老金替代率,有利于老年人的养老生活保障。全国其他省市可以借鉴北京、上海、天津等地的经验,适当设定最低缴费档次。当然对于经济不发达地区,最低缴费档次的限制不能太高,否则参保人员的经济负担太高。从理论上分析,只要不超过年人均纯收入的 10%,城乡居民都是可以负担的。建议东部地区省级层面可以规定最低缴费档次可以提至 300 元,中、西部地区可以提至 200 元;对于经济条件好的市、县可以在此基础上再提高 20%—50% 左右。

(二)构建科学合理的基础养老金的动态调整机制,调动地方政府的积极性

基础养老金在城乡居民养老保险筹资结构中发挥着举足轻重的作用,直接关系到参保人领取养老金的多少。在国家大的政策前提下,至少要做到以下三点:一是要参照城乡居民的消费结构的变化来研究;二是要瞄准城乡居民收入增长和消费支出增长的情况来考虑;三是要按照参保居民的基础养老金增长略快于城镇职工养老金增长步伐的要求来安排。归纳起来,就是要从提高城乡居民实际购买力、共同分享经济社会发展成果、缩小城乡二元社会保障"福利差"三个维度来研究城乡居民基本养老保险制度的基

础养老金的动态调整机制。因此,提出基础养老金最低标准的动态调整机制,要兼顾上面三个因素并做好测算。

现行城乡居民基本养老保险制度下的基础养老金的动态调整机制,必须始终要围绕城乡居民基础养老金适度水平这条主线。现实中城乡居民基础养老金适度水平是客观存在的,而且很可能是一个适度区间。这个适度区间的下限就是与落实"保基本"要求、维护"生存公平"相对应的城乡居民的基本生活需要,上限就是与维护"劳动公平"和保证城乡间、地区间、群体间的替代率相同或相接近时的待遇水平。现行城居保制度的基础养老金动态调整机制应当是在基础养老金最低标准达到适度水平区间下限后启动,而且要始终在适度水平区间内发挥作用①。如果把待遇水平动态调整和由试点待遇起步水平向适度水平区间下限"补齐"结合在一起,分年来操作,会带来许多复杂性,也会牺牲一些"老人"的切身利益。

(三)改革现有财政体制,加大转移支付力度

城乡居民养老保险制度的财政责任分别由中央政府、省级政府、县市政府负担,各级政府负担的责任不同,既分工又相互配合,协调发展是该制度可持续的财力基础。基础养老金的"底线"责任主要在中央政府,弹性增加部分由省及其以下政府负担,从理论上划分的比较清晰。但由于一些制度外成本无法从制度上划分清楚,比如城乡居民养老保险的保费征收成本、制度的"隐性成本"②

---

① 王成鑫:《中国新型农村社会养老保险财政负担水平研究》,辽宁大学 2011 年博士学位论文。

② 指个人账户按照 139 个月发放,相当于 11.6 年,即 71.6 岁时个人账户全部领取完毕,但如果被保险人没有死亡,71.6 岁以后的养老金由政府负担。有数据显示,我国农村居民的平均寿命高于城镇,72 岁时的平均余命为 11.86 岁,这就意味着政府还必须支付 71.6 岁以后近 12 年的养老金。

事实上由地方政府承担了,因为中央只负担 70 元的基础养老金。但由于我国现行的财政体制制约,越是基层地方政府财力越弱,而承担的养老保险责任越多,这就需要改革现有财政体制,加大转移支付力度,提高地方政府财政能力。

四、提高统筹层次,可先由县统筹过渡至省统筹

各地要在整合城乡居民养老保险制度的基础上,逐步推进城乡居民养老保险基金省级管理。当前城乡居民基本养老保险的统筹层次大都在县级,统筹层次低带来的不利后果:一是不利于城乡居民资源流动,同一省内部不同县域之间劳动力流动,也会存在地区间养老金失衡问题,地方政府显然不愿意城乡居民带走历年地方政府的财政补贴,这意味着城乡居民在同省各县之间转移,基金也无法携带;二是不利于基金的保值增值,新农保制度设计模式是"统筹账户+个人账户",其中个人账户实行的基金积累制,个人账户要发挥作用,就必须保证其保值增值,否则就失去了设立的意义。而要想保值增值就必须投资运行,统筹层次低决定了个人账户规模小,不利于资本投资。当前城居保资金多由县级分散化管理,增值渠道仅限于存银行、买国债,长期运营必然会重蹈城镇职工养老保险和旧农保的覆辙①;三是不利于基金监管。

我们要尽快提高城乡居民养老保险的统筹层次,避免重蹈城镇职工基本养老保险制度的覆辙。城镇职工基本养老保险制度尽管大部分已经实现了省级统筹,但是各地区间社保收支的不均衡已然成为当前最大的危机。2012 年全国退休职工抚养比的平均

---

① 1991—2000 年农村社会养老保险基金应累计增值 125.64%,而同期,银行存款累计增值率为 101.35%,国债累计增值率为 120.08%,与农村社会养老保险基金增值要求相比,实际均为负差。

线是 3.09。在富裕地区,如广东的比值高达 9,浙江、福建也有 5,
当地财政压力相对较小。但在吉林和黑龙江,这一数值是 1.69 和
1.52。现实中,出现了辽宁、黑龙江的青壮年劳动力给广东、浙江
退休职工养老现象①而我国的城乡居民养老保险的统筹层次在县
级,其潜在的危机或许更大。

提高统筹层次,可先行考虑提高到省统筹,和城镇职工养老保
险制度一致,也有利于当前正在推行的三大养老保险制度的衔接,
解决养老保险制度碎片化问题。待时机成熟,再提高至全国统筹,
这是城乡居民基本养老保险制度统筹层次的最终目标。

五、健全基金管理和监督,实现城乡居民基本养老保险基金的保值增值

(一)健全基金管理体系,完善城乡居民基本养老保险基金的
管理和监督②

建立和完善城乡居民基本养老保险制度,基金管理是一个至
关重要的问题。一个完备的基金管理体系应涵盖政策制定、基金
监督和基金经办三个层面(见图 11.1)。

我们要吸取旧农保失败的教训,旧农保失败之处也表现为基
金监管不严,出现挪用农保资金的普遍现象,而且日常经费是按照
基金的 1% 提取。而新农保实施以来,部分地区已经发现了地方
政府将新农保个人账户资金用于 60 岁以上老人的养老金发放。
2012 年 8 月,审计署发布"全国社会保障资金审计结果",对新农
保、城居保的审计发现,部分地区扩大范围支出或违规运营养老保

---

① 聂日明:《重构社保体系》,《财经》2015 年第 1 期。
② 参见课题组(张晋武、王晓洁等):《河北省农村社会养老保障制度建设研究》,《河北经贸大学学报》2005 年第 6 期。

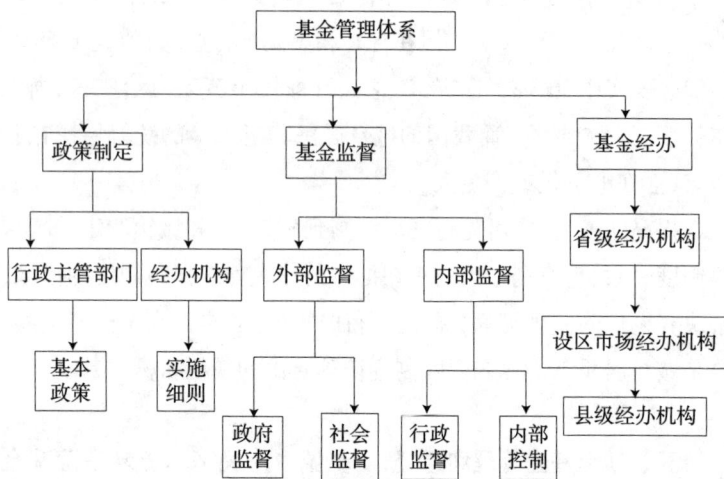

图 11.1　基金管理体系框架

险基金 2.37 亿元。其中,用于基层经办机构等单位工作经费
629.31 万元;委托理财 2.3 亿元。2 个省本级、34 个市本级和 400
个县的经办机构审核不够严格,向 30.21 万名不符合条件的人员
发放养老金待遇 6179.6 万元。[①]

　　基金管理政策制定工作应由行政主管部门负责,通常情况下,
由省级经办机构在基本政策规定的框架内制定实施细则。基金监
督体系由外部监督和内部监督两部分构成。外部监督包括政府监
督和社会监督。内部监督分为行政监督和内部审计稽核。行政监
督由行政主管部门内设的基金监督机构,通过定期审计及其他手
段予以实施;内部审计稽核由经办机构自设内部审计稽核部门在
日常基金管理中进行。基金经办职能由各级农保经办机构履行。
为防止基金被挪用,基金收支必须实行收支两条线管理。基金收

---

① 　左林:《全民养老虚实》,《财经》2012 年第 34 期。

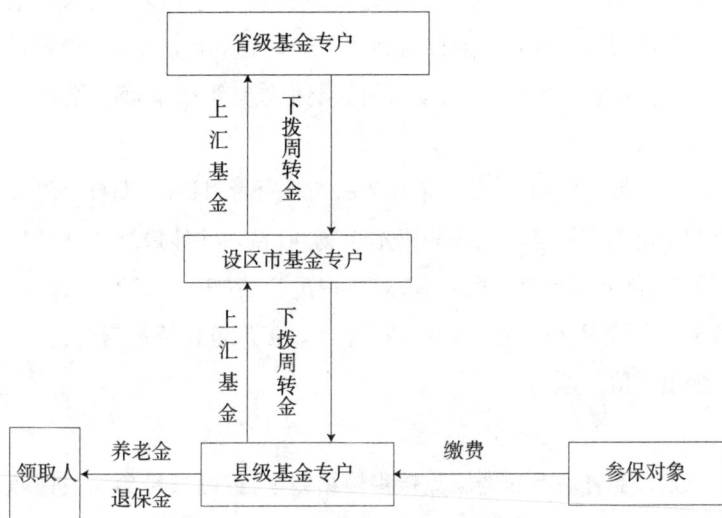

图 11.2 基金收支两条线流程图

入应及时全额汇缴上级基金专户,不得留存本级;支出户养老金和退保金由上级基金专户拨付,不得从收入户基金中直接坐支(见图 11.2)。要严格城乡居民养老保险基金财务会计制度和各项业务管理规章制度,将城乡居民养老保险基金纳入社会保障基金财政专户,实行收支两条线管理,单独记账、独立核算,任何地区、部门、单位和个人均不得挤占挪用、虚报冒领。

(二)完善资本市场,积极拓展保险基金的保值增值

《社会保险法》第六十九条规定:社会保险基金在保证安全的前提下,按照国务院规定投资运营实现保值增值。其实,这里需要进行"投资运营"的主要是养老保险个人账户基金,其他四项基金和养老保险基金统筹部分主要是现收现付制度,应当贯彻"以支定收"的原则,即使有少量结余也只能投资国债和银行存款。而养老保险个人账户基金会伴随劳动者一生,其保值增值的重要

性不言而喻。《社会保险法》第十四条规定:养老保险个人账户记账利率不得低于银行定期存款利率。这只是一个最低限。如果只是拿到了银行存款利率,劳动者何必要把钱交给社保,而不自己将钱存入银行呢?

从世界范围内看,养老金作为战略投资者,只有长期投资以股市和债市为实体经济代表的资本市场,收益率才能最终战胜通货膨胀率,战胜银行存款利率,这需要在配套的《养老保险个人账户基金投资管理办法》中予以明确,才能真正规范投资运营行为,解决保值增值问题。

六、完善城乡养老保险转移接续制度,鼓励农民参加城镇职工养老保险制度

实现养老保险"全覆盖"是我国社会保障制度的目标,而此目标实现的关键取决于近3亿农民工的参保情况。2013年底,我国城乡基本养老保险覆盖了8.2亿人口,但是有近2亿人未纳入覆盖范围,大部分是流动性较强的农民工。尤其是大力发展新型城镇化是我国下一阶段推进的国家发展战略,会有越来越多的人口处于流动状态。而我国现行的社保制度还存在地区分割,不适应当前我国居民和劳动者跨地区流动的现状。如果不能有效解决参保人员社会保障关系的接续问题,则难以实现制度公平,也难以有效吸引年轻群体参保。从2010年开始,我国城镇企业职工基本养老保险在制度上实施了跨地区转移接续政策,4年来累计办理379万人次的跨省转续,跨省转移资金585亿元[①];2014年又出台了城

---

① 参见胡晓义:《加快完善覆盖城乡居民的社会保障体系》,《行政管理改革》2014年第11期。

乡居民养老保险和城镇职工养老保险相互衔接政策,为参保人员在不同制度间流动打开了通道。

虽然已经有了城乡居民养老保险和城镇职工养老保险相互衔接政策,但是由于制度还不完善,实践中真正互转的较少。尤其是参加城乡居民养老保险制度向城镇职工养老保险制度转移,相当于"由低向高"转移,已经缴纳的保险资金如何折算城镇职工养老保险?而且城乡居民养老保险是按月缴纳,而城镇职工养老保险是按月缴纳,两者的制度模式相差很大。

考虑到当前年轻的农民工既没有参加城乡居民养老保险,也没有参加城镇职工养老保险,政府要从政策、制度等方面创造条件鼓励农民工尽可能参加城镇职工养老保险制度,因为城镇职工养老保险制度的待遇水平较高,替代率较高,更能满足人们的养老需求。这就要从制度上进行强制规定,比如农民工所在单位必须为雇佣人员提供养老保险[1]。农民工最大化的参加城镇职工养老保险制度,一方面当期可以减轻政府财政负担;另一方面也为城乡居民养老保险制度和城镇职工养老保险制度的并轨打下基础,这是养老保险制度发展的必然趋势。

第三节　其他配套措施

一、重视非正式制度的作用,大力培育农民的社会养老保障意识,提高农民对社会养老保障的认同程度[2]

制度安排有正式制度和非正式制度之分。一种新制度的成功

---

[1]　笔者做过调研发现,农民工所在单位只有不到10%为农民提供养老保险。

[2]　参见王晓洁、张晋武:《农村养老保障制度变迁研究》,《经济与管理》2006年第6期。

建立与顺利实施,除了效率条件下的正式制度更替,还必须与相应的非正式制度安排相匹配。非正式制度是人们在长期交往中无意识形成的,具有持久的生命力,并构成代代相传的文化的一部分。其主要包括价值观念、伦理规范、道德观念、风俗习性、意识形态等因素,其中意识形态处于核心地位。正式制度必须和非正式制度相容,制度变迁才会发生,且变迁成本较低。目前农村社会养老保障制度建设存在阻滞,非正式制度方面的原因也是不可忽视的。

首先,农村社会存在的"差序格局"的意识形态影响着农村社会养老保障制度变迁的发生。"差序格局"是费孝通先生在《乡土中国》一书中提出的概念。他指出,中国农村的社会团结是以家庭(家族)为中心的"差序格局",即越是圈内的人群间的交往频率越大,交换内容越丰富,交换中投入的感情越多,社会交换发生的信任基础就越深厚。其表现在农村养老保障上,就是农民更多地信任家庭养老,而不相信社会养老,所以如果在没有有力的第三方担保和监督实施情况下,不会发生非人格化的交易,即人们不会去参加社会养老保险,而是基于意识形态只会选择家庭养老。特别是当面对家庭养老和社会养老的选择无法判断社会养老保险的净收益时,农民的小农理性会引导他们更多地选择家庭养老,而对社会养老抱一种"试试看"和消极观望的迟疑态度。具体说,目前农民对社会养老保障有三怕:一怕干部换,二怕政策变,三怕基金不兑现。

其次,孔儒文化弘扬的以人伦为基础,以情感、情理为法则的人情主义伦理价值观,也制约着农村社会养老保障制度变迁的发生。"养儿防老"是农村固有的观念。农村家庭养老是家庭资源在代际之间从有生产能力的中年家庭成员向老年人转移。通过这种家庭资源转移与分配,将促进家庭成员在不同生命周期的平衡消费,它受制于政治、经济、文化等诸多因素,主要表现为以情感为主体、以血缘为基础的人伦本位,并深深根植于农村的社会文化结构之中。因此,这也是阻碍农村社会养老保障制度建立的重要原因之一。

意识形态的形成虽是多年来经验积累的结果,但它并不是一成不变的,一旦人们的经验与意识形态出现不一致,他们便试图发展一套更适合于其经验的合理解释,即以一种新的意识形态来节约认识世界和处理相互关系的费用。在这个过程中,新制度供给者的引导和示范非常重要。所以说,设法培养农民对社会养老保险的信任是建立农村社会养老保障制度的主观与个体行为基础所在。这就涉及信任结构转型问题,即要扩展农民的信任结构,引导其相信人际间的社会共济,缩短农民与社会养老保障制度的心理差距,让这项制度从意识形态上"农民化"。这就要求一方面大力培育和弘扬市场经济下的现代人际间互济文化,另一方面农村社会养老保障制度设计真正和农民的利益需求相融合,让他们慢慢的从对农村社会养老保障制度缺失的弊端和对这种新制度好处的观察体验中转变自己的意识形态。当认可这项经验的人数超过一个临界点之后,就会形成新的非正式制度。另外,在制度变迁过程中,正式制度变迁与非正式制度变迁是相辅相成的。在正式制度安排中,法律是最稳定、最具说服力和感召力的制度形式。它不仅具有强有力的制度约束效能,而且能最大限度地帮助人们克服对风险的厌恶,增强人们对相应的正式制度安排的信任和依赖程度。因此,为培育和增强广大农民的社会养老保障意识,还应如前面所强调的,要大力加快农村社会养老保障立法的进程,使农村社会养老保障制度和农民的养老保障权益都得到可靠的法律保障。这不仅是强制性制度变迁方式推进农村社会养老保障制度建设的必要措施,也是使农村社会养老保障取信于民和建立农村社会养老保障制度的社会信任基础的重要保证。

二、运用税收优惠等财政支持手段鼓励企业、民间团体投身社会保障事业

国务院关于建立统一的城乡居民基本养老保险制度中提出,要鼓励其他社会经济组织、公益慈善组织、个人为参保人缴费提供资助。补助、资助金额不超过当地设定的最高缴费档次标准。而当前我国企业等经济组织的慈善捐款意识还不太发达,这就需要政府适当引导。可以通过税收优惠、财政补贴等手段对为参保人提供缴费资助的企业实行税前列支,鼓励这些企业积极投身福利事业。比如日本、韩国非常重视企业、民间团体对养老服务供给的参与。日本和韩国通过制度和法令,敦促企业对社会福利事业的捐赠和参与。大型企业和行业一般都设有基金会,为参与社会福利服务的民间团体和志愿者提供活动经费,同时也举办各种福利事业,有利于形成政府主导的多元参与模式。

三、发展商业保险,试行个税递延型养老保险

城乡居民的养老保障不能一条腿走路,在大力发展社会养老保险的同时,还要强化城乡居民的自我保障,通过商业保险形式提升养老保障水平。要发展商业保险,必须通过政策的引导,当前的一个可行选择是实行"减税养老"。所谓"减税养老",就是试行个税递延型养老保险。"个税递延型养老保险"是指允许投保人在个人所得税前列支保费,等到将来领取保险金时再缴纳个人所得税。这一制度可以降低投保人当期税务负担,在许多国家已发展得相当普遍,如美国的401k退休计划。

一个完善的养老保险体系应该包括三个层次,好比一个金字塔,塔底是政府的基本养老保险,中部是补充养老保险,塔顶是个人商业养老保险。而目前我国农民的养老保险几乎只有一个政府的基本养老保险,个人商业保险十分欠缺。随着老龄化高峰到来,我国需通过构建多层次养老体系,满足更高层次养老需求。"个税递延型养老保险"可以通过税收小杠杆撬动养老金的大池子,减轻政府养老压力,使个人商业保险在养老体系中发挥更大的作用。2014 年 8 月 14 日,国务院公布《国务院关于加快发展现代保险服务业的若干意见》(简称"新国十条"),"新国十条"最为引人关注的是"适时开展个人税收递延型商业养老保险试点",这为个税递延养老保险的实施提供了政策基础。在试行之初,坚持渐进推广路径,选定高收入城乡群体作为目标人群,先行试点,逐步完善,待成熟之后,广大农民也从心里认可这项政策后,再推而广之,扩展至全国。

参 考 文 献

1. 安华:《社会养老保险参保率影响因素的实证研究》,《中国物价》2010 年第 9 期。

2. 安亮:《借鉴国际经验,完善我国养老保险基金监管体制》,《经济研究导刊》2006 年第 5 期。

3. 毕红霞:《农村社会保障的财政支持研究》,山东农业大学 2011 年博士论文。

4. 曹云清:《农村新型养老保险制度中财政支持研究——以河北省为例》,河北经贸大学 2010 年硕士学位论文。

5. 陈共:《财政学》,中国人民大学出版社 2008 年版。

6. 陈姣娥:《论政府在农村社会养老保险制度中的缴费责任》,《人口与经济》2006 年第 3 期。

7. 陈良瑾:《社会保障教程》,知识出版社 1990 年版。

8. 陈少晖、许雅雯:《养老保险制度:韩国的经验对中国的启示》,《亚太经济》2005 年第 6 期。

9. 陈淑君:《新型农村社会养老保险的财政支持研究》,《学术交流》2009 年第 7 期。

10. 陈星:《英美养老金制度及其对中国的启示》,武汉大学 2005 年硕士学位论文。

11. 成新轩、武琼:《英国养老保险市场化改革及其对中国的启示》,《河北学刊》2007 年第 1 期。

12. 成志刚、公衍勇:《影响农村社会养老保险制度发展的非经济因素—基于 PEST 模型的分析》,《湖南师范大学社会科学学报》2010 年第 2 期。

13. 程杰:《新型农村养老保险制度的财政负担测算》,《社会保障研究》2011年第1期。

14. 崔凤、李红英:《新型农村社会养老保险可能面临的主要问题与政策建议》,《西北人口》2011年第2期。

15. 邓大松、丁怡:《城乡养老保险一体化视域下的财政支出结构研究》,《理论与改革》2014年第3期。

16. 邓大松、薛惠元:《新农保财政补助数额的测算与分析——基于2008年的数据》,《江西财经大学学报》2010年第2期。

17. 邓念国:《西方国家社会保障的民营化:新制度主义的视角》,上海交通大学2008年博士学位论文。

18. 邓英:《英国养老保障体制改革及对中国的启示》,西南财经大学2007年硕士学位论文。

19. 丁建定、张尧:《养老保险城乡统筹:有利条件、理性原则与完善对策》,《苏州大学学报(哲学社会科学版)》2014年第5期。

20. 段家喜:《养老保险制度中的政府行为研究》,首都经贸大学2005年博士学位论文。

21. 封铁英、董璇:《劳动力缺失背景下新型农村养老保险需求及其影响因素研究》,《西北人口》2010年第6期。

22. 冯兰:《新型农村社会养老保险的供需研究》,华中农业大学2013年博士学位论文。

23. 高培勇:《以"新常态"思维认识当前的财政经济形势》,《人民日报》,2013年10月24日。

24. 高启杰:《福利经济学——以幸福为导向的经济学》,社会科学文献出版社2012年版。

25. 关博:《城乡居民养老保险制度的社会保障学分析及完善——以北京市为例》,《北京工业大学学报(社会科学版)》2012年第2期。

26. 郭伟和:《福利经济学》,经济管理出版社2001年版。

27. 韩博:《辽宁省农村社会养老保险缴费问题研究》,辽宁大学2007年硕士学位论文。

28. 韩立娜:《河北省新型农村社会养老保险需求研究》,河北经贸大学2011年硕士学位论文。

29. 杭琛:《韩国养老保险制度及启示》,《中国金融》2013 年第 18 期。

30. 郝佳:《利益导向、最优选择与现阶段农村养老保险的机制设计》,《改革》2014 年第 2 期。

31. 侯立平:《欧美养老保险改革及其启示》,西南财经大学出版社 2008 年版。

32. 侯志阳:《农村养老困境与乡村"草根"型养老模式构建》,《湖南农业大学学报(社会科学版)》2008 年第 2 期。

33. 胡晓义:《加快完善覆盖城乡居民的社会保障体系》,《行政管理改革》2014 年第 11 期。

34. 胡晓义:《我国农村社会保险制度的政策要点和社会实践》,《行政管理改革》2010 年第 7 期。

35. 华黎、郑小明:《完善新型农村社会养老保险财政资金供给的思路与对策》,《求实》2010 年第 10 期。

36. 黄晓、王成璋:《养老金制度转轨理论评述》,《西南交通大学学报(社会科学版)》2006 年第 4 期。

37. 黄有光:《福利经济学》,中国友谊出版社 1991 年版。

38. 贾宁、袁建华:《基于精算模型的"新农保"个人账户替代率研究》,《中国人口科学》2010 年第 3 期。

39. 蒋占峰:《农村社会保障制度缺失与城镇化论析》,《云南社会科学》2007 年第 2 期。

40. 金刚、柳清瑞:《新农保补贴激励、政策认知与个人账户缴费档次选择——基于东北三省数据的有序 Probit 模型估计》,《人口与发展》2012 年第 4 期。

41. 金刚、柳清瑞:《新农保个人账户财政补贴激励效应研究》,《人口与经济》2013 年第 1 期。

42. 金刚、张秋秋、闫琳琳:《新型农村社会养老保险参保意愿研究——基于有序 Probit 模型的估计》,《辽宁大学学报(哲学社会科学版)》2014 年第 2 期。

43. 考燕鸣:《中国农民社会养老保险公共财政支出水平研究》,辽宁大学 2011 年博士学位论文。

44. 李建伟:《我国经济增长的内在趋势及其周期性波动特征》,《调查研究报告》2006 年第 17 期。

45. 李俊:《城镇化、老龄化背景下新型农村养老保险财务状况研究:2011 年—2050 年》,《保险研究》2012 年第 5 期。

46. 李升:《农村社会养老保险覆盖率的影响因素分析——基于山东省的实证检验》,《经济论坛》2010 年第 2 期。

47. 李伟:《统筹城乡居民基本养老保险制度研究——以河南省郑州市为例》,《江苏农业科学》2012 年第 5 期。

48. 李永杰、游炳俊:《论社会保障的政府责任》,《华南师范大学学报(社会科学版)》2004 年第 1 期。

49. 李玉燕:《我国新型农村养老保险中地方财政的筹资困境及求解》,《福建党校学报》2011 年第 1 期。

50. 李豫、王艳平、李珏峰:《中国养老保险制度改革借鉴》,企业管理出版社 2012 年版。

51. 李长远、杨建飞:《论政府在农村社会养老保险制度中的财政责任》,《华中农业大学学报(社会科学版)》2008 年第 5 期。

52. 李珍:《关于社会养老保险私有化的反思》,《中国人民大学学报》2010 年第 2 期。

53. 厉莹:《瑞典、丹麦、挪威养老保障制度比较研究》,复旦大学 2007 年硕士学位论文。

54. 刘昌平、谢婷,《财政补贴新型农村社会养老保险制度研究》,《东北大学学报》(社会科学版)2009 年第 9 期。

55. 刘德浩:《养老保险统筹层次问题的产生机理及其解决思路》,《江西财经大学学报》2010 年第 6 期。

56. 刘海燕:《构建农村养老保险的财政制度安排》,《农村经济》2006 年第 5 期。

57. 刘军民:《实现"老有所养"千年夙愿:稳步推进城镇居民社会养老保险制度建设》,《中国财政》2011 年第 19 期。

58. 刘军民:《试论推进我国新型农村社会养老保险制度可持续发展的基本要领和战略重点》,《社会保障研究》2010 年第 3 期。

59. 刘军宁:《保守主义》,中国社会科学出版社 1998 年版。

60. 刘钧:《中外养老保险运营效率的比较与启示》,《经济理论与经济管理》2011 年第 3 期。

61. 刘苓玲、李培：《建立覆盖城乡居民的养老保险体系研究——一个文献综述》，《保险研究》2012 年第 2 期。

62. 刘晴晴：《新型农村社会养老保险的财政支持力度研究》，南京财经大学 2010 年硕士学位论文。

63. 刘瑞旋、张大勇：《京郊新农保参保状况分析——对北京市昌平区沙河镇老牛湾村的调研》，《乡镇经济》2009 年第 5 期。

64. 刘玮：《中国农村养老保险研究述评：基于研究范式》，《学术探索》2010 年第 4 期。

65. 刘晓芳：《中国农村社会养老保险中的政府责任问题研究》，吉林大学 2012 年硕士学位论文。

66. 刘影春：《农村社会养老保险制度建设的国际经验及启示》，华中师范大学 2013 年博士学位论文。

67. 刘志昌：《基本养老保险均等化的群体比较》，《理论月刊》2014 年第 10 期。

68. 卢海元：《新型农村社会养老保险制度创新和突破的基本取向》，《中国劳动》2006 年第 4 期。

69. 卢夏瑾：《养老保险中的政府责任问题研究》，山东经济学院 2010 年硕士学位论文。

70. 卢现祥、卢巧玲：《新制度经济学》，北京大学出版社 2012 年版。

71. 吕凯波、卜琏、张俊潇：《政府在新型农村社会养老保险中的最优行为分析——一个财政支持力度的动态均衡模型》，《南京审计学院学报》2009 年第 3 期。

72. 马雁军、孙亚忠：《农村社会基本养老保障的公共产品属性与政府责任》，《经济经纬》2007 年第 6 期。

73. 米红、项洁雯：《中国新型农村养老保险制度发展的敏感性分析暨有限财政投入仿真研究》，《社会保障研究》2008 年第 1 期。

74. 米红、杨翠迎：《农村社会养老保险制度基础理论框架研究》，光明日报出版社 2008 年版。

75. 米红：《中国新型农村养老保险制度发展的敏感性分析暨有限财政投入仿真模型》，《社会保障研究》2008 年第 1 期。

76. 牟放:《完善我国农村养老保险制度的政策建议》,《中央财经大学学报》2005 年第 5 期。

77. 穆怀中、闫琳琳:《新型农村养老保险参保决策影响因素研究》,《人口研究》2011 年第 1 期。

78. 欧文汉:《完善财政保障与约束机制的几点思考》,《行政管理改革》2013 年第 12 期。

79. 彭宅文:《财政分权、转移支付与地方政府养老保险逃费治理的激励》,《社会保障研究》2010 年第 1 期。

80. 齐守印:《中国公共经济体制改革与公共经济学论纲》,人民出版社 2002 年版。

81. 钱亚仙:《论政府是构建农村社会保障制度的责任主体》,《岭南学刊》2006 年第 6 期。

82. 钱亚仙:《论政府在农村养老社会保险体系建构中的作用》,《理论探讨》2004 年第 3 期。

83. 尚长风:《农村养老保险制度的财政学反思》,《南京大学学报(哲学·人文科学·社会科学版)》2004 年第 5 期。

84. 石杰:《论政府在农村社会养老保险制度中的缴费责任》,《人口与经济》2006 年第 3 期。

85. 石绍宾、樊丽明、王媛:《影响农民参加新型农村社会养老保险的因素——来自山东省入户调查的证据》,《财贸经济》2009 年第 11 期。

86. 苏保忠、张正河:《农村基本养老保障制度建设中的政府责任及其定位》,《中国行政管理》2007 年第 12 期。

87. 苏晓春、杨志勇:《中国养老保险制度变迁的经济学分析》,《财经研究》2007 年第 9 期。

88. 孙增武:《公平物品的政府供给系统研究》,河北人民出版社 2008 年版。

89. 孙兆红:《中央政府与地方政府农村社会养老保险政府责任划分的研究》,南京财经大学 2012 年硕士学位论文。

90. 汤兆云、郭嘉儒:《新农保实施中的农村居民参保意愿问题分析》,《华侨大学学报(哲学社会科学版)》2014 年第 2 期。

91. 陶伟:《人口老龄化背景下农村养老保障问题研究》,《安徽农业大学学报(社会科学版)》2011 年第 2 期。

92. 天亮、陈硕:《我国出台养老保险新政新农保与城居保率先"并轨":居民与职工养老保险可转换》,《劳动保障世界》2014 年第 3 期。

93. 田雪原:《体制创新:中国养老保险改革的必由之路》,《人口与经济》2014 年第 2 期。

94. 庹国柱、朱俊生:《国外农民社会养老保险制度的发展及其启示》,《人口与经济》2004 年第 4 期。

95. 汪东旭:《中央政府在新型农村社会养老保险中政府责任研究》,辽宁大学 2012 年硕士学位论文。

96. 王成城:《农村社会养老保险制度变迁中中央、地方与农民的多元互动——以山东省即墨市为例》,南开大学 2013 年博士学位论文。

97. 王成鑫:《中国新型农村养老保险财政负担水平研究》,辽宁大学 2011 年博士学位论文。

98. 王海江:《农民参加社会养老保险影响因素的定性分析:——关于山东泰安市两个村农民的个案研究》,《人口研究》1998 年第 4 期。

99. 王丽:《城镇化对城乡居民养老保险全覆盖的影响效应分析》,《河北学刊》2015 年第 2 期。

100. 王朋、徐怀伏:《养老保险中政府行为和市场行为的均衡分析》,《中国医药技术经济与管理》2007 年第 8 期。

101. 王琼:《我国新型农村社会养老保险制度中政府责任的构建与完善》,西南财经大学 2009 年硕士学位论文。

102. 王树明、呼翠莲:《农民工可持续参与养老保险制度研究》,《延安大学学报(社会科学版)》2014 年第 5 期。

103. 王涛:《国外养老保险制度经验及对我国农村社会养老保险的启示》,东北财经大学 2012 年硕士学位论文。

104. 王香兰:《河北省新型农村社会养老保险试点跟踪研究》,《金融教学与研究》2011 年第 2 期。

105. 王小春、梁永郭、安然:《河北省新型农村养老保险制度实施实证考察》,《商业时代》2011 年第 19 期。

106. 王小鲁、万广华:《对中国城乡就业和城市化率的再估计》,《劳动经济研究》2013 年第 12 期。

107. 王晓洁、张晋武:《财政保障新型农村养老保险制度实施策略分析——以"全覆盖"目标为视角》,《河北经贸大学学报》2012 年第 6 期。

108. 王晓洁、张晋武:《农村养老保障制度变迁研究》,《经济与管理》2006 年第 6 期。

109. 王晓洁、王丽:《新型农村养老保险制度中财政补贴效应分析》,《价格理论与实践》2009 年第 12 期。

110. 王晓洁、张晋武:《农村养老保障制度变迁研究》,《经济与管理》2006 年第 6 期。

111. 王晓洁:《财政分权、城镇化与城乡居民养老保险全覆盖——基于中国 2009—2012 年省级面板数据的分析》,《财贸经济》2015 年第 11 期。

112. 王晓洁:《新型农村养老保险制度中财政补贴对农民有效缴费能力影响分析—基于 2010 年河北省 37 个试点县经验数据的考察》,《财贸经济》2012 年第 11 期。

113. 王晓军、赵彤:《中国社会养老保险的省区差距分析》,《人口研究》2006 年第 2 期。

114. 王筱欣、杨臣:《社会保障支出与城镇化——基于时间序列的实证分析》,《重庆理工大学学报》(社会科学版)2013 第 12 期。

115. 王永礼、林本喜、郑传芳:《新农保制度下农民参保行为影响因素分析》,《福建论坛》(人文社会科学版)2012 年第 6 期。

116. 王增文、邓大松:《基金缺口、缴费比率与财政负担能力:基于对社会保障主体的缴费能力研究》,《中国软科学》2009 年第 10 期。

117. 温海红、师山霞、李瑶:《城乡居民社会养老保险缴费水平及其影响因素——基于陕西省三市的调查》,《西安交通大学学报(社会科学版)》2014 年第 1 期。

118. 吴玉锋、王友华、程莉娜:《新型农村社会养老保险参保率影响因素实证研究:村域社会资本理论视角》,《人口与发展》2013 年第 5 期。

119. 徐镱菲、张明喜:《农村养老保险基金缺口预测及实证分析——基于甘肃省的调查研究》,《财经论丛》2012 年第 7 期。

120. 徐元明、刘远:《农村城镇化中农民权益保障缺失研究》,《现代经济探讨》2010 年第 11 期。

121. 薛惠元、张微娜:《建立城乡统一的社会养老保险制度——基本理念、基本路径与制度模式》,《税务与经济》2014 年第 3 期。

122. 颜贺:《新型农村社会养老保险基金管理探析》,《劳动保障世界(理论版)》2011 年第 4 期。

123. 杨斌、郑军、朱甜甜:《政府财政补贴对农民养老保障水平的影响机制分析——以西藏的新农保为例》,《西藏大学学报》2014 年第 3 期。

124. 杨翠迎、米红:《农村社会养老保险:基于有限财政责任理念的制度安排及政策构想》,《西北农林科技大学学报》(社会科学版)2007 年第 5 期。

125. 杨翠迎:《中国农村社会保障制度研究》,中国农业出版社 2003 年版。

126. 杨军:《新型农村社会养老保险的发展模式研究——以陕西省宝鸡市为例》,《西部财会》2009 年第 9 期。

127. 杨丽莎:《农村社会养老保险制度国际比较及借鉴》,河北经贸大学 2013 年硕士学位论文。

128. 余桔云:《江西省新型农村养老保险有效缴费水平的测算》,《经济问题探索》2011 年第 1 期。

129. 余文静:《国外和云南省对新型农村养老保险的文献研究及其启示》,《经济问题探索》2008 年第 9 期。

130. 余永定、张宇燕、郑秉文:《西方经济学》,经济科学出版社 1997 年版。

131. 俞燕锋、彭世杰:《覆盖城乡的居民社会养老保险制度建设——以嘉兴市为分析个案》,《中共浙江省委党校学报》2011 年第 4 期。

132. 张冬敏:《新型农村社会养老保险制度的统筹层次研究》,《经济体制改革》2011 年第 4 期。

133. 张光、杨晶晶:《基本养老保险覆盖面扩展决定因素及实证研究》,《社会》2007 年第 27 期。

134. 张建伟:《中国农村社会养老保险制度:转型与发展》,《中央财经大学学报》2010 年第 5 期。

135. 张琳、张栋:《新型农村社会养老保险制度运行难题及发展思路研究》,《南方农村》2014 年第 4 期。

136. 张梅:《新型农村社会养老保险制度建设中政府责任研究》,内蒙古大学 2011 年硕士学位论文。

137. 张宁:《农村社会养老保险的政府责任与财政保障机制研究》,河北经贸大学 2011 年硕士学位论文。

138. 张瑞书、王云峰:《新型农村社会养老保险适度给付水平研究》,《中国社会科学院研究生院学报》2011 年第 3 期。

139. 张瑞书:《农村养老保险激励机制》,河北工业大学 2010 年博士学位论文。

140. 张士斌:《社会养老保障制度构建的国际经验与借鉴》,《探索》2009 年第 6 期。

141. 张馨、杨志勇、郝连峰、袁东:《当代财政与财政学主流》,东北财经大学出版社 2000 年版。

142. 张雅洁:《借鉴国际经验浅谈我国养老保险基金的监管问题》,《经济视角》2012 年第 3 期。

143. 张晏、龚六堂:《分税制改革、财政分权与中国:经济增长》,《经济学(季刊)》2005 年第 10 期。

144. 赵建国、海龙:《"逆向选择"困局与"新农保"财政补贴激励机制设计》,《农业经济问题》2013 年第 9 期。

145. 赵建国、海龙:《我国新农保财政补贴筹资责任分担机制研究——基于公共服务横向均等化的视角》,《宏观经济研究》2014 年第 7 期。

146. 赵庆国、方艳青、马琳:《基于成本——收益的农民参加新农保决策分析》,《农业经济》2014 年第 10 期。

147. 赵亚平:《多措并举实现社会保障从制度全覆盖到实际全覆盖》,《中国经济导报》,2012 年 2 月 21 日。

148. 赵燕妮:《政府在农村社会养老保险制度中的财政责任研究》,山东大学 2011 年博士学位论文。

149. 赵玉红、陈玉梅:《我国城镇化发展趋势及面临的新问题》,《经济纵横》2013 年第 1 期。

150. 赵诤:《我国农村养老保障中的政府角色定位》,《湖南社会科学》2012 年第 4 期。

151. 郑功成:《加快建设覆盖城乡居民的社会保障体系》,《社会保障研究》2007 年第 2 期。

152. 郑功成:《社会保障学》,商务印书馆 2004 年版。

153. 郑功成:《中国社会保障论》,中国劳动社会保障出版社 2009 年版。

154. 郑军、孙广彪、田家莉:《我国养老保险基金投资运营问题探讨》,《华北科技学院学报》2014 年第 4 期。

155. 周聪:《我国农村的社会养老保险的财政责任研究》,江西财经大学 2013 年硕士学位论文。

156. 周绍斌:《论农民养老中的政府职能》,《人口学刊》2003 年第 1 期。

157. 朱俊生:《福利与自由的冲突及其自洽》,《财经杂志》2012 年 6 月。

158. 朱俊生:《推进新农保制度的难点在地方财政》,《农村工作通讯》2009 年第 20 期。

159. 朱俊生:《新农保亦需"财政保险"》,《中国人力资源社会保障》2010 年第 3 期。

160. 朱亚男:《不平衡发展条件下的农村养老模式选择》,河北农业大学 2008 年硕士学位论文。

161. 颛慧琳:《农村社会养老保险制度:构建农村和谐社会的重要保障》,《经济问题》2006 年第 5 期。

162. 左林:《全民养老虚实》,《财经》2012 年第 34 期。

163. [法]卢梭:《社会契约论》,何兆武译,商务印书馆 1980 年版。

164. [古希腊]亚里士多德:《政治学》,吴寿彭译,商务印书馆 1965 年版。

165. [荷]杰克·J.弗罗门:《经济演化——探究新制度经济学的理论基础》,经济科学出版社 2003 年版。

166. [美]道格拉斯·诺思:《经济史中的结构与变迁》,上海人民出版社 1994 年版。

167. [美]道格拉斯·诺斯:《制度、制度变迁与经济绩效》,上海人民出版社 1990 年版。

168. [美]哈维·S.罗森:《财政学》,中国人民大学出版社 2006 年版。

169. [美]马斯格雷夫·皮科克选编:《公共财政经典理论》,伦敦 1992

年版。

170. [美]约翰·罗尔斯:《正义论》,谢延光译,译文出版社 1991 年版。

171. [印度]阿马蒂亚·森:《以自由看待发展》,任赜、于真译,中国人民大学出版社 2002 年版。

172. [英]哈耶克:《经济、科学与政治——哈耶克思想精粹》,冯克利译,江苏人民出版社 2000 年版。

173. [英]杰弗里·M.霍奇逊:《制度经济学的演化——美国制度主义中的能动性、结构和达尔文主义》,北京大学出版社 2012 年版。

174. [英]杰弗里·托马斯:《政治哲学导论》,顾肃译,中国人民大学出版社 2006 年版。

175. [英]亚当·斯密:《国民财富的性质和原因的研究(下卷)》,商务印书馆 1974 年版。

176.《积极稳妥地推进农村社会养老保险》,《人民论坛》2000 年第 16 期。

177. 河北省财政厅调研组:《青县与迁安农村养老保险之比较》,《中国财政》2009 年 5 月。

178. 课题组(张晋武、王晓洁等):《河北省农村社会养老保障制度建设研究》,《河北经贸大学学报》2005 年第 6 期。

179.《河北省 2010 年新型农村社会养老保险试点实施情况表》,内部资料。

180.《浙江省城乡居民社会养老保险工作情况汇报》,内部资料。

181.《国务院关于开展新型农村社会养老保险试点的指导意见》,国发[2009]32 号,中央政府门户网站,http//www.gov.cn。

182. Blanchard O, &Sheleifer A, *Federalism With and Without Political Centralization*: *China Versus Russia*, IMF Staff Papers, 2001. Vol.48.Special Issue.

183. Casey B.Mulligan, *Social Security in Theory and Practice* (I): *Facts and Political Theories*, NBER working paper No. 7118, http://www.nber.org/papers.

184. Feldstein Martin S., "Rethinking Social Insurance, The 2005 Presidential Address to the American Economic Association", *The American*

Economic Review, March 2005.

185. Giuliano Bonoli, *Ageing and Pension Reform Around the World*, London: Edward Elgar, 2005.

186. Gosta Esping-Andersen, *The Three Worlds of Welfare Capitalism*, Polity Press, 1990.

187. Hayek, *Law, Legislation and Liberty, Rules and Order*, The University of Chicago Press, 1973.

188. Karl Hinrichs, *New century-new paradigm: pension reforms in Germany*, London: Edward Elgar, 2005.

189. Martin Feldstein, *Privatizing Social Security*, Chicago: University of Chicago Press, 1998.

190. Martin Feldstein, *Social Security Pension Reform in China*, NBER Working Paper No.6974, http://nber.org/papers.

191. Michael E. DeBakey, "The role of government in health care: a societal issue", *The American Journal of Surgery*, 2006.

192. Orszag, Peter R & Stiglitz, Joseph E., "Rethinking Pension Reform: Ten Myths About Social Security", http://www.worldbank. org/ sp.

193. PeterA. Diamond, "Social Security: The Government Budget and Nation Saving", Massachusetts Institute of Technology Department of Economics Working Paper Series, 2004.

194. Qian Roland, Yingyi&Gerald, "Federalism and the Soft Budget Constraint", *The American Economic Review*, 1998.

195. Richard Disney, *The UK System of Pension Provision: Borsch-Supan, Pension Reform in Six Countries: What can we learn from each other?* Berlin: Springer, 2001.

责任编辑：柴晨清

图书在版编目（CIP）数据

城乡居民养老保险财政保障机制研究/王晓洁等 著. —北京：
　人民出版社,2016.6
ISBN 978－7－01－016101－3

Ⅰ.①城…　Ⅱ.①王…　Ⅲ.①农村-养老保险制度-研究-中国
　Ⅳ.①F842.67

中国版本图书馆 CIP 数据核字(2016)第 080146 号

城乡居民养老保险财政保障机制研究
CHENGXIANG JUMIN YANGLAO BAOXIAN CAIZHENG BAOZHANG JIZHI YANJIU

王晓洁 等　著

人民出版社 出版发行
（100706　北京市东城区隆福寺街99号）

北京汇林印务有限公司印刷　新华书店经销

2016 年 6 月第 1 版　2016 年 6 月北京第 1 次印刷
开本:880 毫米×1230 毫米 1/32　印张:9.875
字数:240 千字

ISBN 978－7－01－016101－3　定价:39.00 元

邮购地址 100706　北京市东城区隆福寺街 99 号
人民东方图书销售中心　电话（010)65250042　65289539